房地产经纪概论

（第2版）

周　云　高　荣　编著

东南大学出版社
·南京·

图书在版编目（CIP）数据

房地产经纪概论／周云，高荣编著. —2 版. —南京：东南大学出版社，2012.2（2019.9 重印）
（房地产经纪人协理丛书）
ISBN 978 - 7 - 5641 - 3336 - 8

Ⅰ.房… Ⅱ.①周…②高… Ⅲ.①房地产业—经纪人—基本知识 Ⅳ.①F293.3

中国版本图书馆 CIP 数据核字（2012）第 023011 号

出版发行：东南大学出版社
社　　址：南京市四牌楼 2 号　邮编 210096
出 版 人：江建中
网　　址：http：//www.seupress.com
电子邮件：press@seupress.com
经　　销：全国各地新华书店
印　　刷：南京京新印刷有限公司
开　　本：787 mm × 1 092 mm　1/16
印　　张：14.25
字　　数：273 千
版　　次：2012 年 2 月第 2 版
印　　次：2019 年 9 月第 8 次印刷
书　　号：ISBN 978 - 7 - 5641 - 3336 - 8
印　　数：21000 ~ 22000
定　　价：29.00 元

目 录

第一章 经纪与经纪人

学习要求

- 掌握:经纪、经纪人的概念和特点。
- 熟悉:经纪活动的社会功能。
- 了解:经纪活动的方式和经纪人的分类,我国经纪活动的产生与发展。

第一节　经纪、经纪人的概念和特点

一、经纪、经纪人的概念

1. 经纪的概念

经纪是历史发展到一定阶段的产物。在辞源中,经纪有五种解释:经营;经纪人;料理、安排;买卖;法度、秩序。随着社会经济的不断发展,经营、经纪人、买卖等概念被突出出来。

经纪的概念完整的表述为:经纪是经济活动中的一种中介服务活动。具体是指自然人或法人和其他经济组织以收取佣金为目的,通过居间、代理、行纪等服务方式,促成他人交易的经济活动。具体而言,经纪是指为他人介绍订约机会或充当订约媒介的行为。所谓介绍订约机会,指接受委托人的委托,帮助寻找、搜集可与委托人订约的第三人,并将找到的第三人介绍给委托人;所谓充当订约媒介,指介入具体的协商过程，不但要介绍订约机会，还要周旋于委托人与第三人之间，协调双方意见，促使或撮合委托人与第三人最后订约成交。而在现实中，各类经纪人的行为内容并不限于居间，其作用除为委托人牵线搭桥促成交易外，还可接受委托人的委托，帮助代签合同，甚至可以以自己的名义代替委托人购销商品。这表明“经纪”行为具有“代理”或“行纪”的特征。

“经纪”或“经纪人”的概念来自英美法国家，他们在其法律制度上并不着意对经纪人、代理人和代销人及其行为作严格区分，说到“经纪”即指一种营业、行业或职业性的行为，相当于大陆法系国家所说的居间、代理或行纪。因此，可以认为，“经纪”表示一种营业或职业性的行为，是以提取佣金为经营特征来为交易双方提供中介服务。

2. 经纪人的概念

关于经纪人的定义，持不同观点的人有不同的看法。美国市场学家菲利浦·R. 特奥拉在《国际市场经营》一书中认为，“经纪人系指提供廉价、代理服务的各种中间人的总称，他们与客商之间无连续性关系”。我国的《经济大词典》中定义道：“经纪人，中间商人，旧时称掮客，处于独立地位，作为买卖双方的媒介，促成交易以赚取佣金的中间商人。”

由此可以看出，经纪人是指为买卖双方牵线搭桥，从中赚取佣金，起一种中介作用的中间商人。它主要包括三个方面的含义：其一，经纪人的中介服务对象是买卖双方；其二，中介服务活动是在充分尊重买卖双方权益的基础上进行的；其三，经纪人以收取一定报酬为其中介服务活动的目的。

二、经纪、经纪人的特点

1. 经纪的特点

（1）活动范围的广泛性

市场上有多少种商品就会有多少种经济活动，不仅包括有形商品，还包括无形商品。社会需求的千差万别和市场的信息不完全为经纪活动提供了广泛的空间。

（2）活动主体的专业性

经纪活动主体的专业性是经济活动自身的必然要求。在市场经济中，经纪活动实际上是交易的辅助活动。这种辅助活动存在的前提，是因为某一项交易中存在着交易标的和交易程序的信息不对称以及由此造成的交易决策的不确定性，因而需要专业人员或专业机构的辅助来达成交易。因此,经纪活动的主体必然是专业化的主体。

(3) 活动内容的服务性

在经纪活动中,经纪主体只提供中介服务,不直接从事经营。经纪机构对其所中介的商品没有所有权、抵押权和使用权,不存在买卖行为。经纪机构的自营买卖不属于经纪行为。

(4) 活动地位的中介性

在经纪活动中,发生委托行为的前提是存在着可能实现委托人目的的第三主体,即委托人进行交易的相对人。而提供经纪服务的行为人,正是为委托人与其交易相对人所进行的交易发挥沟通、撮合的作用。接受不存在第三主体的委托事项,不属于经纪服务。

(5) 活动目的的有偿性

在经纪活动中,经纪主体所提供的服务是一种服务商品,不仅具有使用价值,而且具有交换价值。因此,提供服务的经纪主体有权向享受服务的委托人收取合理的佣金。佣金是经纪主体应得的合法收入。

2. 经纪人的特点

(1) 经纪人不占有商品

经纪人既不是商品生产者,也不是商品的供应者或购买者,这是经纪人区别其他中间人的一个重要特征。经纪人知道何处可提供某类商品而何处又需要这些商品,因而在信息上有支配权,并能为供需双方提供服务。因此,经纪人也不需要多少固定资金和流动资金,集体或个人就能解决注册资金的最低额。

(2) 经纪人与委托人之间无连续性关系

经纪活动不同于代理或行纪活动,后者与委托人一般有较固定、长期的业务关系。经纪人的服务对象是开放的、广泛的,一般不仅限于某些特定的客户。经纪活动通常是就某一特定事项提供服务,经纪人和委托人无长期、固定的合作关系,特定事项完成,委托关系即终止。

(3) 经纪人以信息为资本,通过所掌握的信息为供需双方牵线搭桥,并凭借专业知识和有效的服务促成供需双方的交易

在交易中,经纪人知道谁需要什么及如何满足这种需要,凭借的是信息优势和操作技术优势。他们信息灵通,办事快速,有着自己广泛的社会关系和独有的供销渠道,具有很大的灵活性和独到之处。尤其是一些交易所的经纪人,他们大多是专业人才,

具备较高的专业技能，为交易双方提供了专业化的服务，解除了供需双方之忧。

（4）经纪人的经纪活动是有偿的

经纪人在经纪活动中所提供的服务像任何其他服务一样，也是一种具有商品性质的服务。当供需双方在经纪人的中介下成交时，经纪人要从供需双方中收取佣金。这就是说，经纪人的经纪活动是有偿的，不是义务的，一旦当某一经纪活动取得成功，供需双方至少有一方必须支付给经纪人佣金。

（5）经纪人应具有良好的专业素质和多学科知识背景

经纪人要提供全面、专业、优质的中介服务，首先要具备良好的专业素质及良好的社会声誉和个人诚信。同时，还要掌握为完成经纪业务必备的相关专业知识，如金融、经济、营销、法律、计算机等等。

三、经纪、经纪人的合法收入

1. 佣金

佣金是经纪活动的主体——经纪机构和经纪人的收入的基本来源，其性质是劳动收入、经营收入和风险收入的综合体。它是对经纪机构和经纪人开展经纪活动时付出的劳动、支付的成本和承担的风险的总回报。国家保护经纪机构和经纪人拥有从事合法经纪活动并取得佣金的权利。早在1995年7月17日国家计划委员会和建设部就颁布了“计价格第971号”文件:《关于房地产中介服务收费的通知》。

佣金可分为法定佣金和自由佣金。法定佣金是指经纪机构或经纪人从事特定经纪业务时按照国家对特定经纪业务规定的佣金标准获取的佣金。法定佣金具有强制效力，当事人各方都必须接受，不得高于或低于法定佣金。自由佣金是指经纪机构或经纪人与委托人协商确定的佣金，自由佣金一经确定并写入合同后也具有同样的法律效力，违约者必须承担违约责任。

除法律法规另有规定外，佣金的支付时间由经纪机构或经纪人与委托人自行约定，可以在经纪成功后支付，也可以提前支付。经纪机构或经纪人在签订经纪合同时，应将佣金的数量、支付方式、支付期限及经纪不成功时终极费用的负担等写入合同。经纪机构或经纪人收取佣金时应当开具发票，并依法纳税和缴纳行政管理费。经纪机构或经纪人可以在签订合同时预收部分佣金和费用，也可与委托人签订“专有经纪合同”。

在经纪活动中，有一类与佣金貌似相同的东西，那就是回扣。虽然回扣与佣金有很多相似之处，它们都是商品经济发展的产物，在正常运作的条件下都能起到促进商品流通的作用——给付经纪机构佣金和给对方采购员一定的回扣都是企业的促销手段，但两者之间有本质的差别。佣金是经纪机构或经纪人开展经纪业务所得到的合理合法收入，它是由经营收入、劳动收入和风险收入构成的综合体。佣金以经纪合同为依据，只要经纪合同是合法的，佣金就是经纪机构或经纪人正大光明的合法收入。而回扣是由卖方暗中转让给买方具体经办人的一部分让利，既不是风险收入，也不是劳动收入和经营收入。收受回扣属于违法行为。

2. 信息费

信息费是经纪人为客户提供有用信息而取得的信息服务费。佣金与信息费都是经纪机构或经纪人的合法收入。

此外，信息费也是一类易与佣金混淆的概念。在多数情况下，佣金和信息费都是用户为获取某种服务或信息而支付的费用，是收集、加工信息所耗费的人力、物力的补偿，但两者有明显的区别。首先，两者的性质不同。信息费是出卖信息商品的销售收入，无论信息以何种介质为载体，也无论信息有何种用途，只要将信息售出，即可收取，它从属于信息咨询业。而佣金则是对经纪机构提供服务的报酬，而且这种服务是经纪机构为了满足委托人的某种商业需要而付出的，提供的信息往往只是这种服务活动中的部分内容，委托人与经纪机构或经纪人之间是一种雇与佣的关系。其次，两者作用的效果也不同。支付信息费满足了买方的信息需求，卖方只要保证信息准确、及时就可达到加速信息有效传播的效果。而支付佣金则是为了实现委托人进行交易的具体目的，只有当目的实现了，一项经纪业务才算最终完成，它作用的最终效果应是商品交易的成功，而不仅仅是提供信息。

第二节　经纪活动的方式和经纪人的分类

一、经纪活动的方式

经纪活动的方式主要有居间、行纪和代理三种。

1. 居间

居间是指经纪人向委托人报告订立合同的机会或者提供订立合同的媒介服务，撮合交易成功并向委托人收取佣金的行为。居间是经纪活动中广泛采用的一种方式，其特点是服务对象广泛，经纪人与委托人之间没有长期固定的合作关系。

2. 行纪

行纪是指经纪人受委托人的委托，以自己的名义与第三方交易，并承担规定的法律责任的经济行为。

行纪主要有以下两个特征：一是经委托人同意或双方事先约定，经纪人可以以低于(或高于)委托人指定的价格买进(或卖出)，并因此获得报酬；二是除非委托人不同意，对具有市场定价的商品，经纪人可以自己作为买受人或出卖人。从形式上看，经纪与自营很相近，但是除经纪人自己买受委托物的情况外，大多数情况下经纪人都未取得交易商品的所有权，他是依据委托人的委托而进行活动。从事经纪活动的经纪人拥有的权利较大，承担的责任也较重。在通常情况下，经纪人与委托人之间有长期固定的合作关系。

3. 代理

代理是指经纪人在代理权限之内以被代理人即委托人的名义与第三方进行交易，并由委托人承担相应法律责任的经济行为。

经纪活动中的代理，是一种商事代理活动，即代理人根据与被代理人达成的经纪合同关系，从事合同规定的领域、程度、时间的商品交易活动的行为。代理活动中产生的权利和责任由委托人承担，经纪人只收取委托人的佣金。

二、经纪人的分类

根据经纪人的结构形式、服务的社会区域、素质水平、经纪活动所涉及的内容的不同，从法律与职业角度的区别可将经纪人分为以下类型，详见表1-1。

表1-1　经纪人的分类

分类依据	类型
根据经纪活动方式划分	居间经纪人
	代理经纪人
	行纪经纪人
根据经纪人的结构形式不同划分	个体经纪人
	合伙经纪人
	企业或公司经纪人

（续　表）

<table>
<tr><th>分类依据</th><th colspan="2">类型</th></tr>
<tr><td rowspan="3">根据经纪人服务的社会区域不同划分</td><td colspan="2">乡镇经纪人</td></tr>
<tr><td colspan="2">城市经纪人</td></tr>
<tr><td colspan="2">边贸经纪人</td></tr>
<tr><td rowspan="2">根据经纪人的素质水平不同划分</td><td colspan="2">一般经纪人</td></tr>
<tr><td colspan="2">专家型经纪人</td></tr>
<tr><td rowspan="10">根据经纪活动所涉及的内容不同划分</td><td colspan="2">商品经纪人</td></tr>
<tr><td colspan="2">商品期货经纪人</td></tr>
<tr><td rowspan="3">金融经纪人</td><td>证券经纪人</td></tr>
<tr><td>外汇经纪人</td></tr>
<tr><td>金融期货经纪人</td></tr>
<tr><td colspan="2">房地产经纪人</td></tr>
<tr><td colspan="2">保险经纪人</td></tr>
<tr><td colspan="2">技术经纪人</td></tr>
<tr><td colspan="2">信息经纪人</td></tr>
<tr><td colspan="2">文化和体育经纪人</td></tr>
<tr><td rowspan="2">从法律角度划分</td><td colspan="2">合法经纪人</td></tr>
<tr><td colspan="2">非法经纪人</td></tr>
<tr><td rowspan="2">从职业角度划分</td><td colspan="2">专职经纪人</td></tr>
<tr><td colspan="2">兼职经纪人</td></tr>
</table>

通常情况下，经纪人的身份因其所涉及经纪活动的内容不同而被确定。

1. 商品经纪人

商品经纪人是指介于商品现货买卖双方之间的商人。商品经纪人又可分为两种。一种是一般经纪人，是指沟通于商品现货买者和卖者之间，只要买卖成交即可获取佣金的商人。另一种是交易所经纪人，是指必须按照有关法规并具备一定条件和资格才能成为交易所会员，在交易所内开展业务以取得佣金的商人。

2. 商品期货经纪人

商品期货经纪人是指专门在期货市场上为买卖双方充当中介而收取佣金的商人。期货交易一般通过期货交易经纪行进行。这种经纪行是期货交易所的会员，在交易所内代理其客户从事各种期货交易活动。当客户到经纪行开户时，经纪行会为其提供一位具有资格的经纪人。今后客户与经纪行接触、发出交易指令时，都是与这位经纪人联系。

3. 金融经纪人

（1）证券经纪人

证券经纪人是指同时接受许多买者和卖者的委托，通过公平的集中竞价原则，使买卖双方尽量按自己意愿成交的中介人。因为交易场所的特殊性、交易规则的严密性和复杂性，决定了只有证券经纪人才能直接完成交易过程。

（2）外汇经纪人

外汇经纪人是指外汇市场中的中介人，主要任务就是在买方与卖方之间促成双方议订彼此可以接受的合约，他们并不为买卖双方任何一方买卖外币，也不为某个单位或个人所安排的交易负担任何财务责任。

（3）期货经纪人

期货经纪人是介于期货交易所与客户之间的中介者，是代理客户买进或卖出订单并提供一切必要协助的中间人，他们的最主要的作用是促进买卖。期货经纪人一般属某一经纪机构。经纪机构有大有小，大的拥有数个交易所的会员资格，小的可能只是一个地方性的经纪商。有些经纪商拥有清算会员的资格，也就是清算会员兼营经纪商业务。也有的经纪商本身并无任何会员资格，他们所接受的订单需要经过那些具有交易所会员资格的经纪商，才能下至交易所内。经纪商不能向客户保证其投资一定获利，任何交易其得失的机会均等，客户所能要求的是经纪商能以最迅速、正确的操作下单，避免因人为因素而造成的损失。

4. 房地产经纪人

房地产经纪人是指在房地产经济活动中，受客户委托，为客户提供房地产居间、代理等服务的中介人。

5. 保险经纪人

保险经纪人是指联结保险需求和供给的经营者、安排者的商人。一般来说，保险经纪人不直接承担保险业务，而是代替保险需求者购买保险单，或向保险公司介绍保险业务。与其他行业经纪人不同的是，保险经纪人的酬金一般是由保险公司支付的。

6. 技术经纪人

技术经纪人是指在科技市场上为科技成果的转让和吸收、科技成果的嫁接与辐射，充当中介的商人。其主要业务是沟通专利权的买与卖，连接非专利科技成果的转让与吸收，同时对高科技产品的买卖、科技人才的供求也发挥着中介作用。

7. 信息经纪人

信息经纪人是指从事信息中介服务的经纪人。这类经纪人有时是以提供纯粹的信息服务，从中提取一定的信息费为宗旨的，有时则是以上述某种类型的经纪人的身份出现。

8. 文化经纪人

文化经纪人的工作范围很广，不同的文化经纪人有不同的工作范围，搞发行的和搞演出的完全不是一回事，但是他们的基本思路都是互通的。

第三节　我国经纪活动的产生和发展

在我国 2 000 多年漫长的封建制度下，自给自足经济占据主要地位，但城乡间、不同地区和不同行业间仍存在商品交换的关系，因此也出现过为买方和卖方牵线搭桥的商人。古代中国历史上的“牙商”，就是在城乡市场中为买卖双方说合交易获取佣金的经纪人。

史书记载，我国历史上最早的经纪人出现于马市，即是两汉时期的“驵侩”。由于北方草原盛产马匹，向中原地区贩卖，需要中间人看马定价，于是“南北物价定于其口”的“驵侩”应运而生。《汉书》颜师古注：“侩者，合会二家交易也；驵者，其首率也。”此后，由于商品交易范围扩大，“市侩”即作为一切从事中介活动的人的统称，并成为当时商品交易中不可缺少的人。但是，由于抑商政策及他们自身中介活动行为不正，“市侩”逐渐成为一种贬义词，几乎与唯利是图同义。

由于“驵侩”看马是以马的牙齿论价，马牙的多少及损缺可以看出马的年龄和健壮与否，因此，这种中间人又称为“牙侩”。早期的牙商在市场上完全以一个独立的中间人身份，为买卖双方撮合成交，不受官府支配，能主持公平，收费低微，故而颇受人尊重。

到了唐朝，随着商品交换的发展，牙商的居间营业范围越来越广，势力也越来越大。唐代的牙商又有“牙郎”、“牙侩”、“牙子”、“牙人”等名称。随着商品经济的萌芽，牙商的营业范围和人数都迅速扩大起来，进而出现了牙商的同业组织——“牙行”。这种行会性质的牙行或牙店组织，还负有代官府监督商人纳税的责任。

元代的统一，破坏了农业生产，使商业失去了发展的物质基础，商贸很不景气。同时，由于蒙古人垄断了国内外商业，禁止汉人和南人经商，国内牙人经纪业大衰。

明初，牙行原是被禁止的，但明初商业的恢复，此项禁令被取消，牙行开始恢复，并在后来得到了迅速发展。明朝后，牙商又开始分为“官牙”和“私牙”。“官牙”由官府指定，“私牙”也要得到官府的允准，并领取“牙贴”（即现在所说的营业执照）后方能营业，且必须按期缴纳“牙税”。

清代仍然延续了明代牙人牙行制度，外国人来华贸易，必须通过牙行、牙商，不得直接与中国商人接触。于是这时期的牙商成为了“买办”。鸦片战争后，“买办”的地位日升，他们代理外商进行进出口货物的交易，代表外商与地方官员打交道。他们与行商（行纪人）形成了旧中国对外贸易的垄断势力，在各大通商口岸左右了商品交易的中介活动，内陆城市的商人不得不与他们建立联系，向他们交佣金以求货物外销。

总之，中国历史上早就有经纪人行业存在，他们的活动对中国封建社会经济的发展曾起过不可否认的积极作用。

民国的建立使作为中介的行纪人（城市）、牙商（农村集市）得到了法律的保护。民国政府《六法全书》、《民法总则施行法》等专门规定了有关经纪人的各种法律，承认他们的经纪活动。在上海、广州、天津这些大城市，洋行、银行、轮船公司和保险公司等外国人兴办的企业，其中的“买办”虽被洋人改称为“华经理”，以图消弭中国人的仇外情绪，但“买办”的工作性质没变，仍为洋行的进出口业务作中介，并进一步争取到独立的身份，出现了“买办”与外商之间的经销、合伙关系，并与外商联合组织交易所或独立组织经纪行、货栈等机构。这时期从资本主义国家传入的证券交易所，也有中国的经纪人，被称为“华籍会员”，他们按交易金额抽取佣金。民国由“买办”致富、投身民族工业发展的商人很多成为了中国著名的民族工商业巨子。

民国时期地位较低的行纪人，他们从事的是一般的现货商品中介，被人们称为“掮客”，在上海被称为“黄牛”。流动的“掮客”，是许多上海市民从事的“第二职业”。在各个城市活动的流动“掮客”来源复杂，活动隐蔽。

由于国民党统治时期社会经济秩序紊乱，经纪人的活动往往超出法律规定的范围，诈骗钱财、哄抬物价、扰乱市场秩序等，这使经纪人在社会公众中的形象受到了严重损害，经纪人几乎成了不法商人的同义词。

新中国成立后，政府通过颁布条例和行政命令，采取了一系列措施取缔非法居间活动。同时在各地设立信托机构，保护正当居间业的开展。但是，当时经济战线上限制和反限制、改造和反改造的斗争十分激烈，在旧制度下形成的经纪人顽固抵制和反对新政策的实行。1950 年 11 月，中央政府贸易部颁布《关于取缔投机商业的几项指示》，全国各大城市对居间活动的代理行、交易所、贸易货栈等采取了一系列限制、改造措施，证券和各类物资交易所被关闭，因而股票和期货经纪被取缔。此后，在大城市可以说经纪业陷于停顿或转入“地下”，不久随着“土改”和“三大改造”的展开，从城市到农村的中介行为几乎销声匿迹，工商业都靠计划经济维系其生产和销售，政府只允许少数特定法人从事居间业务，如生产资料服务公司、物资委托行等。但这些机构在计划经济体制下，其中介作用的发挥存在着相当大的局限性。

我国从新中国成立初期至 20 世纪 70 年代末，受苏联模式和“左”的思潮影响，一切社会经济资源全通过行政性的计划指令进行配置，由国家计划委员会统产统销、财政部统收统支、外贸部统出统进、商业部统购统销、物资部统购统配、银行统存统放、劳动部统包统配。物资、资金、人才、劳务均无需通过市场交换。此后，中国大陆地区的经纪人基本上可以说是销声匿迹了，即使存在，也是以非正常的方式存在。

直至 1978 年，党的十一届三中全会以后，我国的经济体制才由计划经济—有计划的商品经济—社会主义市场经济这样的轨道发展起来。在社会主义市场经济条件下，价值规律通过价格机制、供求机制、竞争机制来配置经济资源，政府主要通过间接调控手段指导经济发展。从而达到微观效益和宏观效益的和谐统一。改革开放的三十年实践证明，现代的市场已经不仅仅是原先意义上一块有形的交换场所，投入市场交换的商品也大大超过了以前狭窄的范围，它是一个庞大而严密的市场体系，如生产资料市场、生活资料市场、金融市场(资金、证券、外汇等)、人才市场、劳务市场、文化市场、体育市场、知识产权市场、服务贸易市场(包括银行、保险、租赁、交通运输、房地产、旅游、商业零售等第三产业各个领域)。商品通过市场交换，供应者获得其价值，需求者获得其所需。但是，市场之大，商品品种之多，参加交易者之众，合适的买家与卖家的配对成交不是那么轻而易举之事，这就影响了市场的流通速度，这种情况如果严重的话，就会出现生产过剩或商品短缺，这正是市场经济的局限所在。除了国家宏观调控以减少这种局面的发生外，经纪人的中介作用也可使市场经济可能出现的盲目性减少到社会经济能承受的地步。他们信息灵通，谙熟行情，关系广泛，精通业务，能尽快地使上家找到下家，买主找到卖主，加快市场流通速度，促使市场繁荣。

随着现代经济的发展，交易中的供求关系、购销关系、信用关系日趋复杂，再加上逐渐完善的经济立法对之进行约束，这就使得现代的市场交易由一系列复杂的商务手续、行政手续和法律手续组成。要求参加交易的所有买卖双方亲自去完成这一系列的谈判签约、法律公证、缴纳税收、交通运输、商品验收、货款往来、外汇换算、报关验行等等手续几乎是不可能的，同时也很不经济，不符合社会分工日益精细的趋势。而把这一切委托给各有关环节的行家里手——经纪人去办理，省时、省力、省钱，更可避免因不谙业务而造成的差错和漏洞，加快物资流与资金流的速度，因而是一举数得之事。

在某些特殊的市场，如证券市场、期货市场、外汇市场、保险市场等，其交易手续更复杂、制度更严密，即使已经配上了先进的电脑交易系统，有的还实行了全球联网，但因其交易量大，牵涉资金款额高，而且行情变化快，风险巨大，参加交易的买卖双方都不可能直接进入市场进行买卖，而是通过集中交易方法在交易所或保险市场内进行，只能通过委托经纪人而进行交易，这不仅是为了便利市场交易的有序运作，也是为了保护买卖双方的正当权益。世界上许多国家都规定这一类的交易必须通过经纪人在交易所内完成交易，正是出于这一考虑。

还有一些特殊商品的拥有者，如科学家、作家、电影演员、体育明星，他们或是由于不了解商情，或是由于身份、时间等因素，不可能直接出面在市场上与别人打交道，在这种情况下通过经纪人为他们进行谈判、签约、纳税、管理来往账目，就是比较两全其美的办法。

从中国经纪人的发展史，我们不难看出，经纪业是社会经济发展的必然结果，是商品生产和商品交换的共生物。经纪人与市场经济发展的互推互动，催生了经济体制改革背景下的经纪人的再度兴起，经纪人的积极作用也推动了改革的深化。在近代中国与资本主义世界经济衔接的过程中，经纪人起到了交流、互融、促进中西经济共同发展的作用。新中国成立后，经纪人一度消失，但一些国营的和集体性质的物资贸易中心、信托行和生产资料服务公司，在促进商品流通、活跃城乡经济方面起到了经纪人的作用。社会主义市场经济的建立，更是给我国当代经纪人的发展带来了前所未有的契机，经纪人也取得了合法的地位，走上了健康发展之路。

第四节　经纪活动的社会功能

如前所述，经纪人在社会经济发展、促进市场繁荣、加快建立我国社会主义市场经济体制、发展生产、搞活流通、保障供给、促进国民经济的协调发展等方面有着必不可或缺的积极作用。

1. 经纪活动，是建立社会主义市场经济体制的需要

社会主义市场经济体制，是在社会主义条件下，运用市场和市场机制的作用及功能，实现资源合理配置的社会经济运行体制。市场机制是由在市场上直接起作用的价格机制、利率机制、供求机制和风险机制等相互联系、相互制约、相互作用形成的。而其中供求机制是市场机制的主要机制，它的变动影响着其他机制的变动。正是由于供求机制的作用，推动着商品供求矛盾运动，引导着社会生产的进行。解决供求矛盾、促使供求机制发挥作用的因素很多，其中经纪人的中介服务活动是一个重要因素。只要有商品生产，就会有供求，就会有交换，就会有市场，就会需要有人为买卖双方撮合交易。这是不以人的意志为转移的客观规律。我国长期以来经济发展的经验和教训也表明，什么时候强调重视市场的作用，什么时候经纪人就活跃在"地上"；什么时候藐视市场的作用，什么时候经纪人就转入"地下"，表面上销声匿迹了，实际上并没有绝迹。更有甚者，冒着被"专政"和"割尾巴"的危险，从事"黑市"经纪活动。这说明，经纪人及其中介服务活动与市场经济有着紧密的联系。通过经纪人的劳动，可以沟通生产者、经营者乃至消费者的联系，充分发挥市场机制的作用，使社会主义市场经济充满着生机和活力。

2. 有利于活跃商品流通，促进人才、文化、体育等的交流，有利于社会经济的发展和社会生活的丰富

就世界而言，近年来由各类经纪人促成实现的商品销售额已占国际商业销售总额的一半以上，其作用是不可低估的。当前，我国的企业普遍存在流通不畅的困难，突出地表现在购买原材料困难和产品销售难。这两难的根本原因就是信息不灵，没有沟通产、供、销之间联系的中介活动。从我国一些地方的经纪人发展情况看，从事经纪人这一行当的，大都具有信息灵、路子广、关系多、善交际等特长。借助于经纪人在这方面的优势，可以发挥其为供需双方牵线搭桥、沟通信息、调剂余缺的作用，从而缓解供需矛盾，达到活跃商品流通、促进交流的目的。

在商品购销上，经纪人能帮助企业按价值规律进行购销活动。为了获得最大的经济效益，每个企业都希望自己的产品以较高的价格迅速推销出去，又以较低的价格及时地把原材料和设备采购回来。但是一方面，企业不可能对广阔、复杂的市场情况做到了如指掌，找到最佳的买主和卖主；另一方面，若干个企业都投入大量的人力物力去开辟供销渠道，对社会来说是一种巨大的浪费。由于经纪人是专门从生产中分离出来、专事商品流通活动的一部分人，他们有精力和能力专门研究市场运作规律，研究企业怎样生产适销对路的产品，使商品的个别价值低于社会价值；研究企业如何从市场上购买那些物美价廉的商品，以达到企业投入较少、获利较多的目的等等。因此，企业与经纪人的结合，能使企业的购销活动合理、快捷和高效。

在技术贸易上，经纪人推动技术市场的发展，缩短了技术成果商品化的进程。新技术的不断出现，技术革命的发展大大加快了产品的更新换代。新产品的不断推出和占领市场是企业之间激烈竞争的重要内容。经纪人在这方面有着灵敏的反应，他们在研究者、生产者、消费者之间不断地传送信息，牵线搭桥，使科技成果迅速转化为生产力，使企业能很快地向市场提供新产品，适应消费者的需要。

在金融改革上，经纪人对活跃资金市场也有积极作用。在市场经济体制下，企业的资金来源，除了由企业自己积累和从国家银行贷款外，还有从社会上各种经济实体进行拆借和引入投资等来源，在后一方面的资金融通中，经纪人能利用他们联系广泛、信息灵通、业务熟悉的优势，在资金供需双方间建立融资关系方面发挥媒介作用，从而使资金市场活跃起来。

同样的道理，在人才、体育、文化及社会生活的其他许多领域，经纪人都起着不可缺少的促进交流作用。

3. 经纪活动，有利于促进地区和行业交流，进而促进经济的发展

从世界经济活动来看，世界各国经济日益趋向国际化、集团化、一体化发展，各国正在打破封闭的经济和“独立自主”的市场，向着开放型、全方位的市场发展。我国已加入世界贸易组织，发展经纪人，开展中介服务活动，必将有利于我国市场与国际市场的对接，使我国市场成为国际市场的一个强有力的组成部分。

我国幅员辽阔，人口众多，经济发展很不平衡，而经纪人的中介活动一般是以市场为导向的，价值规律在其活动中表现得非常充分。因此，通过经纪人有效的牵线搭桥、传递信息，可以打破地区封锁和行业分割，使地区间的经济与社会资源

得到合理的流动，使地区间的生产资料和生产要素得到有效配置，从而促进地区经济的发展，使地区间的经济发展水平趋于平衡。

复习思考题

1. 什么是经纪？什么是经纪人？
2. 经纪和经纪人分别有哪些特点？
3. 简述经纪人的合法收入构成。
4. 何谓佣金？何谓信息费？简述两者的差异。
5. 经纪活动有哪些基本方式？
6. 居间、行纪、代理的含义是什么？
7. 经纪人有什么作用？
8. 经纪活动的社会经济功能是什么？

第一章 房地产经纪概述

学习要求

- 掌握：房地产经纪的概念和活动的主要形式与内容，房地产经纪活动的特点和作用。
- 熟悉：房地产经纪存在的必要性，我国房地产经纪人制度的产生和发展。
- 了解：经纪活动的方式和经纪人的分类，我国经纪活动的产生与发展。

第一节　房地产经纪的含义

一、房地产经纪的概念

房地产经纪是基于房地产这个特殊的物质所形成的市场而产生的，是房地产经纪机构和房地产经纪人员向进行房地产开发、转让、抵押、租赁等房地产经济活动的当事人有偿提供居间、行纪、代理服务的经营性活动。根据住房和城乡建设部与国家发展和改革委员会、人力资源和社会保障部联合发布，并于 2011 年 4 月 1 日起施行的《房地产经纪管理办法》第三条阐述："房地产经纪，是指房地产经纪机构和房地产经纪人员为促成房地产交易，向委托人提供房地产居间、代理等服务并收取佣金的行为。"

二、房地产经纪存在的必要性

在市场经济条件下，房地产经纪作为市场交易的媒介活动，在提供广泛的房地产交易信息、促进房地产交易的达成、保障房地产交易的安全性、优化房地产资源配置方面是非常必要的，这是由于房地产商品和房地产市场的特殊性客观上需要房地产经纪存在。

1. 房地产商品的特殊性要求房地产经纪的存在

房地产是高价值、耐久性的特殊商品，其价值和使用价值的构成要素比较复杂，不仅包括建筑结构、层次、朝向、设备等物业要素，而且包括地段、交通、生活服务设施等环境要素，另外还包括邻里关系、社区风气等人文要素。因此，人们对房地产商品价值和使用价值的认识不可能像对一般商品那样，可以通过若干次交换过程的总结来积累经验，人们一般很少重复购买。这样，投资人或置业者往往需要借助于他人来获取有关信息和经验。由此，房地产经纪作为专业性的服务活动广泛存在于房地产经济与社会经济活动之中，这是由房地产和房地产业自身的特点所决定的。

第一，房地产是极具稀缺性资源特点的特殊商品。作为房地产的物质组成，不仅土地的数量是有限的、位置是稀缺的，房屋建筑物也因其构造上与土地的不可分割而一样稀缺，一般我们表述为房地产的固定性、相对永久性的不动产性，这种特点决定了在房地产商品交易中，买卖双方往往会受到地点、交通、时间以及信息传递等因素的制约，从而增加了成交的难度，此时就需要经纪人周旋于买卖双方之间，传递信息、提供服务、促成交易。

第二，房地产是非批量性生产的产品。房地产具有位置的不可移动性，这就使不同业态、不同地段的房地产因各种因素的组合而具有显著的不同点，它包含着结构形式、平面布置、室内装修、楼层、朝向、设备、年代等质量因素，地段、交通、生活服务设施等环境因素，社区文化、邻里关系等社会因素，以及更为深奥的城市规划、建筑设计、建筑经济等其他因素。这些因素的不同组合满足着各置业者的不同层次的需求，而这些因素的变动更会影响着物业的价格及升值率。由于房地产的价格较为昂贵，置业者的购买行为一般也不会重复，在经验和专业知识缺乏的情况下，置业者不可能在短时间内较完整的判断各种不同的因素对物业质量、使用功能以及价格的影响，而经纪人因长期置身于房地产交易市场，具有较丰富的经验和专业知识，并掌握着大量的信息，在他们的帮助下，置业者方能较快捷妥当地觅得使用价值和价值都相对较满意的物业。

2. 房地产市场的特殊性客观上要求房地产经纪的存在

广义而言，房地产市场是各种房地产交换关系的总和；狭义而言就是房地产商品交换的场所。尽管就市场本身概念来讲，这种"交换关系的总和"、"商品交换的场所"的描述与一般商品市场无区别，但从房地产市场特征分析，与一个完全自由竞争的市场相比较，应该说房地产市场是一个典型的不完全(开放)市场。

第一，房地产市场因信息缺乏和不对称而"不完全"。房地产市场的这种特殊性并不是人为的，是因房地产的不可移动性、房地产知识的专业性和房地产交易的个别性而产生的，这在很大程度上加大了房地产交易沟通的难度，客观上需要专门的机构和人员予以辅助和传递、公布房地产市场信息及房地产商品信息。

第二，房地产市场交易因受限较多而"不完全"。房地产交易，不仅涉及房地产实物的让渡，同时要完成相应权属的变更、过户，有关的政策法规、城市规划、交易程序和交易手续等一系列的问题，置业者或投资者往往无法直接处理很多交易中的专业流程和专业问题，甚至很容易掉进人为的或非人为的陷阱，蒙受巨大的经济损失。同时，由于房地产交易中的这种"物流"与"权属流"合并交易的特殊性，需要在房地产经纪人的帮助或指导下方能顺利办妥各种必要的手续，并获得应有的法律保障。

第三，参与房地产交易各方进出房地产市场均非易事。合法的房地产交易是以对相应的房地产权属让渡、过户为基础的，产权交易不仅是一个经济利益转移的过程，更重要的是法律、合约层面的许可与合法，相关手续繁琐；同时，由于多数人并不经常参与房地产交易，缺乏对标的物的认知；再者，多数房地产交易为高额交易，而且从习惯上大多采用信贷方式来补充买方有限的自有财产，因而房地产交易不仅变现难，而且与金融信贷具有高度的关联性。以上所述，决定了进出房地产市场均较难且复杂耗时，参与房地产市场交易往往需要专业人员的咨询与指导、操作辅助或代理。

第四，房地产市场是一个区域性很强的市场。房地产无论被称之为是商品还是产品，其位置的固定性和性能的差异性都决定了房地产市场存在显著的区域性。一方面，房地产的固定性、不可移动性，决定了不同地区之间的房地产市场出现不均衡是不可能通过房地产实物在空间上交流实现产品的替代的。另一方面，房地产具有显著的性能差异性，这也可以理解为是由房地产实物位置的固定性所衍生的房地产的另一特点——任何两宗房地产都会存在着在位置、地段、朝向、层次、户外景观上的差异，而且建筑物的独立性和不可复制性使房地产在建筑结构、设备等物业要素，交通条件、生活服务设施等环境要素，邻里关系、社区风气等人文要素方面存在着诸多的差异性，正所谓“世界上没有两宗完全相同的房地产”。房地产市场的区域性要求参与房地产市场交易的人必须有足够的专业知识和市场经验。

第五，房地产市场投资金额大、回收期长。房地产整体的价值含量高、建设周期长、投资风险大，只有通过经纪人对市场信息进行收集、反馈和分析，对投资项目进行精心策划以及对推出物业进行良好的促销代理，方能在最大程度上防止投资失误，规避投资风险。

第二节　房地产经纪活动

一、房地产经纪活动的主要内容与形式

1. 房地产经纪活动的主要内容

房地产经纪是一种专业性的营业或职业活动。其活动的主要内容有：①从事现房交易活动，为买者代买或为卖者代卖，交易成功，获取一定佣金；②从事期房交易，代买者买进或代卖者卖出，交易成功，按一定比例提取佣金；③从事地产交易，为用地者找到地源；④从事房地产抵押业务，为产权人申请抵押贷款，办好有关手续；⑤从事房屋租赁代理；⑥从事有关房地产的合资、合作或联营的项目交易活动；⑦从事有关房地产的广告策划、过户纳税、产权调换、售后服务等代理活动。

2. 房地产经纪活动的形式

根据房地产经纪活动的特点，通常分为三种形式，即房地产居间、房地产代理、房地产行纪。但根据我国当前房地产市场发展的程度，《房地产经纪管理办法》就房地产经纪业所允许的从业范围而言，房地产经纪活动形式，主要是指前两种，即房地产居间和房地产代理。

（1）房地产居间

房地产居间，是指房地产经纪人在房地产经营活动中以自己的名义、作为中

介人为委托方提供房地产成交机会或撮合委托方与他方成交，并取得报酬的商业服务活动。在房地产居间活动中，一方当事人为居间人（中介人），即房地产经纪人；另一方为委托人，即与居间经纪人签订居间合同、协议的当事人，或为委托人，或有可能成为委托人交易对象的交易方。

（2）房地产代理

房地产代理是指房地产经纪人受委托人的委托，在委托权限内，以委托人的名义与第三方进行交易，并由委托人承担相应的法律责任的经纪活动。

（3）房地产行纪

另外，就经纪活动而言，房地产经纪实际上还存在另一种形式——行纪，有时也称居间，是一方（经纪人）接受他方（委托方）的委托，以自己的名义进行买卖或其他业务而取得报酬的活动。居间与行纪活动的相同之处，是在行纪活动中，受托人也是以自己的名义为委托人从事商业活动。行纪与居间所不同的是，在行纪活动中，受托人只能以自己的名义进行活动，而且受托人要与相对第三人发生业务关系，其产生的后果由受托人自己承担（这也是行纪与代理的主要区别）。而居间人只与委托人确立合同关系，与相对第三人有业务上的接洽，但不一定产生法律关系。当然，有时经纪人也可能同时接受相对人的委托，确立合同关系，即成为交易双方的委托人。这样，在一宗居间业务中就存在两个居间合同。但是，居间合同的标的与行纪活动中受托人与第三方业务合同如拍卖合同等是不同的。拍卖合同中的标的是所拍卖的物品，而居间合同中的标的则是劳务，即是居间活动。从居间活动与行纪活动的主体来分析，居间活动中的居间人既可以是个体经纪人，也可以是经纪人事务所或经纪公司，而行纪活动中的受托人通常为从事信托业务的企业法人，如信托商店、拍卖行或拍卖公司等。国家对从事行纪业务的主体资格要求更加严格。

上述三种经纪活动相比较，它们之间最大的区别就在于经纪人与委托方的关系及其相关的法律责任。即房地产居间是房地产经纪人以自己的名义开展业务，并且承担相应的法律责任，但不占有商品；房地产行纪也是以自己的名义开展业务，并且承担相应的法律责任，但前提是占有商品；房地产代理是以委托方的名义开展业务，并且由委托方承担相应的法律责任。三者之间既有区别，也有相同之处。中介活动作为一种商业行为与通常的交易行为的最主要的区别是中介人并不占有交易对象。因此，居间是最典型的一种中介活动。

随着我国房地产业的迅猛发展和人民生活水平的逐步提高以及生活的个性化，房地产无论是作为生活的必需品，还是作为投资品种、经营对象，正成为社会经济中最活跃的因素之一。为了适应不同职业投资需要，房地产经纪根据其服务内容的不同进一步又可以细分为房地产买卖居间、房地产投资居间、房地产抵押居间、房地产租赁居间等多种形式。

3. 房地产经纪的合法收入

如前所述，与经纪、经纪人的合法收入一样，房地产经纪、房地产经纪人的合法收入也包括佣金及信息费两种形式。收受回扣属于违法违规行为。

二、房地产经纪活动的特点和作用

1. 房地产经纪活动的特点

房地产经纪是经纪行业的一个专业分支，更是房地产行业、房地产市场活动的重要组成部分，在实际的经纪活动中房地产经纪以其特有的中介性、有偿服务性、专业性和公共性等特点而有别于同业。

（1）中介性

与所有形式的经纪活动一样，房地产经纪活动具有典型的中介性。在房地产经纪活动中，对房地产有交易意愿的行为主体以发生委托行为为前提，而提供相应经纪服务的行为人受委托后为委托人和与其交易相对的人进行交易沟通、撮合。在整个房地产经纪活动中，经纪人始终以中介为前提，以促进交易双方实现有效沟通和联系为目的，以提供中介服务为标志。

（2）有偿服务性

房地产经纪人的经纪行为是一项以提供中介服务为特征的商业服务活动，即经纪人通过提供房地产交易信息、市场信息和专业的咨询服务，联系有交易意愿的双方，促进其有效沟通，并最终达成交易，在房地产经纪活动中获得各方预期的利益和收益，它所提供的“商品”是不具有实物形态的“服务”，同时服务是有偿的。

（3）专业性

在经济活动和市场交易中，房地产商品具有特别的物理属性、社会属性和商品属性，房地产不仅具有复杂的物质构成，更因房地产交易特有的“物流＋权属流”的合并交易而表现出特有经济范畴与法律范畴的交叉重叠。房地产和房地产交易的诸多属性特征决定了房地产经纪活动必须提供专业的服务咨询、服务内容和服务事项。因此从事房地产经纪活动的房地产经纪人既要具有市场经济的知识和头脑，具备金融、税收方面的知识，也要具备房屋建筑学、城市规划、园林景观以及建筑构造、建筑材料、建筑设备等相关的专业基础知识，更要熟悉房地产交易的市场规则、法律规范。

（4）公共性

房地产经纪信息是房地产经纪人实施经纪服务行为的重要资源，尽管经纪人的服务是有偿的，但房地产经纪人的服务常常又是以免费提供和传播信息为前提的，尤其是在未建立委托关系之前，所有业主或对房屋有需求的人都有可能成为服务对象，因此，广泛地搜集、传播信息，积极地开拓房源和客源，与顾客建立良好的关系，是经纪人展开业务活动所必需的。这样的话，就使房地产经纪活动在某种意义上来说具有较强的公共性。没有这种公共的服务基础，经纪活动将会被称为"无米之炊"，但也只有与委托人签订了委托协议或合同，建立了有偿的委托关系，经纪活动也才是有效的。因此，房地产经纪活动具有较强的公共特点。

2. 房地产经纪活动的作用

在房地产经济活动中，房地产经纪人发挥着十分重要的作用，不仅促进了房地产交易，活跃了房地产市场，加速了房地产的流通，而且起到了推动房地产业发展的作用。尤其是在我国当前房地产业飞速发展的今天，房地产经纪人的作用尤其显得重要。因而，我们必须重视房地产经纪人队伍的建设，大力培养训练有素的房地产经纪人，促进我国房地产业的健康发展。

（1）促成交易，繁荣房地产市场

房地产商品的固定性、地域性，以及房地产市场的不完全开放性，决定了房地产经纪人能以其拥有的优势和特点，居于买卖双方之间。一方面，房地产经纪人运用丰富的信息、熟悉的法律条款、有效的公关技巧、丰富的判断经验、良好的声名信誉，影响说合买卖双方，协调在房地产交易中出现的具体的各种关系，为双方排忧解难，最终达成圆满的交易，从而起到穿针引线、互通有无、促成交易的作用。另一方面，又可以通过实施专业化的营销策略，采取强有力的促销手段，提高交易运作的效率，以达到扩大交易总量、加速资金循环周转、繁荣市场的目的。

（2）收集、处理、反馈和传播市场信息

房地产的特性决定了房地产商品的流通不同于一般商品的流通，而房地产市场本身又存在着信息缺乏的特点，因而，房地产经纪人从其自身经营的需要出发，必须不断地收集大量的信息并加以处理，而这些经过处理且较具系统性和连续性的信息，在经纪人的经营活动过程中又以不同的方式及不同的渠道传播开来，并为社会各界人士所利用。

同时，房地产交易的政策性强、法制性强、涉及面广，交易顺利进行的基础是必须要有灵通而有效的信息，而房地产经纪人正是收集了大量的房地产供求信息，有各种传递的方式方法，能有效地为买卖双方牵线搭桥，从而活跃房地产市场的中间人。

（3）提供广泛的服务

房地产经济活动的相关环节很多，各个环节的交易活动涉及许多专门知识，如房地产产权、房地产价格构成、房地产税收、房地产交易手续及房地产的抵押、按揭、典当等。房地产经纪人可以利用自己掌握的知识、信息及其他的有利条件，为房地产买卖双方代办某些具体事务，例如代办产权过户登记、代办有关税费、代为联系房屋装修、代为办理其他与房地产交易相关的事务，从而发挥良好的服务作用。除此之外，还包括提供房源信息、介绍市场行情，解释、宣传房地产交易过程中所涉及的法律、法规、政策和交易程序，代办繁琐的交易手续，提供优良的售后服务等等。

总之，房地产经纪人从消费者有置业动机的瞬间开始，就必须为置业者提供详尽的服务，直至协助置业者完成置业的全部步骤，并尽最大可能保护消费者的利益不受损害。

（4）促进房地产资源的有效配置

房地产经纪人处于房地产市场的前沿，对市场的供求关系和市场的走势拥有较为真实的一手资料。房地产经纪人通过专业的市场分析和项目策划，可以协助发展商、开发商以及投资方、业主或使用人、租用人等做出符合市场状况和各自实际条件的判断和决策。房地产经纪人在实施专业的搜集、处理、传播房地产及其相关信息、并提供广泛的服务的同时，即实现了促进房地产资源配置的重要作用。当然，对于新建房地产项目的投入，只有投资方向正确，才能保证新建成的物业符合社会的需求，才能保证社会资源得到最合理有效的利用，才能避免社会财富遭受巨大的损失。

（5）规范市场行为，为政府的决策和实施有效的管理提供依据

房地产经纪人活动于房地产买卖双方之间，在促成交易的同时，为双方宣传有关的法规政策，甚至为双方办妥有关的法律手续。第一，房地产经纪人具有专业性的中介经纪服务，可以避免因当事人缺乏法律知识而产生不合法的行为；第二，又可以减少房地产纠纷，因为房地产涉及的产权问题非常复杂，极易产生纠纷，由经纪人中介的房地产交易是按法律程序办理一切手续的，进行规范化操作，从而可以有效地避免纠纷的发生；第三，也可以使政府的有关法规政策得到贯彻

执行，为此政府不需要直接插手房地产市场而只需要利用经纪人的合法活动，便可达到规范房地产市场运作的目的；第四，政府专管部门还可以通过经纪人的活动收集到房地产市场的有关问题，从而为其做出合理的决策、制定行之有效的管理措施提供有力的依据。

三、房地产经纪服务的相关费用

1. 房地产经纪人的报酬

房地产经纪人作为独立的经济活动主体，他们所提供的中介服务必须是有偿的。房地产经纪人中介活动的有偿性是通过房地产交易委托人所支付的劳动报酬来实现的。

2. 佣金

佣金是房地产经纪人获取报酬的一种普遍形式，也是一种既合理又合法的报酬形式。

(1) 佣金的概念

经纪人在为委托人提供订约机会或充当订约介绍人、完成委托的中介服务后，由委托人支付的劳动报酬，在法律上叫佣金。佣金是经纪人获取的合法而又合理的劳务报酬，与回扣、酬金、介绍费、交际费、好处费是截然不同的，具有不同的法律性质。

房地产经纪人所提供的中介服务，实质上是一种劳务商品，因而佣金实际上就是这种劳务商品的价格，即

佣金＝成本支出＋利润。

房地产经纪服务的成本支出主要有三个部分：①经纪活动的直接成本，房地产经纪人在提供中介服务这一劳务商品时，必然要支付广告宣传、房地产商品展示等经纪成本；②办公费用成本，包括房租、办公设备、员工工资等办公费用；③开办费用，包括资格申请、注册、员工培训等。所有这些费用均应在佣金中得到补偿。

除此之外，房地产经纪人还需获得一定的营业利润。

因此，房地产经纪人的佣金就必须包含成本支出和利润两大部分。

(2) 佣金的形式

在实际的操作中，佣金的支付形式通常有几种类型。

一种类型是：将所有费用都包含在佣金中，此时，佣金的比例比较高，按现时

的行情一般占交易总额的3%～5%。

另一种类型是：佣金中不包括经纪费用，委托者除支付佣金外，还要支付经纪人提议且委托人同意的广告、策划、展销会等费用，此时佣金比例下降至1%～3%。

佣金可由经纪人为其提供服务的双方当事人共同承担，也可由其中一方独自支付。在代理房屋销售时，佣金一般由售房者、发展商承担，也有经纪人同时向购房者收取佣金的，但这种现象在房屋供需状况缓解时将会自动消失。房地产经纪人也可在接受委托后预收部分的佣金，在经纪成功后再一次收齐全额，当然，经纪业务未完成的，经纪人应将预收款退回给当事人。无论经纪人采取何种收取佣金的方式，都最好能与当事人签约以明示。

为加强对房地产经纪人佣金的管理，防止经纪人为追求高额收益而毫无抑制地提高佣金标准，各地房地产经纪管理部门都以立法手段等对经纪人的经纪收入进行管理。

(3) 佣金费率的确定

房地产经纪人获取佣金是按一定比率进行计算的，佣金费率一般是由政府有关部门确定的一个比率限度或区间。例如互换房产一般规定每笔业务的最高佣金额度；买卖、租赁一般以成交额为基数，再与一定的佣金率相乘而得，佣金率一般要在一定的范围内浮动。不同的国家房地产交易的佣金率是不同的。例如美国，佣金率的百分比随所销的房地产种类而不同，单栋独楼佣金率通常为3%～8%，未开发的土地为6%～10%等。而日本则根据买卖金额由小到大确定佣金率，佣金率分为3%以内、4%以内和5%以内三个档次。另外，日本对租赁交易一般规定，根据佣金率计算的佣金一般不超过第一个月的租金。

目前，我国房地产经纪人的收费标准和收费办法五花八门，没有统一的收费标准和收费办法。现实经纪活动中，房地产经纪人收取佣金通常是以房地产成交金额的大小为依据，再适当考虑中介活动的繁简情况以及经纪人所承担义务的多少来确定。虽然国家没有规定佣金率的浮动范围，但在房地产交易领域里基本上形成了一个惯例性的比率范围，即房地产交易佣金率一般在3%～10%之内。经纪人收取报酬的方式，有房地产交易委托人单方支付的，也有交易完成后由交易双方共同支付的。

(4) 影响佣金数量的因素

房地产经纪人的佣金数量主要受四个方面因素的影响：①地方政府的房地产管理部门会公布一个供参考的佣金率表；②在房地产经纪业市场上，不同时期因

供求关系,也会形成一个佣金率水平;③不同房地产的销售难度不同,是确立佣金的重要因素;④佣金数量还要视经纪人提供的服务数量而定。

另外,佣金支付的形式与条件通常是在雇佣合同中规定的。大多数情况下,是在房地产产权转让后支付佣金。因此,经纪人很可能在许多未成交的交易中虽然花了大量的时间和费用,但得不到佣金。

综上所述,无论是佣金获取的方法,还是佣金比率的计算,在很大程度上带有随意性和不科学性,这就难以衡量经纪人对社会的贡献和所付劳动的多少以及效率的高低,因而还应该采取更有效的办法使之趋于科学、合理。例如,健全和完善财务制度,允许委托方把支付给经纪人的报酬与广告费一道列入成本开支,并在账目上建立专门的科目,使佣金的开支合法化。同时,经纪人收取的佣金应作为其正常的营业收入记录在册并办理相应的手续,出具发票,这样既保护了经纪人收入的合法性,也为经纪人纳税提供了依据。

此外,我国有关部门也应尽快制定统一的房地产经纪人佣金的比率,并且要根据不同的房地产交易确定不同的佣金比率范围,如生地转让交易的佣金率和售楼花的佣金率以及租赁房屋的佣金率都应根据交易数量的不同而有不同的佣金比率范围。

国际上通用计算佣金的一种方法又叫做净值协定——由于佣金是按售价的百分比提取的,净值协定的佣金是加在卖主和经纪人之间商定的合理的最低售价上,即买主同意按与经纪人商定的价格出售他的房地产,超过此价格的收入即归经纪人所有,成为经纪人的佣金和成交费用。所以实际售价比卖主同意出售的价格要高。净值协定可用在公开协定、独家代理权和独家销售权合同中。按规定,经纪人应在交易成交前或成交时,向业主公开他所得到的佣金数,即超过与卖主商定价格的款额。否则经纪人将受到处罚,或吊销执照,或停止营业。所以,在使用净值协定时,经纪人应该是公正的、符合职业道德的。这种计算方法又叫做"差价"。

3. 差价

房地产经纪人受房地产卖主的委托销售房地产,而卖主不提前支付任何报酬和费用,只以底价告之经纪人,若经纪人以高出底价的卖价出售,则高于底价的差价就作为房地产经纪人的中介服务报酬。由于房地产交易的数额都比较大,以这种形式获得报酬的房地产经纪人赚取的数额一般也比较大,但收入缺乏固定性,不利于国家有关部门对经纪人的管理和控制。

附 2-1:北京市《关于降低本市住宅买卖经纪服务收费标准的通知》

各区县发展改革委、住房城乡(市)建设委、房管局,各房地产经纪机构:

为规范住宅买卖经纪服务市场价格行为,降低住宅买卖经纪服务费用负担,经市政府批准,降低本市住宅买卖经纪服务收费标准。现将具体事项通知如下:

一、本市住宅买卖经纪服务收费标准统一下调 0.5%(调整后收费标准见附件)。

二、住宅买卖经纪服务收费由买卖双方各承担一半或由买卖双方协商确定。

三、房地产经纪机构(以下简称经纪机构)提供的其他服务,由当事人自愿选择,通过合同明确约定。其中代办房地产登记服务收费,最高不超过 500 元/宗;代办贷款服务收费,最高不超过 300 元/宗;办理房屋入住有关手续收费,最高不超过 200 元/宗;按照委托人要求,提供的其他服务实行市场调节价,由委托人与经纪机构协商议定。

四、经纪机构应严格执行明码标价规定,在经营场所的醒目位置公示相关的服务项目、服务内容、收费标准等,并书面告知应当由当事人缴纳的有关税费项目及标准。

五、各区县要切实加强对住宅经纪服务收费行为和收费水平执行情况的监督管理,加大执法力度,坚决查处多收费、乱收费行为,维护住宅经纪服务市场秩序。

六、本通知自 2011 年 8 月 31 日起执行。现行有关规定与本通知不符的,按本通知规定执行。

特此通知。

附件:住宅买卖经纪服务收费标准(分档差额累进)

二〇一一年八月二十四日

住宅买卖经纪服务收费标准(分档差额累进)

档次	住宅成交价总额(万元)	收费标准(%)
1	500 及以下	2
2	500 以上~2 000 及以下	1.5
3	2 000 以上~5 000 及以下	1
4	5 000 以上	0.5

注:1. 本市住宅买卖经纪服务收费(包括独家代理)均按此标准执行。
2. 此收费标准不包含涉及政府规定的应由委托人支付的税、费。
3. 收费标准可以下浮,少数特别复杂的住宅买卖经纪服务,经交易各方协商同意,可在规定的收费标准基础上适当上浮,上浮幅度最高不得超过 10%。

第三节　我国房地产经纪业的产生与发展

一、我国房地产经纪人制度的产生与发展

1. 房地产经纪人的历史沿革

(1) 1949 年以前的中国房地产经纪

我国房地产经纪人的出现可以追溯到元代时。据元《通制条格》卷十八《关市》记载:“凡买卖人口、马匹、房屋及一切货物,须要牙保人等与卖主明白书写籍贯住坐去处,仍召知买卖主人或正牙保人保管画完押字,许令成交,然后赴务投税。”这说明早在元代时从事经纪活动的人已大量存在了。当时从事经纪活动即房屋买卖说合的中介被称为“房牙”。

1840 年鸦片战争之后,随着通商口岸和租界的设立,许多外商意识到在中国开发房地产有利可图,便纷纷投资房地产,从事土地买卖、房屋建造、房屋租赁及房地产抵押等经营活动,在攫取暴利的同时也活跃了房地产市场。随着房地产市场的兴旺,房地产经纪活动便随之产生。最先出现在中国房地产经纪人历史舞台的是“二房东”们。在当时,大的房地产投资商主要经营的业务是房屋的直接出租,即将其修建的大楼以高价直接出租给各类商店、银行或其他大的承租户。与此同时,由于这些大的房地产投资商不愿直接经营零散的小住户承租业务,所以,他们还采取转手出租的方式进行经营。在转手出租的方式下,大的房地产业主将房产的出租业务委托给一个可信赖的人经营,这个专门为房地产业主经营和转手出租房屋的人,即被称为“二房东”。“二房东”转手出租房屋,在房租上进行盘剥。同时,“二房东”还伺机以各种名义额外收取费用。由于有“二房东”的帮助,房地产业主基本能够按时收取零散承租者的房租。在旧中国,较早推行转手承租的是上海。1907 年,著名的外国房地产投资商——沙逊洋行在上海与沈志贤和马小眉签约,规定每月月底,由沈、马二人将这个月其所监管的全部房屋的房租汇总交沙逊洋行。沙逊洋行对沈、马二人利用监管权的额外所得则一概不问。其后上海乃至全国的各大房地产业主相继采取转手出租的方式经营零散承租业务。“二房东”作为一个社会阶层也由此逐渐形成,并一直延续至解放初期。

民国之后,尤其是在 20 世纪 20 年代至 30 年代的 10 余年中,中国的房地产业

处于上升时期，发展较快。国外及国内的一些大房地产投资商大规模兴建高层大厦，出租获利。相继从海外回乡的华人也加入到房地产投资经营行列，使房地产业再掀高潮。相应的房地产经纪活动也十分活跃，出现了一大批专门从事房地产经纪活动的从业人员。如在上海，出现了专靠介绍房屋租赁，从中取利的房屋经纪人，上海人称其为“白蚂蚁”。“白蚂蚁”从事经纪活动有两种方式，一是以“顶屋公司”的形式，二是以“单干个体户”的形式。“顶屋公司”有固定的经营场所，以在报纸上刊登广告的方式招揽生意，一般出租人委托公司出租房屋时，只需登记房屋的地点、朝向、大小等情况，并注明“顶手费”的上下幅度即可。而承租人则要向公司填写委托书，并在成交时交付佣金（一般为顶手费总数的十分之一）及若干委托费。至于“单干个体户”则以茶楼为其经营的据点，他们在那里交换信息，撮合成交。经纪人所收的佣金一般为成交总额的 2.5%左右，其中填单买卖的佣金则高达 5%。再如在北京，从事房屋买卖说合的经纪人俗称为“房纤”或“纤手”，房纤们分布于市内各区，每区均有“纤头”（即房纤里的代表人物）。纤头们一般配有若干助手，协助其从事房屋交易的经纪活动。平时房纤们“专为访问何人欲买房，何处有房出售，稍知门径，即自行寻去，担任撮合者”。“因买卖两家，各不相识，无中人说项，似不能对面讲说。且此项纤手，于买房人实有利益，如某处房不净，某处房有纠葛，非此等人莫知其详。且房产交易后，纤手可代换转移凭单、立案、投税、领契等事，较买房人自己办理尤妥”。买卖撮合成功后，按房屋成交总价，买卖双方共同出资 5%作为付纤手的佣金。民国时期，“盖平市纤手通例，置产者出中费 3%，让产者出中费 2%，俗云成三破二”。通过纤手买卖房产，其程序大体如下：①委托纤手作介绍。买房之人将自己的意向告知纤手，纤手则根据自己所掌握的卖房者的信息，为其物色房子。②约期看房。在买方初步看中纤手为其介绍的房子后，纤手与其约定时间，带领买房者看房。③递价、让价、收取定金。若买方中意所看的房子，则买卖双方会通过纤手讨价还价，最终议定价钱，并由纤手代卖方向买方收取定钱（定钱一般为房价的 10%）。④立字、过款。按北京“典三卖四”的习俗，即自立字之日起，典押房屋的要在三个月内、卖房的要在四个月内将房腾空（如房内尚有租客，旧房主要付给租客若干搬家费）。所以，买方在立字之后只需付若干成房价给卖方，以后分几次付清。双方就腾房时间、付款方式达成一致意见后，就立正式契约。在办完全部手续后，买卖双方及纤手互相祝贺，入席就餐。当年鲁迅先生在购买八道湾的房屋时，就是通过纤手购得的。鲁迅买的八道湾的房屋，房价共 3 500 元，分三次付款。第一次付房价的 50%，再加 175 元佣金；第二次付款 400 元，收房 9 间；第三次付清剩下的全部房款，全部收房。

1937年卢沟桥事变后，北平市内的房屋租金不断上涨，房纤见有利可图，也增加了房屋租赁代理内容。房屋租赁，其佣金的收取方式与买卖不同，当时有“两份”“三份”之说：“两份者，即所租之房，初迁入时，一起交租金两份，又名一茶一房，意即一份为租房，一份为茶钱，作为打扫费之意。……其中费由租房人酌给纤手，数约房租之半。其三份者，除一茶一房外，余归中费。”

在这样一个时期，我国房地产经纪活动表现出如下一些特点：

① 房地产经纪人在从事经纪活动时，多有不适当行为。由于从事经纪活动的人遍布社会各个阶层，五行八作、三教九流的都有，以至泥沙俱下，鱼龙混杂。一些不法经纪人利用其所处的特殊地位，对客户进行欺诈、勒索。如“有房屋久闲之家，伊等竟劝导出售，遇有办喜丧大事之家，竟敢劝其卖房，冀希一旦成功，以博些许中费”。在北京，还有所谓的“倒饰房”，即房纤手将年久失修的房屋以低价购入，略加修缮——只是在外表上粉刷而已，在结构上则未进行任何改善，然后以高价售出。故在北京有“十个纤九个空，拉着一个就不轻”的谚语。清《续都门竹枝词》的“几张契纸几间房，一有风声便着忙。破二成三分赚账，谁知事件尚荒唐”便是对房纤的真实写照。在广州，有所谓的“卖定帖”、“挂胡”等伎俩。即经纪人在为买卖双方牵线时，先同买方讲好价钱，预收少量定金，然后持契证冒充卖方，索取更高的价钱，以独吞差价。如此种种不法行为，使受害人对经纪人深恶痛绝，使之对经纪人的称呼如“白蚂蚁”、“房纤”、“房帘”等等都带有鄙视的含义。

② 房地产经纪业在其发展过程中，没有形成行业组织。房地产经纪人没有像其他行业的经纪人那样成立行会，但由于他们平时交往密切，接触频繁，许多没有成文的行规也逐渐约定俗成。如广州的经纪人喜欢在茶楼酒馆相聚，在那里交换行情、交流信息；而在北京，房纤们更是专门约定一日（每年农历二月初二）举行大集会（纤手们称之为“财神会”），以扩大交往。

③ 政府已开始重视对房地产经纪活动的管理，但力度不够。民国政府为了加强对不法经纪人炒卖地皮、乱收服务费的管理，陆续颁布了一些经纪人管理及房地产交易管理的暂行办法。如民国三十六年（1947年）2月，广州市政府公布了《广州市地政局管理经纪人的暂行办法》，规定了经纪人的服务费是：土地及定着物（房屋）的买卖为买卖价额的2%；土地及定着物的典押为典押额的1.5%；土地及定着物的租赁为租赁价额的8%；土地价格的评估为土地价额的0.1%。房地产经纪人收取服务费，如有超过规定者，吊销营业执照。这些管理措施的实施，在一定程度上约束了经纪人的行为，但因执法不严、管理力度不够等问题，经纪人违法现象仍屡禁不止，房屋买卖及租赁纠纷也时有发生。

（2）1949 年至 20 世纪 70 年代后期的中国房地产经纪

新中国成立初期，民间的房地产经纪活动仍较为活跃。如北京，当时专业的和兼职的“房纤”有 5 000 人左右。因客观原因，社会上对房屋需求量较大，使一部分不法“房纤”趁机用欺骗、威胁等手段，对房东、房客或房屋的买主、卖主进行敲诈，索取高额纤费，并哄抬房价。因此，当时整个房地产经纪活动显得比较混乱。从 50 年代初开始，政府加强了对经纪人的管理，采取了一系列如淘汰、取代、改造、利用以及惩办投机等手段，整治了房地产经纪业。

如广东，在 1950 年 3 月，市人民政府发布了《广州市房屋租赁暂行办法》，同年取缔了“二房东”，将在出租过程中收取“批头”、“鞋金”等行为视为非法，并于 1952 年 3 月成立房屋租赁介绍所，为市民提供租赁介绍服务。1950 年 9 月，市政府批准成立了“广州市房地产交易所”，负责办理政府机构及个人委托买卖房地产交易业务。1951 年 5 月，市工商局公布《广州市经纪人管理暂行办法》，规定经纪人在从事经纪活动时，必须持有经纪人许可证，同时按规定的范围收取佣金。1952 年 6 月，市房地产管理局发出《关于成立房地产经纪学习班分批审查本市房地产经纪的布局》，对全市 137 名经纪人进行调查，严肃查处在经纪活动中敲诈财物、欺骗食价、偷漏契税等违法行为。1953 年 3 月，市房地产管理局公布了《广州市试行房地产交易员暂行办法》，取缔了经纪人，并在房地产信托公司下设置交易员（从原来经登记的经纪人中，挑选素质较好的担任），明确交易员应具备的条件、工作守则、佣金及有关奖惩办法等。交易员必须经审查批准，取得交易员证之后，方可从事经纪活动。这一系列管理措施实行之后，有力地抵制了房地产经纪人的违法行为，取得了较好的效果。

再如北京，1951 年 4 月 13 日，北京市人民政府根据市第三届第一次各界人民代表大会的决议发布布告，“决定自布告之日起，取缔纤手即拉房纤的。今后，不论所谓广告社、服务社或其他店铺、个人均不得再有借说合房屋为名，索取纤费或其他任何费用，违者定予严惩。市民买卖或租赁房屋或由当事人双方自行洽商，或到本市房地产交易所及其公所登记”，“由其代为介绍，均听当事人自便”。在布告取缔房纤的同时，人民政府录用了 150 名行为比较端正的纤手在政府办的交易所工作，对少数仍用隐蔽方式活动的，由法院依法进行了处理。

随后直到 1978 年改革开放前，由于房屋作为“福利品”，由国家分配，而不是通过市场交易，随之民间的房屋交易活动也减少到最低限度，在这种情形下，房地产经纪活动没有需要。而另一方面，从主观上，政府部门认定经纪活动是一种投机倒把行为，将其视为非法，坚决予以取缔。因此，在这一时期，房地产经纪活动

基本消失。

(3) 20 世纪 80 年代至今的中国房地产经纪

20 世纪 70 年代末 80 年代初，是新中国成立后社会经济发展重要的历史转折点。改革开放政策、路线的确定和实施，促进了全国经济的大规模发展，在之后的 30 年中房地产业迅速成长，并日益成为国民经济的重要增长点，房地产市场体制逐步建立健全，房地产经纪业在房地产业和房地产市场发展的迫切需求下得到扶持并迅速发展。在这一发展的历程中，房地产经纪人也经历了从“地下”到“地上”的过程，即从 20 世纪 80 年代初、中期的不合法经营到 80 年代末、90 年代初期的合法经营，房地产经纪机构和从业人员的数量均迅速增加，房地产经纪业以满足社会需求为前提，逐步被人们所认识、接纳，并在活跃、繁荣房地产市场方面发挥着一定的积极作用。

随着《城市房地产管理法》和《城市房地产中介服务管理规定》的相继出台，各地如上海、广州、深圳、北京、汕头、苏州等城市都制定了房地产经纪行业管理的专门性法规政策。虽然我国当前的房地产经纪业兴起的时间尚很短，但房地产经纪人在活跃房地产市场，促进房地产交易，规范市场行为，改善人们的生活、学习、工作条件等方面发挥了显著的作用。

当然，从全国范围来看，房地产经纪业的发展客观上有显著的地区不均衡，在经济较发达的城市发展得较早、较快，而在一些经济相对落后的地区则发展得较晚、较慢。深圳，是改革开放后我国大陆最早开展房地产中介经纪活动的城市，早在 1988 年“深圳国际房地产咨询股份有限公司”就成立并运营，随后大量的房地产中介服务机构应运而生，仅 1993 年一年深圳市就批准成立了近 70 家房地产中介服务机构。上海首家房地产中介机构——“上海同信房地产信托咨询服务有限公司”于 1992 年 5 月成立，2000 年上海房地产经纪机构达到近 1 000 家，到 2010 年上海已登记的房地产中介经纪机构有近 5 920 家。苏州的房地产经纪业在 1997 年才初具规模，然而到 2011 年 6 月，通过年审的房地产经纪机构已达 775 家，另外，加上备案注册的房地产经纪机构有 196 家，合计达到 971 家。

2. 房地产经纪人制度的建立与发展

20 世纪 80 年代以来，随着我国经济体制改革和城镇国有土地有偿使用、住房制度改革的逐步推进，特别是 1992 年邓小平同志南方谈话的发表，我国房地产业得到了迅猛的发展，房地产经纪人及房地产经纪机构顺应房地产市场发展的要求，如雨后春笋般地涌现出来。由于房地产具有价值大、位置固定、使用期长和交易过程复杂等特点，房地产市场活动中交易各方往往需要有关专门知识和信息的帮助，因此，在我国房地产市场快速发展中，房地产经纪作为房地产市场的一个重要环节，发挥了重要的作用，成为活跃房地产市场的一个重要方面。

1995 年 1 月 1 日《中华人民共和国城市房地产管理法》发布并执行，之后《城市房地产中介服务管理规定》、《房地产经纪人执业资格制度暂行规定》等一系列直接或相关法规、管理办法（详见表 2-1）出台，这些法规及政策措施的实施，为规范房地产经济行为，加强对房地产经纪机构、房地产经纪人员和经纪活动的管理起到了促进作用。直到 2010 年《中国房地产经纪执业规则》、2011 年《房地产经纪管理办法》的发布施行，房地产经纪业的行业地位逐步明确并为社会所承认。

表 2-1 房地产经纪业主要法规与管理文件

颁布、执行或修订时间	颁布部门	法规文件名称
1994 年 7 月 5 日颁布 1995 年 1 月 1 日起执行 2007 年 8 月 30 日修订	国务院	《城市房地产管理法》
1996 年 1 月 8 日颁布 1996 年 2 月 1 日起执行 2001 年 8 月 15 日修订	住建部（原建设部）	《城市房地产中介服务管理规定》
1995 年 8 月 7 日颁布 1995 年 9 月 1 日起执行 2001 年 8 月 15 日修订	住建部（原建设部）	《城市房地产转让管理规定》
2008 年 2 月 15 日颁布 2008 年 7 月 1 日起执行	住建部	《房屋登记管理办法》
2001 年 12 月 18 日颁布 2001 年 12 月 18 日起执行	住建部（原建设部）、 人事部	《房地产经纪人员职业资格制度暂行规定》 《房地产经纪人执业资格考试实施办法》
2006 年 10 月 31 日颁布 2007 年 1 月 1 日起执行	住建部（原建设部）、 中国房地产估价师 与房地产经纪人学会	《中国房地产经纪执业规则》
2011 年 1 月 20 日颁布 2011 年 4 月 1 日起执行	住建部（原建设部）、发改委、 人力资源与社会保障部	《房地产经纪管理办法》

3. 房地产经纪人制度的现状特点

从目前来看，我国房地产经纪业呈现出如下几个特点。

（1）房地产经纪人制度日趋完善

从 1994 年 7 月 5 日颁布、1995 年 1 月 1 日起执行、2007 年 8 月 30 日修订的

《城市房地产管理法》到1996年1月8日颁布、1996年2月1日起执行、2001年8月15日修订的《城市房地产中介服务管理规定》，2006年10月31日颁布、2007年1月1日起执行的《中国房地产经纪执业规则》，及2001年12月18日颁布实施的《房地产经纪人员职业资格制度暂行规定》和《房地产经纪人执业资格考试实施办法》等，无不标志着房地产经纪人制度的日趋完善。

（2）房地产经纪机构数量日益增多，规模和实力逐渐增强

中国的房地产经纪业总体起步晚，大多数房地产经纪机构是近几年才成立的。由于起步晚，加上其从业人员专业水平不高，操作水平较低，服务范围窄，基本上停留在中介业的较原始、较初级的阶段。一些中、小城市很少有经纪企业能够为开发商提供诸如市场分析、投资咨询、营销策划、广告策划等高层次的服务。但总体上房地产经纪机构的规模和实力呈逐渐增强的态势。

（3）行业准入门槛相对较低，从业人员素质良莠不齐

由于目前进入房地产经纪行业的"门槛"较低，几个人凑些资金，租一间房子，就可以挂牌成立一个公司。因此，目前大多数经纪企业规模都较小，从业人员3～10个不等。

由于房地产经纪业从业人员的结构较为复杂，有专职的、兼职的，还有退休后加入该行业的，有持照的合法经纪，也有无照的黑市经纪，这使得从业人员之间无论在专业素质还是在道德素质、服务意识等方面都存在着较大的差距。一部分人，精通业务，熟悉房地产交易的运作程序及有关的政策法规，开展经营活动时遵纪守法；而另一部分人，专业素质差，法制观念薄弱，操作手段落后，有的甚至仍采用欺骗的手段从事经纪活动。

（4）影响逐步增大，知名度低

正是由于上述3个特点，使得房地产经纪到目前为止尽管社会影响程度逐渐加大，但还没有完全被社会认同和接受，目前房地产经纪业中的客户"走单"现象与发展商的"撕单"、"抢单"现象仍然普遍存在。房地产经纪业在社会上的良好形象还没有树立起来，国产名牌经纪企业还没有足够的影响力。

（5）各地区经纪服务水平参差不齐，服务内容也有差别

我国各地区经纪业发展极不均衡，经纪服务水平、服务内容差异较大。在一些市场经济较为发达的城市如深圳、广州、上海、北京等地，涌现出一些操作水平较高、服务质量较高有一定影响的本地房地产经纪企业。这些企业吸取港、台两种营销模式的优点，再结合本地的实际情况，将其有机地结合起来，取得了较好的业绩。如上海的"晏子房产营销公司"、北京的"伟业顾问公司"等等。另外，在服

务内容上，一些较具规模的经纪企业有了进一步的拓展，如进行开发企业资信调查，房地产产权调查、资金融通，提供法律、金融、物业管理咨询以及代办产权登记、公证、保险、抵押等各种手续。而在一些市场经济不太发达的地区，房地产经纪企业服务内容单一，仅停留在房屋买卖、租赁的中介代理业务上。

(6) 政府对房地产经纪人和房地产经纪企业的管理进一步加强

为了加强对房地产经纪人及企业的管理，1996 年 1 月，政府颁布了《城市房地产中介服务管理规定》，并于当年 2 月 1 日起正式施行。《城市房地产中介服务管理规定》中明确规定："房地产经纪人必须是经过考试、注册并取得《房地产经纪人资格证》的人员。未取得《房地产经纪人资格证》的人员，不得从事房地产经纪业务。"在全国统一的房地产经纪人资格认证制度尚未出台的情况下，部分房地产经纪业较发达的城市，如深圳、广州、上海、北京早已开始实行房地产经纪人资格认证的工作，收到了良好的效果。

(7) 房地产经纪人自律组织逐步建立，房地产经纪人行业协会作用日益加强

随着房地产经纪业的发展，一些房地产交易活动较为活跃的城市，在政府房地产主管部门的指导下，开始成立房地产经纪人协会。房地产经纪人协会是从事房地产经纪活动的中介机构自愿组成的社会团体。房地产经纪人协会将发挥政府、房地产经纪企业、客户之间的桥梁和纽带作用。它通过制定行规、行约，组织开展行检行评，逐步建立起行业的自律机制；同时，它将促进会员单位之间高层次、各种形式的合作交流；组织各种层次的专业培训，提高从业人员的管理水平和业务素质。总之，房地产经纪人协会的成立标志着房地产经纪业已发展到另一个阶段，它将对房地产经纪业的健康发展起到积极的推动作用。

二、我国房地产经纪业的发展趋势

根据我国房地产经纪业发展现状，结合目前我国房地产经纪业的实践，我国房地产经纪业将会朝着下述六大趋势发展。

1. 房地产经纪企业的规模化，企业规模扩大，现代企业制度成为龙头企业的发展根本

根据相关资料统计及中国房地产经纪人网站(www.agents.org.cn/)资料显示，据不完全统计，至 2011 年 6 月份，全国有房地产经纪从业机构 3 万多家，注册机构 19 081 家；房地产经纪从业人员 100 多万人，其中有近 3.7 万人取得了执业

资格，23 560余人注册执业。

然而，由于进入房地产经纪业的相对容易性，使得在这众多的房地产经纪企业中，大多数企业规模偏小。有的只有两三人，租一间房子，摆一张桌子，装一部电话，就干起了这一行当。与其规模小相对应的是企业的实力弱——无论是经济实力还是专业实力，这不利于房地产经纪业的发展和良好形象的树立。另外，因规模小，信息量及信息的流通范围就极其有限，导致成交效率不高。因此，房地产经纪企业要想生存、发展，在激烈的市场竞争中占有一席之地，就必须朝规模化的方向发展。这种趋势在一些市场经济较为发达的大、中城市已初露端倪。如上海、北京、南京等地的少部分经纪企业已开始连锁化经营，在市区的各个区域逐步建立自己的连锁店，统一店面形象、统一着装等，建立品牌形象，以扩大服务范围，提高信息的收集量、流通速度及流通范围，从而明显提高成交效率，提高信息服务质量。同时，也使客户感到便捷、安全。

上述的在总公司下依区域不同设立分店(行)，只是经纪企业走向规模化经营的一个途径。另一途径是一些有一定知名度的实力企业可以对外输出其无形资产——企业品牌形象及管理软件，使一些小的经纪企业加入到其麾下，一致对外服务，从而也达到连锁化经营之目的。

2. 房地产经纪企业的专业化，行业知识和技术密集程度提高

房地产经纪企业的专业化，有两方面的含义：一是其从业人员操作水平的专业化；二是经纪企业组织分工的专业化。从业人员素质低下，是目前我国大多数经纪企业存在的一个问题，也是致使该行业自身形象难以树立并难以普遍为社会所认同的一个重要方面。同时，我国房地产市场逐步发育、完善，对房地产经纪业的服务内容、服务质量提出了更高的要求。如房地产投资分析、营销策划、法律咨询、营销顾问、产品规划等等。因此，为了树立自身良好形象，适应房地产市场的发展需要，房地产经纪企业提高其服务的专业化水平势在必行。只有提高了自身的专业水准，房地产经纪企业界的服务才更容易为人们所看重，其服务的价值也容易为人们所接受，公司也才能够发展壮大。目前的一些有影响的经纪企业，无一不是因为其专业性水准而赢得了市场。

要提高从业人员的专业素质，作为一个房地产经纪企业来说，必须建立一个健全的培训制度。一方面，要对新员工进行职前培训，学习房地产方面的专业知识，并进行必要的考试；另一方面，对在职员工也要不断地进行在职培训教育，定期或不定期由公司资深员工或聘请有关专家讲课，或让其参加在外举行的各种培训班，从而不断提高其专业水平，为向客户提供优良的服务打好基础。

经纪企业组织分工的专业化，是指经纪企业要按照操作流程，对内部员工进行合理分工，使其各司其职，如市场调查部、业务开发部、项目策划部、产品规划部、广告设计制作部等等，以提高其专业操作水平。只有各部门专业人员协同作战，才能做好经纪服务这一行。

3. 房地产经纪企业的规范化，法律法规越来越健全

目前，我国房地产经纪业处于一个起步阶段，经纪企业良莠不齐。部分房地产经纪企业操作的不规范，如乱收费，甚至欺骗客户，是制约我国房地产经纪业健康发展的一个重要因素。随着住宅建设的加快、住房制度改革的深化，房地产交易市场将日趋活跃，而房地产经纪业在流通领域的重要性将进一步凸显出来。因此，规范房地产经纪企业的行为，使房地产经纪业健康、有序的发展，必将是政府、行业协会及经纪企业自身迫切需要加以解决的问题。一方面，政府将进一步制定、完善房地产经纪业方面的法律、法规及有关规定，进一步加强对房地产经纪企业的监督力度；另一方面，房地产经纪业的行业协会将逐步成立，这对加强行业内部的自律、规范行业行为、加强行业管理监督起到十分重要的作用；再者，规范化操作也是房地产经纪企业自身发展的需要。特别对于一些有一定规模、实力，且欲长远发展的经纪企业更是如此，因为这对于树立其自身的良好形象是必不可少的。

因此，房地产经纪企业的规范化，既是房地产市场对其提出的客观要求，同时，也是经纪业自身发展的需要。政府将顺应房地产市场发展的要求，在立法、制度、管理规定等方面对房地产经纪企业的规范化起到一个根本性的推动作用，而企业自身的需要则是其规范化的内在动力。

4. 房地产经纪企业信息网络化与共享化，信息整合、开发和利用能级大大提高

当今社会正处于一个信息时代、网络时代，在这样一个时代，客户对房地产经纪企业的服务提出了更高的要求，这就是：方便、迅速、安全。而房地产经纪企业为了提高成交率、提高服务质量、增加收入，迫切需要改变目前的运作方式。因此，为了适应消费者的需求，以及企业自身经营的需要，房地产经纪企业实行信息网络化与共享化势在必行。

房地产经纪企业信息的网络化与共享化可表现为如下四个方面：

（1）地产经纪企业内部信息网络化与共享化

这是房地产经纪企业实行连锁化经营的必然要求。由于实行连锁化经营，企业总部与各分店、支分店遍布全市乃至全省、全国各区域，因地域分隔，传统的信息传输手段已完全不能适应连锁化经营方式的要求，这就必然需要引入电脑网络，以实现信息在总部、各分店之间的快速传递与共享，也便于总部加强管理，对客户的需求做出快捷的反应。

(2) 房地产经纪企业之间信息网络化与共享化

正如上面所指出的，房地产经纪企业为了适应客户对经纪业提出的更高要求以及经纪企业自身提高经营收入的需要，房地产经纪企业间团结协作，摒弃目前的信息封锁、排斥同业、自立门户等小农经济意识，实行信息网络化与共享化，从而形成联合销售，消除人为的销售障碍，将是其必然选择。如南京市房地产交易市场实行的"信息联网委托代理"、苏州市五家中介企业推出的"五强连锁网"，都是这种运行方式的雏形。

(3) 全国性的房地产经纪企业信息网络化与共享化

随着经济的进一步发展，人口流动的更加频繁，物流的更加通畅，人们对异地房地产的需求也会日益增加，出租、出售、承租、承购物业将更加频繁。因而在将来的某个时候建立全国性的经纪企业信息网络化与共享化是必要的。在人流、物流通畅的基础上，实现信息的通畅流动。建立全国性的经纪企业信息网络化与共享化，可通过全国房地产经纪协会，实行会员制，由会员单位把房地产经纪信息输入网络中心，以实现信息共享，形成联合销售，提高成交效率。同时，还大大方便了异地客户。

(4) 房地产经纪企业与客户间信息网络化与共享化

随着电脑的普及和互联网(Internet)成本的降低，信息产品进入家庭的步伐逐步加快，这样，房地产经纪企业与客户之间实现信息的网络化与共享化不仅有必要，而且成为可能。一方面，客户可足不出户，通过使用家中电脑，在任何时候都可在网上获取他所需要的物业资料，甚至该物业的实景图片，然后再通过经纪企业达成交易，真正做到了所谓的"方便、快捷"。另一方面，客户也可以把自己需要出租、出售或交换等物业信息通过电子邮件传递给经纪企业，委托其代为物色顾客。这应是未来经纪业的发展趋势。目前，已有一些中介机构利用联网同电台、电视台等新闻媒介合作，或与邮局合作，共同开办房地产信息专栏、专线等，利用微机安装 PC 卡收看图文电视信息等，这可以说是这一趋势的初级阶段。

5. 房地产经纪企业服务的品牌化，现代营销意识越来越被重视

服务品牌，是促进房地产经纪企业与客户沟通的有效手段，是在激烈的市场竞争中制胜的有效武器。目前，房地产经纪企业众多，市场竞争日趋激烈。在这样的背景下，一批具有一定实力、规模，运作规范的经纪企业为巩固市场，提高市场占有率及竞争力，将通过塑造其服务品牌，建立其独特的服务形象，在竞争中脱颖而出，成为名牌企业。而一些人员素质低、操作不规范的经纪企业则将被市场无情淘汰。如北京市从事和参与房地产经纪业务的各类企业一度达 3 000 余家，良莠不齐，大小并存。经过几年的市场竞争，现存 1 100 多家，而经资质认定的仅 300 多家，其中有较大社会知名度的只有十余家。

当然，服务品牌的塑造并不是一蹴而就的，有赖于企业一整套的管理制度、企业员工的素质、专业水平、服务理念、规范操作及有效的传播手段等。

可以说，房地产经纪业的发展过程，也是其自身形象不断塑造的过程。

6. 政府、专业协会、经纪企业、客户的相互关系明晰化

随着房地产业的进一步发展，房地产经纪业的日趋规范化，政府、专业协会、经纪企业、客户将围绕保护当事人的合法权益及促进房地产经纪业的健康发展各司其职，四者间的相互关系将日趋明晰化。

具体来说：

（1）政府

政府的主要职能是负责制定房地产经纪业方面的法律、法规政策（如我国房地产经纪人的资格认证制度），负责对经纪人的资格认证和经纪企业的资质认定，规范代理行为、收费方式与收费标准，并对经纪行为进行监督管理，对违规者依法予以相应的处罚。

另一方面，政府也有责任规范其自身行为。房地产经纪行为是市场行为，必须符合市场经济规律的基本要求。因此，政府行政部门必须与其属下的房地产经纪企业脱钩。政府部门不能既是行政管理的主体，同时又是经纪企业经营的主体，身兼二任，不利于房地产经纪业健康有序地发展。另外，对于房地产经纪人的资格认证与经纪企业的资质认定，也必须严格把关，加强监督管理，防止某些行政人员滥用权力。

（2）专业协会

房地产经纪人专业协会是在房地产主管部门指导下，从事房地产经纪活动的企业自愿组成的房地产经纪业的行业自律性社会团体。它是政府的助手，也是经纪企业、客户与政府之间沟通的桥梁，其宗旨是“服务、促进、协调、提高”。主要职能应包括：①宣传政府制定的有关房地产及房地产经纪业的法律、法规及政策，传

达政府发布的有关房地产信息；②向政府主管部门反映经纪企业的意见与要求，并提出相关的政策建议；③向客户宣传房地产经纪业的作用、地位，经纪业服务内容、操作流程等有关知识，以及客户应享有的权利及应承担的义务；④进行行业管理，制定行业规范、服务标准、行业职业道德准则，制定行检行评制度，逐步建立起行业的自律机制；⑤组织培训、专题讲座等，以提高行业内从业人员的专业水平和道德素质；⑥增进会员单位之间相互沟通、交流、友谊与合作，协调相互间的关系，保护会员单位的合法权益；⑦接受客户投诉，监督经纪行为，维护客户合法权益；⑧承办政府主管部门委托的有关任务，如经纪人资格考试的培训与考核任务。

（3）房地产经纪企业

房地产经纪企业应以不断提高自身的专业水平、强化服务意识、提高服务质量、维护客户的合法权益为己任，依法规范经营，并努力以此来赢得客户的信任。为活跃房地产市场，促进房地产市场的繁荣，做出自己的一份贡献。

（4）客户

客户与房地产经纪企业之间的关系是委托与被委托的关系。作为委托人，既有自身的合法权益需要得到经纪企业保护的权利，同时，也有对经纪企业提供的服务支付合理佣金的义务，即不能与经纪企业介绍的客户私下接触，达成交易，以避付佣金。

三、中国房地产经纪行业大事记

1. 2011年4月1日起，《房地产经纪管理办法》执行

2011年1月20日，由住建部、国家发改委、人力资源与社会保障部三部委联合颁布《房地产经纪管理办法》，2011年4月1日起执行。

2. 2007年1月1日起，《中国房地产经纪执业规则》发布并执行

2006年10月31日，由住建部与中国房地产估价师与房地产经纪人学会联合颁布《中国房地产经纪执业规则》，2007年1月1日起执行。

3. 2004年12月15日，“中国房地产经纪人”网站开通

2004年12月15日，由中国房地产估价师与房地产经纪人学会主办的“中国房地产经纪人”网站开通。

4. 2004年,房地产经纪人实现首次初始注册

2004年,根据人事部、建设部的有关规定,全国进行了房地产经纪人的首次注册,共6 734人获准初始注册。

附2-2:《关于公布全国首批获准初始注册房地产经纪人名单的公告》

根据人事部、建设部印发的《房地产经纪人员职业资格制度暂行规定》和《建设部关于改变房地产经纪人执业资格注册管理方式有关问题的通知》(建办住房[2004]43号)的有关规定,全国首批房地产经纪人初始注册工作已经结束,经审查,共6 734人获准初始注册。现将名单予以公布。

请各地以适当方式公布当地注册房地产经纪人名单,并将《房地产经纪人注册证书》颁发给个人。取得《房地产经纪人注册证书》的人员,获准在中华人民共和国境内以注册房地产经纪人名义从事房地产经纪活动。

附件:全国首批获准初始注册房地产经纪人名单

中国房地产估价师与房地产经纪人学会

二〇〇四年十二月十日

5. 2004年,组建全国房地产经纪人行业组织

2004年,全国性的房地产经纪人行业组织中国房地产估价师与房地产经纪人学会由中国房地产估价师学会变更而来。

附2-3:《关于中国房地产估价师学会更名的批复》

中国房地产估价师学会:

经审查,同意你会名称由中国房地产估价师学会变更为中国房地产估价师与房地产经纪人学会。

中华人民共和国民政部

二〇〇四年七月十二日

6. 2004年,改变注册管理方式

2004年6月29日,建设部发布了《关于改变房地产经纪人执业资格注册管理

方式有关问题的通知》(建办住房[2004]43号),决定将房地产经纪人执业资格注册工作转交中国房地产估价师学会。要求中国房地产估价师学会:要通过房地产经纪人执业资格注册工作,将房地产经纪人执业资格注册与房地产经纪行业自律管理结合起来;大力推动房地产经纪行业诚信建设,建立房地产经纪人和房地产经纪机构信用档案;开展房地产经纪机构资信评价,建立房地产交易信息共享系统,促使房地产经纪人和房地产经纪机构为居民提供行为规范、诚实信用、信息准确、高效便捷的服务;制定房地产经纪执业规则,探索房地产经纪损害赔偿和执业风险防范制度。

7. 2003年,国务院制定房地产中介服务市场规则

2003年8月12日,国务院发布了《关于促进房地产市场持续健康发展的通知》(国发[2003]18号),指出:要健全房地产中介服务市场规则,严格执行房地产经纪人执(职)业资格制度,为居民提供准确的信息和便捷的服务。

8. 2002年,全国首次房地产经纪人执业资格考试

2002年12月21～22日,首次举办全国房地产经纪人执业资格考试,报考人数31 219,合格人数11 867。

9. 2002年,建立房地产信用档案制度

2002年8月20日,建设部发布了《关于建立房地产企业及执(从)业人员信用档案系统的通知》(建住房函[2002]192号),指出:房地产信用档案的建立范围包括房地产中介服务机构和房地产经纪人、房地产经纪人协理。房地产信用档案的内容包括基本情况、业绩及良好行为、不良行为等,以便为各级政府部门和社会公众监督房地产企业市场行为提供依据,为社会公众查询企业和个人信用信息提供服务,为社会公众投诉房地产领域违法违纪行为提供途径。

10. 2002年,第一次房地产经纪人执业资格认定考试

2002年7月21日,举办全国房地产经纪人执业资格认定考试。

11. 2001年,建立房地产经纪人职业资格制度

2001年12月18日,人事部、建设部联合颁发了《房地产经纪人员职业资格制度暂行规定》(人发[2001]128号),决定对房地产经纪人员实行职业资格制度,纳入全国专业技术人员职业资格制度统一规划。凡从事房地产经纪活动的人员,必须取得房地产经纪人员相应职业资格证书并经注册生效。房地产经纪人员职业资格包括房地产经纪人执业资格和房地产经纪人协理从业资格。取得房地产经纪人执业资格是进入房地产经纪活动关键岗位和发起设立房地产经纪机构的必备条件。取得房地产经纪人协理从业资格，是从事房地产经纪活动的基本条件。

12. 1994年，公布《中华人民共和国城市房地产管理法》

1994年7月5日，第八届全国人民代表大会常务委员会第八次会议通过《中华人民共和国城市房地产管理法》，以中华人民共和国主席令第29号公布，自1995年1月1日起施行。该法第五十六条规定："房地产中介服务机构包括房地产咨询机构、房地产价格评估机构、房地产经纪机构等。"第五十七条规定："房地产中介服务机构应当具备下列条件：（一）有自己的名称和组织机构；（二）有固定的服务场所；（三）有必要的财产和经费；（四）有足够数量的专业人员；（五）法律、行政法规规定的其他条件。"

复习思考题

1. 什么是房地产经纪？
2. 什么是房地产经纪人？
3. 市场为什么需要房地产经纪人？
4. 房地产经纪活动的主要内容是什么？
5. 房地产经纪活动的形式是什么？
6. 分析房地产经纪活动的特点。
7. 简述房地产经纪活动的地位与作用。
8. 房地产经纪人如何有效促进房地产资源的有效配置？
9. 为什么房地产经纪人具有为政府决策和实施有效管理提供管理依据的作用？
10. 什么是房地产经纪人的报酬？
11. 简述房地产经纪佣金的构成。
12. 分析影响房地产经纪人佣金量的因素。
13. 我国房地产经纪业主要的法律规范有哪些？
14. 我国现阶段房地产经纪业的特点是什么？
15. 试分析房地产经纪业的发展趋势。
16. 如何理解房地产经纪企业信息网络化与共享化的发展趋势？

第二章 房地产经纪人员

学习要求

- 掌握：房地产经纪职业资格制度，房地产经纪人协理的权利和义务，房地产经纪人协理的基本要求。
- 熟悉：房地产经纪机构的内涵及其权利与义务，房地产经纪机构的设立与备案公示。
- 了解：房地产经纪机构的类型。

第一节 房地产经纪人员及其类型

一、房地产经纪人员

根据人事部、建设部颁布的《房地产经纪人员职业资格制度暂行规定》中的第一章第三条之规定："国家对房地产经纪人员实行职业资格制度，纳入全国专业技术人员职业资格制度统一规划。凡从事房地产经纪活动的人员，必须取得房地产经纪人员相应职业资格证书并经注册生效。未取得职业资格证书的人员，一律不得从事房地产经纪活动。"

由此可以认为，房地产经纪人员是指具有房地产经纪专业知识和经验，取得房地产经纪人员职业资格并经注册，从事房地产经纪活动的专业人员。包括房地产经纪人和房地产经纪人协理。房地产经纪人在房地产经纪机构中执行房地产经纪业务；房地产经纪人协理在房地产经纪机构中协助房地产经纪人执行房地产经纪业务。这两类人员都是依法取得房地产经纪人员职业资格证书并经有关主管部门注册的人员。

但值得注意的是，目前在我国房地产经纪行业的100多万从业人员中，还存在着相当大的一部分人没有职业资格。他们虽然没有职业资格，却是房地产经纪行业从业的主力军，担当着大量的房地产经纪的相关工作。根据社会生产规律和社会实践的需要及人事部、建设部颁布的《房地产经纪人员职业资格制度暂行规定》中的第一章第二条之规定："本规定适用于房地产交易中从事居间、代理等经纪活动的人员"，我们认为房地产经纪人员应分为三个层次：第一，具有执业资格的房地产经纪人；第二，具有协理资格的房地产经纪人协理；第三，没有资格的大量的从事房地产经纪相关工作的从业人员。

二、房地产经纪人员职业资格及其类型

对于房地产经纪人员的职业资格，国际上通行的做法是根据可从事的房地产经纪业务范围的不同，设立房地产经纪人员职业资格的两级认证制度。例如，美国把房地产经纪人员分为房地产经纪人和房地产销售员；中国香港特区的房地产经纪人员分为房地产中介代理（个人）和营业员；中国台湾地区房地产经纪人员分为经纪人和经纪营业员。我国参照了国际上的通行做法，把房地产经纪人员职业资格分为房地产经纪人执业资格和房地产经纪人协理从业资格两种。

从房地产经纪职业资格的角度划分，我国房地产经纪人可分为两类：第一，房地产经纪人；第二，房地产经纪人协理。若从从业人员的构成上划分，则可划分为三类：第一，房地产经纪人；第二，房地产经纪人协理；第三，没有资格的从事房地产经纪相关工作的人员。

第二节　房地产经纪人员的权利和义务

一、房地产经纪人员的权利

1. 房地产经纪人的权利

①依法发起设立房地产经纪机构；②加入房地产经纪机构，承担房地产经纪

机构关键岗位；③指导房地产经纪人协理进行各种经纪业务；④经所在机构授权订立房地产经纪合同等重要文件；⑤要求委托人提供交易有关的资料；⑥有权拒绝执行委托人发出的指令；⑦执行房地产经纪业务并获得合理报酬。

2. 房地产经纪人协理的权利

①有权加入房地产经纪机构；②协助房地产经纪人处理经纪有关事务并获得合理报酬。

二、房地产经纪人员的义务

遵守法律、法规、行业管理规定和职业道德；不得同时在两个或两个以上房地产经纪机构执行业务；向委托人披露相关信息，充分保障委托人的权益，完成委托业务；为委托人保守商业秘密；接受国务院建设行政主管部门和当地地方政府房地产行政主管部门的监督检查。

第三节　房地产经纪人员的基本要求

一、房地产经纪人员的职业道德

1. 道德和职业道德

(1) 道德

道德起源于原始社会，产生于人类社会实践。劳动在道德形成过程中起了非常重要的作用。因为，劳动使人与人结成了一定的关系，劳动使人的各种器官逐渐发达并产生了语言，评判及思维能力的发展提高了人们认识自然和认识人类社会本身的能力，为道德意识的产生提供了重要的前提条件。

但道德作为一种独立的社会意识形态，则是到了奴隶社会才形成的。由于私有制和阶级的出现，人类进入了奴隶社会。这时物质劳动和精神劳动分离，社会意识逐渐分化为各自相对独立的领域，道德才发展成为调整人们行为准则和行为规范的复杂思想体系。之后，道德便随着人类社会的发展而逐步发展起来。

现在通常所说的道德，是指人们在社会生活实践中所形成的关于善恶、是非的观念、情感和行为习惯，并依靠社会舆论和良心指导的人格完善与调节人与人、人与自然关系的规范体系。道德通常包括客观和主观两个方面。客观方面是指一定的社会对社会成员的要求，表现为道德关系、道德理想、道德标准、道德规范等；主观方面是指人们的道德实践，包括道德意识、道德信念、道德判断、道德行为和道德品质等。

道德是一种社会意识形态，属于上层建筑的范畴。它受社会存在——经济基础的影响，但又具有相对独立性，并能反作用于经济基础。

（2）职业道德

职业道德是指人们在从事各种职业活动的过程中应该遵循的思想、行为准则和规范。由于社会分工的产生，在原始社会末期出现了畜牧业、农业、手工业。此后，随着社会分工的不断深化，人们的生产活动逐渐演变成各种职业活动。每一种职业一经产生，社会就赋予了它一定的社会责任。同时，由于同一职业的从业者从事同一种劳动，依赖于同一类资源，服务于同一类主体，因而相互间形成了一种特定的关系。为了协调每种职业与社会以及同一职业中各主体之间的关系，就逐渐形成了职业道德。

据史书记载，我国原始社会时就已出现了猎手的职业道德——“敖敖尔”，即猎手打到猎物后，必须把地上的血迹擦净，否则其他野兽嗅到血腥味后就会立即逃离，以后其他猎手在此处就打不到猎物了。可见，职业道德萌芽于人们维护自己所从事行业的整体利益的基本意识。

在当今社会，职业活动是人们最重要的活动，因为所有的社会财富都是人们在职业活动中创造的，而且在各种社会活动中，一方以职业身份出现或双方均以职业身份出现的活动占据很大的比例。所以职业道德是道德的重要组成部分，它与家庭道德、社会公德共同构成了整个社会的道德体系。因此职业道德又受总体道德体系的约束，服从于社会的基本道德规范。

由于职业道德是与一定的职业相联系的，所以首先，在性质上具有专业性，即各种职业的主要规范要求各有不同，如医生的救死扶伤，教师的诲人不倦、为人师表，官员的廉洁奉公。其次，职业道德在内容上具有一定的稳定性、连续性。由于同一职业的基本职业特征是不随时代变化而改变的，所以职业道德的主要内容常常是可以世代相传的。社会主义市场经济的建设和发展，也必然要求建设和发展与此相应的职业道德。

2. 房地产经纪职业道德的内涵、形成及作用

（1）房地产经纪职业道德的内涵

房地产经纪职业道德首先是指房地产经纪业的道德规范，是房地产经纪人员就这一职业活动所共同认可并拥有的思想观念、情感和行为习惯的总和。

就思想观念而言，它包括对涉及房地产经纪活动的一些基本问题的是非、善恶的根本认识，这种认识是指在房地产经纪人员思想观念中所形成的一种内在意识。从内容上讲，主要涉及三个方面：职业良心、职业责任感和执业理念。职业良心涉及对执业活动的“守法”、“诚实”、“守信”等执业原则，经纪人员收入来源，经纪服务收费依据和标准等一些重大问题的认识。职业责任感涉及房地产经纪人员对自身责任及应尽义务的认识。执业理念主要是指对市场竞争、同行合作等问题的认识和看法。

房地产经纪职业道德的情感层面涉及房地产经纪人员的职业荣誉感、成就感及在执业活动中的心理习惯等。

行为习惯是最能显化职业道德状况的层面。房地产经纪职业道德在行为习惯方面包括房地产经纪人员遵守有关法律、法规和行业规则以及在执业过程中仪表、言谈、举止等方面的修养。

(2) 房地产经纪职业道德的形成及作用

如上所述，房地产经纪职业道德是一种在房地产经纪人员的思想、情感和行为等方面所形成的内在修养。从整个行业的角度讲，它是通过广大从业人员的长期实践摸索，有关管理者或研究者的总结、提炼以及一些杰出人物的身体力行，并经由行业团体的集体约定而形成的。对于具体的从业人员个体而言，职业道德是通过一定的教育训练、行业氛围的熏陶、社会舆论的引导而形成的。

房地产经纪职业道德与房地产经纪的有关法律法规、行业规范有着共同的目的，即调节房地产经纪行业从业人员与服务对象，以及从业人员之间的关系。但两者在作用机制上有着明显的区别。法律法规和行业规范均属于外在的规定，主要通过法律手段、行政手段及行业管理手段来约束房地产经纪人员。而房地产经纪职业道德则是指内化于房地产经纪人员思想意识和心理、行为习惯的一种修养，它主要通过良心和舆论来约束房地产经纪人员。职业道德虽然不如法律、法规和行业规则那样具有很大的强制性，但它一旦形成，则会从房地产经纪人员的内心深处产生很大的约束力，并促使房地产经纪人员更加主动地去遵循有关法律、法规和行业规则。因此，房地产经纪职业道德对房地产经纪业的规范运作和持续发展将产生重大的积极作用。

3. 房地产经纪人员的职业道德的基本要求

房地产经纪人员职业道德的基本要求主要体现在职业良心、职业责任感和执业理念三个方面。根据我国房地产经纪业当前的实际情况，目前房地产经纪人员在职业道德方面应符合以下基本要求：

（1）懂法并守法

遵纪守法本是每个公民的基本道德修养，但是，作为房地产经纪人员，更应牢固树立这一思想观念，并理解其对于自己职业活动的特殊意义。

房地产是不动产，它的产权完全依靠有关的法律文件来证明其存在，其产权交易也必须通过有关的法律程序才能得以完成。房地产经纪人员是以促使他人的房地产交易成交作为自己的服务内容，因此，必须先知法懂法，然后严格遵守相关的法律、法规，才能使自己的服务实现其价值，否则，自己也就失去了立身之本。

由于房地产交易涉及复杂的法律程序，再加上房地产商品的综合性、复杂性，房地产经纪工作会涉及很多专业知识和技能。因此，世界各国的政府都要对房地产职业、从业人员和房地产经纪机构进行行业管理，只有取得了房地产经纪职业资格和资质，并遵循相关行业管理规定的人员和机构，才能从事这一专业活动。因此，房地产经纪人员首先必须遵守政府对房地产经纪机构的开业规定和房地产经纪人执业人员、从业人员的上岗规定，不得无照、无证执业和经营。其次，在房地产经纪活动的各个环节，如接受委托、签订合同、刊登广告、收取佣金等环节，都必须遵守有关法律、法规的规定。最后，在努力为客户服务的同时，要始终善于用法律保护自己的合法权益。

（2）诚实并坦诚

房地产经纪人员提供的服务主要是促成他人房地产交易，这种服务是一种以信息沟通为主的动态过程。因此，房地产经纪人员要促成交易，首先必须使买卖双方相信自己。但是，与普通的商业服务业相比，房地产经纪人员及其就职的房地产经纪机构，并不实际占有具有实体物质形态的商品，要想使买卖双方相信自己的最基本要素就是“诚”。

“诚”的第一要义是真诚，即真心以客户的利益为己任。一些成功的房地产经纪人员总结经验时常说自己的任务就是为客户寻找最合适的交易对象。这种真诚不仅仅靠房地产经纪人和房地产经纪人协理的评议来表达，更主要的是以行动来体现，其中最主要的是在房地产经纪机构的经营方式和服务费用收取上。如果房地产经纪机构以佣金为唯一的收入来源，并且以成交为收取佣金的前提，这就表明，房地产经纪人员的利益与客户的利益大方向一致，客户自然会相信房地产经纪人员会尽最大力量为自己寻找交易对象。因此，一个房地产经纪机构如果在交易商品未成交时即收取所谓的“看房费”，或者获取佣金之外的其他经济利益，往往会失信于客户。所以，从“真诚”的要求出发，房地产经纪人员一定要树立“不成交不收费”、“佣金是唯一收入”的观念。

“诚”的第二要义是坦诚，即诚实地向客户告知自己的所知。房地产市场是一个非常复杂的市场，普通客户常常处于信息的弱势方，无法了解标的实质，因而房地产经纪人员应该凭借自己的专业知识和经验来帮助客户。当出现一些可能不利于成交的因素时，应诚实地向客户告知。当客户由于不懂专业知识或不具备专业经验而对成交价格等产生不恰当期望时，不能一味迎合客户，应客观地帮客户进行分析。坦诚的结果是使客户充分知晓影响交易的方方面面，并完全按自己的意愿做出决定。这样的交易不容易产生后续纠纷，同时，也有助于客户对房地产经纪人员及其机构产生依赖感，并为之树立品牌。

（3）自重并守信

信用是保持经济活动运行的重要因素，是构成人际关系的最基本的条件。房地产经纪业是以促成客户交易为服务内容的，良好的信用无疑可以为房地产经纪人员的“无形服务”增加正向分值，可以给房地产经纪人员带来更多的客户，为房地产经纪机构创造良好的品牌和收益。所以，房地产经纪人员应牢固树立“信用是金”的思想观念。可以说，“信用”是房地产经纪人员的生命。

但在房地产经纪实践中，首先由于房地产交易是一个持续较长的动态过程，许多环节都有一个先预约、后执行的过程，因此房地产经纪人员在从事经纪服务的过程中会不断遇到需要事先约定或承诺的情况。如约定看房时间、承诺代办交易过户登记手续、代管买家付现的房款等。在这个复杂的过程中，房地产经纪人员要注意对这些事先约定或承诺的事项守信并履约。如果这类约定和承诺不能如约履行，必然影响买卖双方的交易，并在损害客户利益的同时损害房地产经纪人员及其机构的信誉。

其次，由于房地产交易活动的复杂性，房地产经纪人员作为房地产经纪的专业人员，具有房地产专业知识和经验，是客户最重要的参谋和具体事务代办者，客户会不断地向房地产经纪人员提出服务的要求，那么房地产经纪人员应如何来处理这些要求呢？一方面，要区分合理、正当的要求和不合理、不正当的要求，对不合理、不正当的要求，不能因为希望“成交”或占领市场而低三下四，应说明道理后，态度和蔼但立场坚决地拒绝；另一方面，对客户合理、正当的要求，还要注意分析、判断满足其要求的可能性，不能口若悬河、满口应承。对于由于各种客观原因明显不能满足的要求，不要轻易承诺，要客观地对客户进行解释，争取客户的谅解。

（4）尽职并守责

每一种职业活动都是社会经过专业分工后向某一特定职业人群分配的社会任务，每一个职业人都是通过自己的职业活动来实现自身价值并索取社会财富的。房地产经纪人员的责任，就是促成他人的房地产交易，因此应尽最大努力去实现这一目标。

首先，房地产经纪活动中的许多环节都是必不可少的，因此房地产经纪人员决不能为图轻松而省略，也不能马马虎虎，敷衍了事。比如，对卖家委托的房源，应充分了解，不仅要通过已有的文字资料了解，还要到现场进行实地勘察。因此，房地产经纪人员要不断地走街串巷，非常辛苦。如果没有尽职守则的敬业精神，是不能胜任这一工作的。

其次，房地产经纪人员是以自己拥有的房地产专业知识、信息和市场经验来为客户提供服务的。因此，房地产经纪人员要真正承担起自己的职业责任，还必须不断提高自己的专业水平。一方面要加强理论知识学习，掌握日新月异的房地产专业知识及相关科学、技术；另一方面要不断地通过实践，与同行及相关人群交流来充实自己的信息量，提高专业技能。

第三，房地产属于大宗资产，一些房地产交易活动，常常是涉及客户的商业机密或个人隐私。在房地产经纪活动中，房地产经纪人员由于工作的需要，接触到客户机密。除非客户涉及违法，否则房地产经纪人员决不能将客户的机密散布出去，更不能以此谋利，应该替客户严守秘密，充分保护客户的利益。

第四，在我国目前的体制下，房地产经纪人员都是以自己所在的房地产经纪机构的名义来从事房地产经纪业务活动的，因此房地产经纪人员对自己所在的房地产机构也承担着一定的责任。从承担自身责任的要求出发，房地产经纪人员首先必须做到在聘用合同期内忠于自己服务的房地产经纪机构，不随意“跳槽”或“脚踩数条船”；同时，在言谈举止和经纪行为上都要从维护公司信誉出发，决不做有损公司信誉、品牌的事情。

二、房地产经纪人员的知识结构

在高科技条件下的市场经济，要求人们有高知识素质。因此面对高科技条件下的市场经济，房地产经纪人员要不断拓展自己的知识领域，了解相关学科之间的联系，这有可能成为我们事业中举一反三、触类旁通的杠杆。这样，房地产经纪人员就不会为知识的狭窄所局限，而是形成一种适应性很强的动态的知识结构。

所谓知识结构一般是就个人知识体系的构成与组合方式而言，即个人所学到的各种知识在其头脑中所处的位置状况以及这些知识的相互联系与影响。知识结构是一个比较模糊的概念，我们很难精确计算各种知识的数量比例。但从市场经济的要求出发，从房地产经纪业务的需要出发，我们认为房地产经纪人员知识结构的一个显著特点即是多学科知识的高度复合。房地产经纪人员应是一种"通才"，其知识结构也应体现"通才"的特点。广博的科学文化知识是经纪业务的内在要求，也是一名成功的房地产经纪人员不断前行的不可或缺的素质。

这一知识结构的核心是房地产经纪的基本理论与实务知识，该核心的外层是与房地产经纪有关的专业基础知识，包括经济知识、法律知识、社会心理知识、房地产专业知识、科学技术知识，最外层则是对文化修养产生潜移默化影响的各类文学、艺术乃至哲学等方面的知识。

房地产经纪人员要掌握经济学基础知识，特别是市场和市场营销知识。要懂得市场调查、市场分析、市场预测的一些基本方法，熟悉商品市场，特别是房地产市场供求变化和发展的基本规律、趋势，了解经济模式、经济增长方式对房地产活动的影响。

社会主义市场经济是法制经济，房地产经纪人员从事经纪活动要有法制意识和法律观念，要依法开展经纪活动并依法维护自己和其他当事人的合法权益。房地产经纪人员要认真学习和掌握基本法律知识，如民法、合同法、商标法、广告法、税法、反不正当竞争法、保护消费者权益法、经纪人管理办法，以及城市房地产管理法等与房地产经纪有关的法律、法规。

房地产经纪人员的工作是频繁与人打交道的工作，因此，社会及心理方面的知识也是房地产经纪人员所必须要掌握的。从基本的方面来讲，主要包括人员、家庭等社会因素对房地产市场的影响，国家的社会发展形势和政府的主要政策，大众心理，消费心理等。

房地产经纪活动是为房地产投资者、开发商、房地产消费者等各类房地产经纪活动的主体服务的，因此房地产经纪人员还必须要掌握一定的房地产专业知识，主要包括房屋建筑、房地产金融与投资、房地产市场营销、物业管理、房地产测量等方面的知识。

随着计算机的普及，网络经济的出现，一个优秀的房地产经纪人员还必须掌握计算机知识等现代科学技术，如数据库技术，能够进行数据的录入、检索、输出，以及进行数据库的维护；办公软件，能够进行文档输入、编辑、打印；网络技术，能够运用局域网和广域网进行数据信息交换、数据信息共享以及数据信息检索，同时包括浏览互联网、收发电子邮件等。

目前，经济全球化对我国的影响日益显著，国外企业和人员大量进入，并日益频繁地参与房地产交易。因此，房地产经纪人员还必须熟练掌握至少一门外语，才能更好地为各类外籍人士提供经纪服务。

此外，房地产经纪人员还必须有较高的文化修养，应尽可能多地阅读和欣赏文学、艺术作品，提高自己的艺术品位和鉴赏力。

三、房地产经纪人员的职业技能

1. 调查研究和收集信息的技能

首先，“没有调查就没有发言权”。房地产经纪人员要获取市场信息、科技信息和商品信息都需作充分的调查。具体来讲，房地产经纪人员在协助一项交易之时，首先要对供方的产品质量、价格、售后服务、信誉保证等和需方的需求项目进行认真的调查、分析，并把这些状况同具有可比性的同类业务进行比较，才可使委托方不至于上当受骗，真正做到公平、互利。

其次，信息是房地产经纪人员开展经纪业务的重要资源，房地产经纪人员只有具备良好的信息收集技能，才能源源不断地掌握大量真实、准确和系统的房地产经纪信息。

信息的搜集包括一般信息收集技能，是指对日常得到的信息进行鉴别、分类、整理、储存和快速检索的能力。如对平时读书看报、看电视时得到的信息，或与同事、同行、客户等谈话中得到的信息，能准确地鉴别其真实性，并运用适当的形式（如剪报、文献复印件、笔记等）保存下来，并建立检索方便的分类系统，一旦需要，能迅速找到所需要的信息。

还包括特定信息收集技能，是指根据特定业务需要，准确把握信息收集的内容、重点、渠道，并灵活运用各种信息收集方法和渠道，快速有效地收集到针对性信息。如根据某委托人需要购买一个大型商铺的要求，迅速收集有关该类大型商铺的房源、市场供求、市场价格等方面的信息。

2. 市场分析的技能

市场分析技能是指房地产经纪人员根据所掌握的信息，采用一定的方法对其进行分析，进而对市场供给、需求、价格的现状及变化趋势进行判断。对市场的判断包括定性的判断，如某种房源的供求状况，是供大于求、供小于求还是供求基本平衡，今后数月是趋涨还是趋跌；某笔交易的成交价格是正常市场价格还是限定市场价格。也包括定量的判断，如某类房地产的市场成交价格在最近三个月内上涨了百分之几，某笔交易因交易情况特殊而使其成交价格比正常市场高多少百分点，等等。小至每一笔业务的进展，大至房地产经纪人员、房地产经纪机构业务重心的调整，都离不开准确的市场分析，因此，市场分析技能也是房地产经纪人员必须掌握的职业技能。

3. 人际沟通的技能

房地产经纪的服务性决定了房地产经纪人员需要不断与人打交道，不仅要与各种类型的客户打交道，还要与客户的交易对方、有可能提供信息的人，以及银行、房地产交易中心、物业管理公司等机构的人员打交道。房地产经纪人员需要通过与这些人员的沟通，将自己的想法传达给对方，并对对方产生一定的影响，使对方在思想上认同自己的想法，并在行动上予以支持。如：购买房地产经纪人员所推荐的房源；向房地产经纪人员提供有关的信息；为房地产经纪机构办理某项手续等。要较好地达到目的，就要求房地产经纪人员必须掌握良好的人际沟通技能。它包括了解对方心理活动和基本想法的技能、适当运用向对方传达意思方式（如语言、表情、身体动作等）的技能、把握向对方传达关键思想的时机的技能等。

4. 供求搭配的技能

房地产经纪人员是以促成交易为己任的，因此不论是房地产居间业务，还是房地产代理业务，都需要一手牵两家，其实质也就是要使供求双方在某一宗（或数宗）房源上达成一致。由于房地产商品具有个别性，每一宗房地产都是与众不同的，这就要求房地产经纪人员准确把握买方的具体要求，并据此选择恰当的房源供其考虑。房地产经纪人员不仅要充分知晓这种搭配的具体方法，更要能熟练掌握，从而使之内化为自身的一种能力，这就是供求搭配的技能。它在实务操作中，常常表现为房地产经纪人员是否能在较短的时间内完成供求搭配，从而尽可能实现每一个交易机会。这种技能，在现在活跃的二手房市场尤为重要。

5. 促成交易的技能

交易达成，是房地产经纪人员劳动价值得以实现的基本前提，因此它是房地产经纪业务流程中关键的一环。然而，由于房地产商品的复杂性、个别性以及价值量大等特点，房地产商品的买卖双方（尤其是买方）都会在最终决定成交的时候产生犹豫。房地产经纪人员虽然不能不顾客户的实际情况只求成交，更不能诱使客户成交，但也不能贻误合适的成交时机。因为客户的某些犹豫是不必要的，如不具备专业知识而不能做出正确的判断，甚至是由于其自身在心理或者性格上的特点引起的，如多疑、优柔寡断等。因此，房地产经纪人员应能准确判断客户犹豫的真正原因和成交的条件是否成熟，如果成交条件已经成熟则能灵活采用有关方法来消除客户的疑虑，从而使交易达成。这就是把握成交时机的技能。例如，某客户对其选中的一套房子（在同一楼层中景观最好）犹豫不决，主要原因是对这套房子的单价比它隔壁的另一套房子贵 50 元每平方米而耿耿于怀。这时如果经纪人能准确判断这一情况，并能针对性地向其解释房地产稀缺性与价格之间的关系，并用自己所了解的某些已成交案例来证明，常常就能打消客户的疑虑而欣然成交。

房地产经纪人员如果能把握好成交时机，不仅能提高自己的工作效率和经济收益，同时也能增进顾客的利益。因为成交时机的准确把握，意味着客户借助房地产经纪人员的专业能力克服了自身的某些不足，从而实现了自己的需求，降低了交易成本。由于房地产商品具有个别性的特点，一次成交时机的贻误，可能导致买方再也无法买到自己已看中的那套房子，或者需要再次花费较长的时间等待或寻找所要的房子。

6. 应变能力的技能

“凡事，变则通”。应变能力对房地产经纪人员来说也应必备。市场风云变幻多端，无论政治、社会或自然等因素的变化都会引起市场价格的波动，谁也无法控制市场的走势，唯有时刻保持头脑清醒，及时对每一次变动的冲击作出反应，相对而动，随机应变，才更易获得成功。在处事待人方面，房地产经纪人员也要能够随机应变，观察各类不同人的心理，根据不同时间、地点灵活处理问题，这样才能百战不殆。就像我们平常所说：要“看菜吃饭”，“具体问题具体分析”。

四、房地产经纪人员的礼仪修养

1. 电话中的礼仪

在通信高度发达的今天，电话常常是客户与经纪人首次接触的主要方式。如果经纪人通过电话给客户留下了良好的印象，就有利于与客户的进一步接触。因此，电话礼仪非常重要。

首先，应记住：始终带着愉悦的心情接听电话。虽然客户在电话中看不到经纪人员的面容，但只要你是带着好的心情接听电话的，你的声音就自然而然地变得亲切、柔和，客户就好像能感受到你的好心情一样，从而感受到愉快。

其次，要采用正确的接听方式及用语。

为了节省客户的时间，同时也使公司的电话发挥更高的效率，经纪人应养成一个习惯：第二声铃响之后立即接听。接起电话后的第一句话应是："您好！××公司，请问有什么需要我为您服务的？"如果因有事缠身没能在第二声铃响后接听，应在电话接起后说："您好！××公司，对不起，让您久等了，请问有什么需要我为您服务的？"

接下来客户可能会直接说出他要找的人的姓名，如果正是你自己，可以说："我就是，请问您是哪位？"当然，经纪人员如果能记住自己已接待过的客户的声音，可以说："我就是，您是××吧？"这可以给客户一种愉快的感受。如果客户要找其他人，可以说："我去叫他（她），请稍候！"如果客户要找的人不在，应礼貌地说："对不起！他（她）出去了，您需要留言吗？"然后应按对方的要求，用简洁的语言记录下来，同时切记一定要记下对方的姓名、单位名，并尽量让对方留下回电号码。

如果客户在电话中并未明确要某人接听，而是提出一些服务要求，这时应问清对方是否已和本公司的其他房地产经纪人员接触过，避免重复劳动或引起内部矛盾，这时可以说："请问上次是哪位业务员接待您的？"如果客户没有受过其他业务员的接待，就可以继续对话，如果客户已接受过其他业务员的接待，应对客户说："××就在旁边，我这就请他（她）来接待您，请稍候！"如果已接待过这个客户的业务员不在现场，应问清客户这次电话的具体要求，如果客户是询问一些共性的问题，应给予解答；如果是这个客户所涉及业务的具体问题，应请对方留言，记录后转交相关的业务员。

2. 仪容与着装

房地产交易标的金额通常都是数以万计的，客户把如此重大的事委托给房地产经纪人，心理上的种种疑虑常常是难以避免的。房地产经纪人员得当的仪容仪表容易使客户对经纪人产生认同，从而减少疑虑。因此，保持适合自己职业的仪容、仪表，是房地产经纪人员的基本职业素质。

总体上讲，房地产经纪人员的仪容应给人整洁、稳重和易于接近的感觉。

具体来讲，首先要保持个人清洁。在目前卫生条件和卫生水平普遍提高的前提下，个人清洁的总体水平不会有太大的问题，但一些细节方面的清洁容易被人忽视，如头发、指甲、皮鞋等。头发应经常清洗，避免出现头皮屑，清洗后头发上的自然清香，可以使接近你的人倍感清爽；指甲应经常修剪，过于时髦的长指甲并不适合于房地产经纪人员；皮鞋应经常擦，灰头土脸的皮鞋极易给人邋遢的感觉。

其次，房地产经纪人员工作时的着装应端庄，这有助于树立自己的专业形象。因此，应尽量着职业装。男式穿较深颜色的西装，配适宜的领带，夏季可穿衬衫，配西裤。女士应尽量穿职业套装，不宜穿过于暴露的服装。

房地产经纪人员的个人装束应大方、得体。一般男士不必化妆，女士应淡妆。由于房地产经纪工作是一种经济工作，需要踏踏实实的工作精神，所以房地产经纪人员千万不要模仿歌星、影星等娱乐业人士的装扮，避免过于新潮和怪异的装束，如与本色差异太大的发色、唇色、指甲色等。同时，也要避免给人保守、过时的感觉，可以用带有一定流行元素的饰物进行装饰，如男士的领带夹、女士的项链、别针、丝巾等，但切记不要数量太多，不要把自己弄成饰品架。

3. 接待客户时的仪态

无论是在房地产经纪公司，或者下属门店，或者售楼处，有顾客上门时，房地产经纪人员首先应面带微笑地说："欢迎光临！"然后询问以前是否来过，是否有同事已接待过（类似于电话接待），然后应请客户入座。这时，房地产经纪人员应为客户把椅子稍稍拉出，说："您请坐！"等客户坐下后，房地产经纪人员也应就坐。房地产经纪人员最好坐在客户的侧边，而不要与客户完全正对面，以便于为客户讲解有关资料，同时避免形成面对面的"谈判"格局。房地产经纪人员的正确坐姿是：坐在椅面外侧二分之一的部位，同时上身略向前倾。男士两腿可以略为分开，女士应将膝盖并拢，腿可以放在中间或两边中的任何一边。这种姿态一方面是便于与客户交流，同时又显得积极、主动，容易拉近客户与自己的心理距离。千万不要坐满整个椅面，更不能将上身后仰，完全依靠在椅背上，这会使客户感觉你根本不想为他（她）服务，甚至感觉你很轻视他（她）。

房地产经纪人员与客户交谈时，应注重与客户的目光交流，这既是符合国际惯例的基本礼仪，又是了解客户心理活动的重要方法，交谈时应自然地看着对方，不能避开客户的目光而四处游移，也不能瞳孔聚焦，死死地盯住对方。初涉经纪工作的新手，常常会因缺乏自信或不好意思而避开客户的目光，这一方面需要增强自信心，同时又要多加练习，形成习惯。

引领客户看房或观看房屋模型，房地产经纪人员应走在客户侧前方半步左右，用手势引领前进的方向，并经常侧脸看看客户说："这边请。"千万不要说了一声"跟我走"，就自顾自地走在客户前面。带客户看房，尤其是尚未竣工的新建商品房，应随时提醒客户注意安全。有些地方应自己先试踩后，再请客户通过。

客户离开时，应将客户送到门口，为客户拉开大门，然后双手重叠放在身前，略为欠身，同时面带微笑地向客户道别，待客户出门后拐弯或直行数米后，自己再转身归位。如果接待客户的地方处于高层建筑内，应将客户送到电梯口，客户进入电梯后，等电梯关闭后再转身返回。

五、房地产经纪人员的心理素质

1. 自知、自信

所谓自知，是指对自己的了解。房地产经纪人员对自己的职业应有充分而正确的认识，要对这一职业的责任、性质、社会作用和意义、经济收益等各个方面有一个全面和客观的认识。所谓自信，对于房地产经纪人员来讲，是指在自知基础上形成的一种职业荣誉感、成就感和执业活动中的自信力。

房地产交易是房地产经纪活动的流通环节，其活跃程度和运行效率对整个房地产市场有重要的影响。房地产经纪人员的职业责任就是促进市场交易，加快交易进程。通过市场交易，更多的人得到了适合自己的住房。因此，房地产经纪工作是一项造福于民的工作。房地产经纪人员应对自己的职业持有充分的荣誉感。拥有职业荣誉感，就一定会努力地去做好每一笔交易。

房地产经纪工作是与人打交道的工作，房地产经纪人员会在工作中遇到各种各样的人。通常，人们在遇到地位比自己高的人时，会产生拘束、压抑的感觉。此外，与一些性格较特殊的人打交道，常常也是令人头痛的。但是，房地产经纪人员必须学会与各种不同的人，特别是地位比自己高的人进行沟通。这就需要房地产经纪人员具有充分的自信心。自信来源于自知，房地产经纪人员如果能充分了解自己工作的社会意义，知道自己可以为客户带来效益，就会对自己的社会地位产生自信心，不至于在客户面前自惭形秽；另一方面，房地产经纪人员自身的专业水平也是自信心的重要保证。不管客户在别的领域有多高的地位，但在房地产交易方面都必须承认房地产经纪人员的专业地位，房地产经纪人员完全可以通过自己专业化的服务，来赢得客户尊重。当然，这也要求房地产经纪人员要不断地提高自己的专业水平。

2. 乐观、开朗

在人与人的交往中，乐观、开朗的人使人容易接近，因而更受人欢迎。房地产经纪人员如果本身不具备这样性格，就应主动培养自己乐观、开朗的气质。

首先，要在心态上调整自己。在促使交易的过程中，被拒绝从而导致失败的情形是经常有的，房地产经纪人员一定要懂得自己的工作是做概率的，几次业务的失败不等于这项工作的失败，要对自己所从事的职业保持乐观的心态。房地产经纪人员如果能树立与同事、同行积极合作、公平竞争的心态，就不会因竞争而产生消极、悲观情绪，更不会产生嫉妒、敌视之类的卑下心理，乐观、开朗的气质也就容易形成。

其次，要多接触美好的事物，如宜人的风景、优美的艺术品，用这些美好的东西来陶冶自己乐观的气质。同时，应注意在自己的表情、仪容、语言中增加积极、美好的元素，以及“我相信我能做成这笔交易”、“我一定能想出办法解决这个问题”等积极的自我心理暗示。

3. 坚韧、奋进

在房地产经纪工作中会经常遭受挫折，房地产经纪人员不仅要以乐观的心态来面对挫折，还需要以坚韧不拔的精神来化解挫折。挫折是由多种原因造成的，找出原因，再认真研究对策并予以实施，就有可能化解挫折。如有些交易不成功，可能是房源与购房者的需求不能完全匹配，那就可以从进一步了解购房者需求和搜寻更多的房源入手；有些交易不成功，可能是买卖双方对价格的认识不一致造成的，那就可以分析各方对价格的认识是否存在偏差，进而通过沟通使其认识到这种偏差，并说服其接受合理的价格。因此，房地产经纪人员一定要具备坚韧不拔的精神。要做到这一点，首先要认识到房地产交易的复杂性，房地产是个性极强的商品，又是价值特别昂贵的商品，影响它的因素又很复杂，一宗交易合同的达成，经历种种反复和曲折是很自然的。因此，房地产经纪人员应视挫折为正常，而将一帆风顺的交易视作偶然。否则，整天期盼着简单、顺利、高额的交易而不得，心态自然要坏，更不可能去做好不顺利的交易。其次，要树立吃苦耐劳的精神，才能不厌其烦地去化解种种挫折。

房地产经纪人员还应具有积极向上的奋进精神，因为激烈的市场竞争造成了不进则退的局面。一方面，房地产经纪人员应充分认识到时代、环境在不断地发生巨变，很多过去自己熟悉、掌握的知识、技能、信息可能变得过时、陈旧，不能发挥作用了。专业水平的形成不是一劳永逸的，因此要“与时俱进”，要不断地学习新知识、新技术，了解新信息。另一方面，房地产经纪人员在业务上要有不断开拓的意识和勇气。市场需求瞬息万变，房地产经纪人员切不可固步自封，只局限于自己熟悉的领域，要不断地开拓新的市场，建立新的客户群，形成新的业务类型。

复习思考题

1. 何谓房地产经纪人员？
2. 我国房地产经纪人的职业资格有哪几种？
3. 如何区分房地产经纪人和房地产经纪人协理？
4. 房地产经纪人员有哪些权利和义务？
5. 简述房地产经纪人员职业的基本要求。
6. 什么是职业道德？如何认识房地产经纪人员的职业道德？
7. 房地产经纪人员在职业道德方面应符合哪些基本要求？
8. 房地产经纪人员应具备怎样的知识结构？
9. 房地产经纪人员应具备哪些职业技能？
10. 房地产经纪人员应具备怎样的礼仪修养？
11. 房地产经纪人员应具备哪些心理素质？

第四章

房地产经纪机构

学习要求

- 掌握：房地产经纪设立的基本要求。
- 熟悉：房地产经纪机构的内涵及其权利与义务，房地产经纪机构设立与备案公示。
- 了解：房地产经纪机构的类型。

第一节 房地产经纪机构的设立

一、房地产经纪机构的内涵及其权利与义务

1. 房地产经纪机构的内涵

房地产经纪机构（包括分支机构），是指由具有专业执业资质的人员组成的、依法设立并到工商登记所在地的县级以上人民政府地产管理部门备案，从事房地产经纪活动的中介服务机构。

2. 房地产经纪机构的权利

①享有工商行政管理部门核准和业务范围内的经营权利，依法开展各项经营活动，并按照规定标准收取佣金及其他服务费用；②按照国家有关规定制定各项规章制度，并以此约束在本机构中注册经纪人员的执业行为；③房地产经纪机构

有权在委托人隐瞒与委托业务有关的重要事项、提供不实信息或者要求提供违法服务时，中止经纪服务；④由于委托人的原因，造成房地产经纪机构或房地产经纪人员的经济损失的，有权向委托人提出赔偿要求；⑤经纪人可向房地产管理部门提出实施专业培训的要求和建议；⑥法律、法规和规章规定的其他权利。

3. 房地产经纪机构的义务

①依照法律、法规和政策开展经营活动；②认真履行房地产经纪合同，督促房地产经纪人员认真开展经纪业务；③维护委托人的合法权益，按照约定为委托人保守商业秘密；④严格按照规定标准收费；⑤接受房地产管理部门的监督和检查；⑥依法缴纳各项税金和行政管理费；⑦法律、法规和规章规定的其他义务。

二、房地产经纪机构设立与备案公示

1. 房地产经纪机构设立的条件

房地产经纪机构的设立应符合《中华人民共和国公司法》、《中华人民共和国合伙企业法》、《中华人民共和国个人独资企业法》、《中华人民共和国中外合作经营企业法》、《中华人民共和国中外合资经营企业法》、《中华人民共和国外资企业法》等法律法规及其实施细则和工商登记管理的规定。

此外，设立房地产经纪机构应当具备一定数量的房地产经纪人和房地产经纪人协理，在现阶段专业人员的具体数量由各市、县级房地产主管部门制定，今后的发展趋势应是只有具备房地产经纪人执业资格或房地产经纪人协理从业资格的人员才能从事房地产经纪工作。

2. 房地产经纪机构设立的程序

设立房地产经纪机构，应当首先由当地房地产行政主管部门对其专业人员条件进行审查，经审查合格后，再向当地工商行政管理部门申请办理工商登记。

3. 房地产经纪机构的备案公示

房地产经纪机构在领取工商营业执照后的30日内，应当持营业执照、章程、注册房地产经纪人员情况等书面材料到登记机构所在地的市、县人民政府房地产行政管理部门或其委托的机构备案，领取备案证明并应同时向社会公示。公示的内容包括：营业执照，房地产经纪机构备案证书，收费项目、收费依据，收费标准及计费方式，房地产经纪业务合同，房地产经纪人姓名、照片、注册号，主管部门的监督、投诉电话，会员证，房地产经纪机构向客户做出的其他承诺内容，法律法规规定的其他公示内容等。

4. 房地产经纪机构的变更、注销

房地产经纪机构（含分支机构）的名称、法定代表人（执行合伙人、负责人）住所、注册房地产经纪人员等备案信息发生变更的，应当在变更后30日内，向原备案机构办理变更手续。

房地产经纪机构的注销，标志着其主体资格的终止。注销后的房地产经纪机构不再有资格从事房地产经纪业务，注销时尚未完成的房地产经纪业务应与委托人协商处理，可以转由他人代为完成，也可以终止合同并赔偿损失，在符合法律规定的前提下，经委托人约定，也可以用其他方法。

房地产经纪机构的备案证书被撤销后，应当在规定的期限内向所在地的工商行政管理部门办理注销登记。房地产经纪机构歇业或因其他原因终止经纪活动的，应当在向工商行政管理部门办理注销登记后30日内向原办理登记备案手续的房地产管理部门办理注销手续，逾期不办理视为自动撤销。

第二节　房地产经纪机构的类型

一、按企业组织形式划分的房地产经纪机构类型

1. 房地产经纪公司

房地产经纪公司是指依照《中华人民共和国公司法》（中华人民共和国主席令第42号）和有关房地产经纪管理的规定，在我国境内设立的经营房地产经纪业务的有限责任公司和股份有限公司。有限责任公司和股份有限公司都是机构法人。有限责任公司是指股东以其出资额为限对公司承担责任，公司以其全部资产对公司的债务承担责任。股份有限公司是指其全部资本分为等额股份，股东以其所持股份为限对公司承担责任，公司以其全部资产对公司的债务承担责任。出资设立公司的出资者可以是自然人也可以是法人，出资可以是国内资产也可以是国外投资，出资形式可以是货币资本也可以是实物、工业产权、非专利技术、土地使用权

作价出资，但对作为出资的实物、工业产权、非专利技术或者土地使用权，必须进行评估作价，核实财产，不得高估或者低估作价。土地使用权的评估作价，依照法律、行政法规的规定办理。资金来源于国外的房地产经纪机构，按其资金组成形式不同，还可把房地产经纪公司分为中外合资房地产经纪公司、中外合作房地产经纪公司和外商独资房地产经纪公司。

2. 合伙制房地产经纪机构

合伙制房地产经纪机构是指依照《中华人民共和国合伙企业法》和有关房地产经纪管理的规定在我国境内设立的由合伙人订立合伙协议、共同出资、合伙经营、共享收益、共担风险，并对合伙机构债务承担无限连带责任的从事房地产经纪活动的营利性组织。合伙人可以用货币、实物、土地使用权、知识产权或者其他财产权利出资；上述出资应当是合伙人的合法财产及财产权利。对货币以外的出资需要评估作价的，可以由全体合伙人协商确定，也可以由全体合伙人委托评估机构进行评估。经全体合伙人协商一致，合伙人也可以用劳务出资，其评估办法由全体合伙人协商确定。合伙机构存续期间，合伙人的出资和所有以合伙机构名义取得的收益（合伙机构财产）由全体合伙人共同管理和使用。合伙人原则上以个人财产对合伙机构承担无限连带责任，但如果合伙人是以家庭财产或夫妻共同财产出资并把合伙收益用于家庭或夫妻生活的，应以家庭财产或夫妻共同财产对合伙机构承担无限连带责任。

3. 个人独资房地产经纪机构

个人独资房地产经纪机构是指依照《中华人民共和国个人独资企业法》和有关房地产经纪管理的规定在我国境内设立，由一个自然人投资，财产为投资人个人所有，投资人以其个人财产对机构债务承担无限责任的从事房地产经纪活动的经营实体。

4. 房地产经纪机构设立的分支机构

在中华人民共和国境内设立的房地产经纪机构（包括房地产经纪公司、合伙制房地产经纪机构、个人独资房地产经纪机构）、国外房地产经纪机构，经拟设立的分支机构所在地主管部门审批，都可以在我国境内设立分支机构。分支机构能独立开展房地产经纪业务，但不具有法人资格。房地产经纪机构的分支机构独立核算，首先以自己的财产对外承担责任，当分支机构的全部财产不足以对外清偿到期债务时，由设立该分支机构的房地产经纪机构对其债务承担清偿责任；分支机构解散后，房地产经纪机构对其解散后尚未清偿的全部债务（包括未到期债务）承担责任。该机构承担责任的形式按照机构的组织形式决定，股份有限公司和有限责任公司以其全部财产承担有限责任，合伙机构和个人独资机构承担无限连带责任。国外房地产经纪机构的分支机构撤销、解散及债务的清偿等程序都按照我国法律进行。国内房地产经纪机构经国内房地产经纪机构所在地主管部门及拟设立分支机构的境外当地政府主管部门批准，也可在境外设立分支机构。境外设立的分支机构是否具有法人资格视分支机构所在地法律而定。境外设立的分支机构撤销、解散及债务的清偿等程序按照当地有关法律法规进行。

二、按主营业务范围划分的房地产经纪机构类型

1. 以租售代理、居间业务为重点的实业型房地产经纪机构

这类机构可根据主要业务类型的不同分为代理机构和居间机构。目前代理机构主要以新建商品房销售代理为主要业务，居间机构则以二手房租、售的居间业务为主。当然，也有一些房地产经纪机构趋向于代理与居间并重，其中最常见的是兼营商品房销售代理及二手房租售代理及二手房租售居间。

2. 以房地产营销策划、投资咨询业务为重点的顾问型房地产经纪机构

这类房地产经纪机构对房地产市场的研究和认识较为全面，主要为房地产开发商和大型房地产投资者提供营销策划、投资分析等咨询类服务，并承担大型的国际酒店、写字楼、商铺、工业楼宇等相关房地产的代理销售业务。

3. 管理型房地产经纪机构

这类机构的经纪业务主要局限于其上级开发商推出的楼盘的租售代理及物业管理，适当兼营其他开发商的物业代理业务。此类机构专注于物业管理服务，在楼宇规划、建设、销售、管理的方面往往积累了比较丰富的经验。

4. 全面发展的综合性房地产经纪机构

此机构涉足于房地产服务业的多个领域，如经纪、估价、咨询、培训等，是一种综合性的房地产服务机构。这类机构在英国和我国香港特区较多，目前我国内地也有少数大型房地产经纪机构正朝这个方向发展。

三、按企业规模划分的房地产经纪机构类型

根据规模大小可将房地产经纪机构分为小型房地产经纪机构和大、中型房地产经纪机构。小规模的房地产经纪公司的管理工作相对较少，房地产经纪机构所有人除处理必要的行政管理工作外，还要做很多的销售工作。在这样的机构里，只有很少的专职或者可能只有兼职的工作人员在做一些后勤服务工作。与小规模的房地产经纪公司相比，较大规模的房地产经纪公司设立了新的业务部门，一般有财务部、成交结算部、抵押贷款部等。他们为所有的销售员服务，使他们能专心致力于销售工作。成交结算部主要的工作是对经纪人签订的合同进行审核，对相关的金额进行核对、确认。抵押贷款部主要是负责为买房人提供抵押贷款方面的服务。不同规模的房地产经纪机构一般有不同的组织结构。

四、按企业经营模式划分的房地产经纪机构类型

房地产经纪机构的经营模式是指房地产经纪机构承接及开展业务的渠道及其外在表现形式。

连锁经营形式是零售业在20世纪的一项重要发展。近年来也在房地产经纪业中渗透和发展，成为房地产经纪的重要经营模式。根据连锁店投资资金的来源及产权归属的不同，房地产经纪业中的连锁经营主要分为两种类型：直营连锁和加盟连锁。

1. 直营连锁模式

(1) 直营连锁模式的界定

直营连锁经营，即由同一公司所有，统一经营管理，具有统一的企业识别系统(CIS)，实行集中采购和销售，由两个或两个以上连锁分店组成的一种经营形式。在一般零售业中，由于连锁经营规模大，具有大量采购、大量销售的能力，使其能获得进货价格上的数量折扣，成本较低，从而售价也较低。在连锁经营方式下，每家连锁店都有标准的商店门面和平面布置，以便于顾客识别和购物，并增加销售量。与一般零售业的连锁经营有所不同，现代房地产经纪机构进行连锁经营的目的主要是获得更多的信息资源，并借助网络技术实现信息资源共享、扩大有效服务半径，以规模化经营实现运营成本的降低。连锁经营有效地克服了零售企业由

于店址固定、顾客分散造成的单店规模小、经营成本高等缺点，使企业可通过统一的信息管理、统一的标准化管理和统一的广告宣传形成规模效益。

（2）直营连锁模式的主要特点

①统一资本，所有权和经营权集中统一于总部。所有成员企业必须是单一所有者，归一个公司、一个联合组织或单一个人所有；由总部集中领导、统一管理，如人事、采购、计划、广告、会计和经营方针都集中统一；实行统一核算制度；各直营连锁店经理是雇员而不是所有者；各直营连锁店实行标准化经营管理。②集中管理，直营连锁的人员由总公司直接管理。直营连锁的组织体系，一般分为3个层次：上层是公司总部负责整体事业的组织系统；中层是负责若干个分店的区域性管理组织并负责专项业务，下层是分店或成员店。③分散销售，有效地扩大房地产经纪机构的服务半径。

直营连锁模式的积极影响：①可以统一调动资金，统一经营战略，统一开发和运用整体性事业；②作为同一大型商业资本所有者拥有雄厚的实力，有利于同金融界、生产厂商打交道；③在人才培养使用、新技术产品开发推广、信息和管理现代化方面，易于发挥整体优势；④众多的成员店可深入消费腹地扩大销售。

直营连锁模式的不利影响：①成员店自主权小，积极性、创造性和主动性受到限制；②需要拥有一定规模的自有资本，发展速度受到限制；③大规模的直营连锁店管理系统庞杂，容易产生官僚化经营，使企业的交易成本大大提高。

2. 特许加盟连锁模式

（1）特许加盟连锁模式的界定

特许加盟连锁是将连锁经营与特许经营相结合的一种经营模式，它提供特许经营的方式来开设一家家的连锁店，而不是像直营连锁经营那样由母公司直接投资并拥有各连锁店。

特许经营起源于美国，是指特许者将自己所拥有的商标（包括服务商标）、商号、产品、专利和专有技术、经营模式等以特许经营合同的形式授予被特许者使用。被特许者按合同规定，在特许者统一的业务模式下从事经营活动，并向特许者支付相应的费用。这种经营模式现已在包括餐饮业、零售商业、房地产中介等多个行业中得到广泛应用。如在美国，特许经营已经成为发展最快和渗透性最强的商业模式，其中零售业中有40％～50％的销售额来源于特许经营商。特许经营在房地产经纪行业中的应用也是相当广泛的。

（2）特许加盟连锁模式的主要特点

①（法人）对商标、服务标志、独特概念、专利、经营诀窍等拥有所有权；②权利所有者授权其他人使用上述权利；③在授权合同中包含一些调整和控制条款，以指导受许人的经营活动；④受许人需要支付权利使用费和其他费用。

特许经营能够在全球范围内得到广泛应用和发展，包括在房地产经纪业中的应用和发展，其主要原因在于特许经营作为一种企业经营管理模式，有利于企业的快速发展、成长和扩张。一方面，对于特许人而言，可以不受资金的限制，迅速扩张规模，在当今经济全球化的趋势下，更可以加快国际化发展战略。特许人还可能降低经营费用，集中精力提高企业管理水平。另一方面，对于那些资金有限、缺乏经验，但又想投资创业的人而言具有极强的吸引力，因为一旦加盟成为特许经营的企业，就可以得到一个已被实践检验行之有效的商业模式和经营管理方法，以及一个价值很高的品牌的使用权，还可以得到特许人的指导和帮助，所有这些都将大大减低他的投资创业风险。

3. 直营连锁模式与特许加盟连锁模式的主要区别

（1）产权关系不同

特许经营是独立主体之间的合同关系，各个特许加盟店的资本是相互独立的，与总部之间没有资产纽带；而直营连锁店都属于同一资本所有，各个连锁店由总部所有并直接运营、集中管理。这是特许经营与直营连锁最本质的区别。特许经营总部由于利用他人的资金迅速扩大产品的市场占有率，所需资金较少；相比之下，直营连锁的发展更易受到资金和人员的限制。

（2）法律关系不同

特许经营中特许人（总部）和被特许人（加盟店）之间的关系是合同关系，双方通过订立特许经营合同建立起关系，并通过合同明确各自的权利和义务；而直营连锁中总部与分店之间的关系则由内部管理制度进行调整。

（3）管理模式不同

特许经营的核心是特许经营权的转让，特许人（总部）是转让方，被特许人（加盟店）是接受方。特许经营体系是通过特许者与被特许者签订特许经营合同形成的，各个加盟店的人事和财务关系相互独立，特许人无权进行干涉。而在直营连锁经营中，总部对各分店拥有所有权，对分店经营中的各项具体事务均有决定权，分店经理作为总部的一名雇员，完全按总部意志行事。

（4）涉及的经营领域不完全相同

直营连锁的范围一般限于商业和服务业；而特许经营的范围则宽广得多，除商业、零售业、服务业、餐饮业、制造业、高科技信息产业等领域外，在制造业也被广泛应用。

复习思考题

1. 什么是房地产经纪机构？
2. 房地产经纪机构主要有哪些类型？
3. 简述房地产经纪机构的权利和义务。
4. 设立房地产经纪机构的基本条件和程序是什么？
5. 房地产经纪机构的备案和公示的内容包括哪些？

第五章 房地产经纪行业管理

学习要求

- 掌握：房地产经纪执业规则，房地产交易资金监管，房地产经纪禁止行为。
- 熟悉：房地产经纪信用档案的构成、内容和管理。
- 了解：房地产经纪行业主管部门，房地产经纪行业组织。

第一节 房地产经纪行业主管部门

一、房地产经纪行业管理模式

1. 行政主管模式

在这种模式下，政府行政主管部门承担了房地产经纪行业管理的绝大部分职能，管理手段以行政手段为主，如进行执业资格认证、登记备案与年检、制定收费标准和示范合同、行政监督等。我国香港特区的房地产经纪行业管理主要采用这种模式。

2. 行业自治模式

这种模式中房地产经纪的直接管理主体是房地产经纪行业协会。行业协会不仅实施自律性管理职能，还受政府职能部门甚至立法机构的委托，行使对房地产经纪业的行政管理职能。在这种模式下，管理手段相对较为丰富，法律、行政、经济和自律等手段都有所运用。目前中国台湾地区就是采取这种模式。

3. 行政与行业自律并行管理模式

在这种模式中，政府行政主管部门和房地产经纪行业协会都是强有力的管理主体，但两者管理职能有所分工。美国房地产经纪业的行业管理即是这种模式。

以上三种模式的主要区别是管理主体及其因主体不同而导致的管理手段不同。就房地产经纪行业管理的内容来看，政府行政主管部门和行业协会这两类不同性质的主体，对不同管理内容的胜任度也是不同的。因此，双重主体的管理模式通常比单一主体的管理模式更能适应房地产经纪行业管理的多重要求，因而管理效果更好。美国又由于法律法规的健全，房地产经纪业的发展与管理的成绩更加显著。

二、行政与行业自律并行管理模式下的行业主管部门

从全国的房地产经纪行业管理层面上讲，房地产经纪行业的主管部门应是国家建设相关行政部门，再由各省市、自治区、直辖市的行政主管部门实施具体管理。

三、行政与行业自律并行管理模式下的行业主管部门职责

从房地产经纪行业管理的现状来看，目前实施政府部门退出管理第一线、由行业组织承担全部行业自我管理职能的新模式有相当的难度。因此，首先需要完成由政府唱独角戏模式向行政管理与行业自律并行模式的转变。从长远来看，随着政府逐步完成职能转变、行业组织体制改革的推进、行业组织自律管理平台的建立、自我管理能力的提高，最终应当将行业自治模式作为房地产经纪行业管理的目标模式。

新型的房地产经纪行业管理模式的设计，应该以行业组织为主要管理平台，在适当强化行业组织的自律管理作用的基础上，划分政府部门与行业组织的职能，形成行政管理与行业自律并行配合的基本管理框架。

具体而言，在新型管理模式下，政府管理部门的主要职责是：第一，制定法律

规范;第二,负责房地产经纪人员职业资格的认定和取消;第三,负责房地产经纪机构设立的审批;第四,公平、公正地维护“游戏规则”,做好“裁判”。

第二节 房地产经纪行业组织

一、房地产经纪行业组织的性质和组织形式

1. 房地产经纪行业组织的性质

房地产经纪行业学(协)会是房地产经纪人员的自律性组织,是社团法人。房地产经纪行业组织可以制定章程来确定自己的管理职责范围,并以此约束行业内房地产经纪机构和房地产经纪人员的执业行为。房地产经纪行业组织所制定的章程应符合有关法律、法规和规章的规定,对于明确应由政府职能部门履行的职责,在无法律、法规和规章或政府职能部门授权的情况下,房地产经纪行业组织无权履行该职责。对于房地产经纪机构和经纪人员违规行为的处理,房地产经纪行业组织可以协助政府职能部门进行,如将情况汇总、反映给该部门并可做适当的分析评价甚至提出参考性处理意见。

2. 房地产经纪行业组织的组织形式

房地产经纪行业组织不是行政机构,因此它不是按照国家的行政区域和行政级别来设立的,它的设立主要是遵循按需设立的原则。全国可以建立全国性的房地产经纪行业组织,省、自治区、直辖市及设区的市可根据需要设立各地方上的房地产经纪人行业组织。

全国和地方及地方之间的房地产经纪行业组织之间并不是上下级的隶属关系,而是各自独立进行管理,当然各房地产经纪行业组织之间可以进行协作和交流。

房地产经纪人员一经取得房地产经纪人从业资格或房地产经纪人执业资格并经申请执业,即可申请成为行业组织会员,享有章程赋予的权利,履行章程规定的义务。虽然房地产经纪行业组织章程对房地产经纪人并不具有强制约束力,但房地产经纪人一经加入房地产经纪组织即表示其自愿接受房地产经纪组织的约束,因此实际上房地产经纪组织章程对参加组织的房地产经纪人员具有强制约束力。

二、房地产经纪行业组织的任务和管理职责

1. 房地产经纪行业组织的任务

房地产经纪行业组织肩负四个基本任务：

（1）宣传和推广房地产经纪行业，让社会认知这个行业的重要作用；能够为社会或者大众提供很好的房地产经纪方面的服务。

（2）维护房地产经纪行业的整体利益，包括房地产经纪机构和经纪人员的合法权益。

（3）加强自律管理，不能因为个别房地产经纪从业人员，或者个别房地产经纪机构的不良行为，败坏了整个行业的声誉和应有的良好社会形象。

（4）制定房地产经纪行业自律规范。

2. 房地产经纪行业组织的管理职责

行业组织可经政府房地产管理部门授权，在授权范围内协助管理有关事务，并履行下列职责：

（1）保障经纪人员依法执业，维护经纪人员合法权益。

（2）组织总结、交流经纪人员工作经验。

（3）组织经纪人员业务培训。

（4）组织经纪人员开展对外交流。

（5）进行经纪人员职业道德和执业纪律教育、监督和检查。

（6）调解经纪人员之间在职业活动中发生的纠纷。

（7）按照章程规定对经纪人员给予奖励或处分。

（8）法律、法规允许的其他职责。

第三节 房地产交易资金监管

资金监管是指买卖双方的交易资金不直接通过经纪公司，而是由经纪公司在银行开立的资金监管“专用账户”进行划转，银行是资金的监管主体，从而保障了买卖双方交易资金的安全。

众所周知，二手房屋交易在办理交易过户过程中有一个真空期，买卖双方对

于谁先交钱、谁先拿房子这个问题往往达不成一致，中介机构往往承担着房屋交割和资金交割这两方面的服务。由于房屋交易涉及金额比较大，动辄几十万，甚至上百万，这些资金如果不进入"专有账户"而是进入中介公司账户，沉淀下来可能就是几千万甚至上亿元，这就为中介公司动用这笔房款提供了操作的空间，一旦发生问题将是非常大的风险。统计显示，2003 年北京二手房成交仅 3 万多套，这时需要监管的交易金额大约就是 205.2 亿元。

一、房地产资金交易监管现状

现在，大部分房地产经纪机构在房地产经纪活动中的资金管理都是"自由"管理。主要的表现是：

第一，房款经中介公司过手时，客户资金与中介公司自己的资金并不分账户管理。这就导致客户购房资金事实上处于中介公司的独立控制状态，在交付卖家之前，"想怎么花就怎么花"。目前，在二手房市场，中介公司接收客户房款的通常流程分两种：一种是门店业务员首先将房款移交给分行经理，由分行经理转交给区域经理，这个时间大约是 3 天。之后，区域经理将款项直接打到中介总部的指定资金账户上。大多数中小房产中介都采用这一流程。事实上，买房人的资金在各流转环节随时都有可能发生流失。另一种是，一些规模较大的房产中介在过手二手房交易资金时，由客户通过 POS 机将钱款直接划入公司账户，避免业务员接触现金，交易的安全度稍高。

第二，房款在中介手中滞留时间过长，又缺乏有效监管，在其他投资市场火热的情况下，中介公司利用房产交易办理手续的时间差，擅自动用客户资金"挪作他用"。

二手房市场在资金监管方面的巨大漏洞，给二手房市场的资金安全带来了极大的隐患。当房地产市场波动时，也即引发了一系列的恶劣事件。如：

2005 年，安徽省当时规模最大的房产中介桃园房产老板卷款失踪，涉及金额达 6 000 余万元。

2006 年，天津市汇众房产一夜之间全线停业，1.5 亿元房款不翼而飞。

2007 年 11 月在上海、深圳等地开有门店的房产中介中天置业，也是一夜之间关门走人，买房人交付的意向金、定金、购房预付款、部分甚至全部房款不知所终。其在上海的 26 家门店全部关闭，一些买房客户反映，存放在公司的首付款、定金及意向金全被卷走，催讨无门。

在中天置业事件发生前的半个月，福建省的福州诚业房产也发生了老板卷款“蒸发”事件。

2008年1月，一家名叫“创辉租售”的二手房中介分布在上海的280家门店突然关门歇业，人去楼空。其替客户“监管”的资金杳如黄鹤。

……

早在2006年10月31日全国房地产经纪评价结果发布暨行业发展峰会上，建设部副部长刘志峰曾明确指出：“今后房屋经纪公司将不得直接收取交易资金。”

同日，建设部、中国房地产估价师与房地产经纪人学会联合发布的《中国房地产经纪执业规则》（征求意见稿）第二十五条明确表述了房地产交易资金的监管：“房地产经纪机构、房地产经纪人员应当严格遵守房地产交易资金监管制度，不得挪用、占用客户的房地产交易资金，保障交易资金安全。”

但是，时至今日全国也没有一个统一的房地产资金交易监管方法和流程。

据了解，北京中原地产曾率先在行业推广资金监管模式——POS机刷卡模式后业务量9个月来仅为5.12%；存入经纪公司监管账户和卖方账户的资金监管业务为14.28%。除了中原地产，我爱我家、链家机构、中大恒基、顺驰等大型房地产经纪公司也开展了资金监管业务，但实施资金监管的比率均没有超过20%。这意味着“享受”资金安全保障的业务数量不足两成，处境十分尴尬。

二、房地产资金交易监管模式探讨

(1) 政府强制性监管

由政府设立某一专门机构，并以其名义开设专用统一的监管账户，同时强制性实施资金监管，除设定的特殊情况外二手房交易中的房款一律经过资金监管账户进行划转。

这种托管改变了原有的二手房交易模式及付款方式，使得整个交易过程在监管模式下完成，从根本上解决了交易双方信息不对称和不信任的状态，确保交易过程和交易资金安全。这样既保证卖方在房子出手后如数收齐房款，也保障了买方在付款后及时领到房产证，使房产交易像普通商品一样“钱货两清”，从而保证买卖双方合法权益。

(2) 第三方执行资金监管

由不从事二手房买卖、租赁业务的独立第三方（如按揭担保公司或律师楼）进行监管，以其名义在银行开立监管账户，但需由政府相关部门对该类第三方的资

质要求拟订出较高的标准。

(3) 存入买或卖方账户

即由买或卖方在一家银行开立个人账户,买方将房款存入其中,银行冻结该账户直至监管协议上约定的时间节点再由银行进行放款。

(4) 银行与其合作的资金监管方(房地产经纪机构)开设专用账户

由大型经纪公司和银行协议进行资金监管,并以其名义在银行开立资金监管账户,对于该类经纪公司的资质也需要政府相关部门进行确认,并在后期进行监督和检查。

通过这些交易资金的监管模式,可以使交易更安全、交易更放心、交易更简便。

但要使这些交易资金的监管模式发挥作用,还要解决很多问题。如:政府怎样才能强制要求房地产经纪机构接受监管模式,资金监管的过程设计怎样更易于操作等。

第四节　房地产经纪禁止行为

在房地产经纪活动中,房地产经纪机构、房地产经纪人员不得有下列行为:

(1) 不得在经办业务中诱导、指示委托人以合法的形式掩盖非法目的,来采取假赠与、瞒报或者不实申报成交价规避国家相关规定。不得明知交易物或交易方式属法律法规所禁止的范围,仍提供房地产经纪服务。

(2) 不得赚取差价及谋取合同以外的非法收益,不得利用虚假信息骗取中介费、服务费、看房费等费用。

(3) 不得对委托人隐瞒与交易有关的重要事项;不得在脱离、隐瞒、欺骗房地产经纪机构的情况下开展经纪业务;不得虚构交易机会、提供不实信息和虚假广告。

(4) 不得承接自己及房地产经纪机构力所不能及的业务。

(5) 不得招揽已由另一房地产经纪机构独家代理的经纪业务;不得承接、承办自己不能胜任的经纪业务;不得采用引诱、欺诈、胁迫、贿赂、恶意串通、恶意降低佣金标准或者诋毁其他房地产经纪机构、房地产经纪人员等不正当手段承揽房地产经纪业务;不得接受违法违规或者违背社会公德、损害社会公共利益的房地产经纪业务;不得转让或变相转让受托的经纪业务。

（6）不得在隐瞒或者欺骗委托人的情况下，向委托人推荐使用与自己有直接利益关系的担保、估价、保险、金融等机构的服务。

（7）不得擅自将委托人提供的资料公开或者泄露给他人，特别是委托人的商业秘密和个人隐私；不得利用委托人的商业秘密牟取不正当利益。

（8）不得将注册证书借给他人使用或者允许他人使用自己的名义从事房地产经济活动。

（9）不得挪用、占用或者延迟支付客户的房地产交易资金，保证交易资金安全。

（10）不得同时在两个以上房地产经纪机构从事房地产经济活动。

（11）严禁伪造、涂改交易文件和凭证。

（12）严禁损害行业的信誉，房地产经纪机构、房地产经纪人员应当树立良好的社会形象，提高行业的公信力。

（13）法律法规禁止的其他行为。

第五节　房地产经纪信用档案

按照《关于建立房地产企业及执（从）业人员信用档案系统的通知》的规定，房地产信用档案的建立范围是房地产开发企业、房地产中介服务机构、物业管理企业和房地产估价师、房地产经纪人、房地产经纪人协理等专业人员[统称执（从）业人员]。2002 年 9 月，建设部开通了中国房地产估价信用档案系统，建立健全了一级资质房地产估价机构和注册房地产估价师信用档案。各省级房地产行政主管部门也陆续建立了二、三级资质房地产估价机构的信用档案。

一、房地产经纪信用档案的构成

房地产经纪信用档案是房地产信用档案的重要组成部分。房地产经纪信用档案包括房地产经纪机构信用档案、注册房地产经纪人信用档案、注册房地产经纪人协理信用档案等。

二、房地产经纪信用档案的内容

房地产经纪机构信用档案的主要内容包括：机构基本情况、机构良好行为记录、机构不良行为记录、经纪业务汇总、经纪业务基本情况、股东(合伙人)情况、注册房地产经纪人基本情况、机构资质年审情况、投诉情况等,房地产经纪机构和注册房地产经纪人的违法违规行为,被投诉举报处理、行政处罚等情况。

注册房地产经纪人和房地产经纪人协理信用档案的主要内容包括:个人基本情况、个人业绩汇总、继续教育情况、科研能力表现、良好行为记录、不良行为记录、投诉情况等。

三、房地产中介服务行业信用档案的管理

随着政府电子政务的发展,房地产信用档案系统将逐步与有关政府部门(如银行、工商、税收、质检、社保等)的信息系统互联互通,从同业征信向联合征信过渡,实现信息共享,以更加全面地反映房地产中介服务行业和执(从)业人员的信用状况。

1. 管理的原则

房地产中介服务行业信用档案按照"统一规划、分级建设、分步实施、信息共享"的原则进行,逐步实现房地产中介服务行业信用档案系统覆盖全行业的目标。各级房地产行政主管部门负责组织所辖区内房地产信用档案系统的建设与管理工作。

2. 组织实施

住建部(原建设部)组织建立房地产经纪人执业人员信用档案系统。中国房地产估价师与房地产经纪人学会为房地产中介服务行业信用档案的系统管理部门,在住建部的领导下,负责房地产经纪人执业人员信用档案的日常管理工作。

参照房地产经纪人的资质管理方法,房地产经纪人协理的信用档案应由各省、直辖市、自治区对应管理部门建立,各省、直辖市、自治区的房地产经纪人协会负责日常管理工作。

3. 信息的采集

信用档案信息依法从多种途径采集,充分利用现有信息资源,从政府部门、房地产中介行业自律组织、房地产中介服务机构、执(从)业人员、其他中介机构及社会公众等多种途径获得,并与机构资质审批、专业人员执(从)业资格注册工作有机结合。不良行为记录,除了要求房地产经纪机构自报外,各级房地产行政主管

部门、各级房地产经纪行业自律组织也应及时报送房地产经纪机构和有关责任人员的违法违规处理情况，房地产信用档案将按规定予以公示。

4. 信息维护和更新

房地产经纪的信用档案是由政府组织建立的，由系统管理部门对信息进行维护和更新。对涉及企业商业秘密的信息要注意保密，实行授权查询；未经核实的信息不得在网上公示；不良记录在公示前，必须经过严格的审核批准程序。

5. 投诉处理

按照《关于建立房地产企业及执（从）业人员信用档案系统的通知》的规定，系统管理部门对收到的投诉信息，要进行登记、整理、分类，并根据被投诉对象和投诉内容，或转交有关行政部门进行核查、处理，或转给被投诉机构进行处理。房地产经纪机构对系统管理部门转去的投诉要在规定的时间内反馈意见（包括处理结果或正在处理情况）。

6. 信息查询

按照依法、合理保护企业商业秘密和分类、分级管理原则，房地产经纪机构、执（从）业人员信用档案内容分为公示信息和授权查询信息两大类。任何单位和个人有权查阅信用档案公示信息。

复习思考题

1. 房地产经纪行业管理的主要模式有哪些？
2. 什么是房地产经纪行业管理协会？简述其性质、组织形式、任务及管理职责。
3. 什么是资金监管？为什么要进行房地产交易资金监管？
4. 现阶段我国房地产交易资金监管的模式是什么？
5. 哪些行为属于房地产经纪活动的禁止行为？
6. 什么是房地产信用档案？
7. 房地产经纪信用档案由哪些方面构成？
8. 房地产经纪信用档案的主要内容包括哪些？
9. 如何认识房地产经纪信用档案管理？

第六章 我国房地产经纪制度

学习要求

- 掌握：房地产经纪管理办法、房地产经纪执业规则的相关内容。
- 熟悉：当地（行政区域）的房地产经纪管理办法和行业自律公约、《房地产经纪人员职业资格制度暂行规定》和《房地产经纪人执业资格考试实施办法》的相关内容。

如前第二章的中国房地产经纪行业大事记所述，从 1994 年至今随着我国房地产经纪行业的发展，一直伴随着对房地产经纪业行业管理和法律法规的建设。行业管理和法律法规建设对房地产经纪行业的健康、有序发展，起到了积极的作用。在本章内容中，我们重点介绍有代表意义的《房地产经纪管理办法》、《中国房地产经纪执业规则》、《房地产经纪人员职业资格制度暂行规定》和《房地产经纪人执业资格考试实施办法》的相关内容。

第一节　我国房地产经纪制度

《房地产经纪管理办法》由中华人民共和国住房和城乡建设部、中华人民共和国国家发展和改革委员会、中华人民共和国人力资源和社会保障部三部委于 2011 年 1 月 20 日联合颁布，自 2011 年 4 月 1 日起执行。

《房地产经纪管理办法》的颁布与实施，有助于进一步规范房地产经纪行为，让广大群众买房放心、买房省心、租房安心。

一、《房地产经纪管理办法》出台的背景

（1）二手房市场快速发展，行业准入门槛低是房地产经纪领域不争的事实。许多从业人员没有受过正规的职业教育，素质较低，流动性大。

另外，对房地产经纪机构没有资质要求，设立房地产经纪机构的条件较宽松，到房地产管理部门备案、接受监管的机构比例不高。例如，北京 1.2 万家房地产经纪机构中，仅有 5 500 多家到房地产管理部门备案，备案率不到一半；深圳 7 800 家机构中，仅有 1 200 家备案，备案率只有 15%。

针对这种情况，《房地产经纪管理办法》要求，房地产经纪机构及其分支机构应当自领取营业执照之日起 30 日内，到所在直辖市、市、县人民政府建设（房地产）主管部门办理备案，主管部门应将部分备案信息向社会公示。拟在通过实行机构备案提高从业门槛 。

（2）由于利益的驱动及房地产市场本身的不规范，当事人通过房地产经纪机构买卖房屋或是出租求租房屋，最担心的就是经纪机构隐瞒或者不充分披露信息并利用这些信息侵害当事人的权利。

针对这种情况，《房地产经纪管理办法》规定房地产经纪机构及其分支机构应当在经营场所公示相关内容，包括：营业执照和备案证明文件；服务项目、内容和标准；业务流程；收费项目、依据、标准；交易资金监管方式；信用档案查询方式、投诉电话及 12358 价格举报电话；政府主管部门或者行业组织制定的房地产经纪服务合同、商品房买卖合同、存量房买卖合同、房屋租赁合同示范文本等。

针对业务委托不规范问题，明确规定了房地产经纪服务合同行为。《房地产经纪管理办法》对房地产经纪服务合同的形式和基本内容提出了具体要求。

针对房地产经纪服务违规收费问题，对房地产经纪服务实行明码标价制度。《房地产经纪管理办法》对房地产经纪服务的价格公开、禁止行为和法律责任等做了较为详细的规定。

针对交易资金安全问题，规定实行交易资金监管制度。《房地产经纪管理办法》要求由房地产经纪机构代收代付交易资金的，应当通过房地产经纪机构在银行开设的客户交易结算资金专用存款账户划转交易资金。

针对各种各样的不规范经纪行为，明确了房地产经纪机构和人员的从业禁止行为。《房地产经纪管理办法》明确房地产经纪机构和人员不得从事赚取差价、协助签订“阴阳合同”、为不符合交易条件和禁止交易的房屋提供经纪服务等违法

违规行为。

这些针对性的条款，有助于规范房地产经纪行为，保护当事人合法权益。

（3）针对以往房地产经纪行业管理中政府职能不明确、职责不确定的现状，管理中重管理轻服务的问题，《房地产经纪管理办法》给出的答案是行业监管者与公共服务提供者的双重角色。

公共服务体现在，《房地产经纪管理办法》要求主管部门构建统一的房地产经纪网上管理和服务平台，向房地产经纪机构提供交易与登记信息查询、交易合同网上签订，向社会公示经纪机构备案信息、信用档案信息等公共服务。

行业监管体现在，针对房地产经纪违法违规行为突出问题，强化了对房地产经纪违法违规行为的处罚和责任追究。

《房地产经纪管理办法》明确对房地产经纪机构和人员可以采取约谈、记入信用档案、媒体曝光、取消网上签约等多种管理手段和监督措施；对房地产经纪机构的价格违法、赚取差价、不正当竞争、分割出租、挪用交易资金等违法违规行为，根据情节轻重，可以处以没收违法所得、罚款以至停业整顿等行政处罚。

二、《房地产经纪管理办法》颁布的意义

1.《房地产经纪管理办法》是第一部专门的全国统一的房地产经纪行业法规

《房地产经纪管理办法》是整个房地产经纪行业发展多年以后，第一部专门的全国统一管理法规，使房地产经纪公司在操作业务时有了明确的统一标准，房地产经纪行业的规范框架有了突破性的进展。

2.《房地产经纪管理办法》明确了房地产经纪行业管理部门

《房地产经纪管理办法》第一章第五条明确了房地产经纪活动的诸主管部门及应“各司其职”的监督和管理。

3.《房地产经纪管理办法》的内容更加全面、具体

例如：《房地产经纪管理办法》对房地产经纪合同的形式和基本内容提出了具体要求；“阴阳合同”、“合租、群组”等的管理及查处被首次提及。更加具体的内容有利于对房地产经纪活动的指导，更有利于房地产经纪行业的规范发展。

三、《房地产经纪管理办法》的内容

《房地产经纪管理办法》共六章四十条。

内容主要包括：第一章，政府作为管理者的职能和职责；第二章，对房地产经纪机构和房地产经纪人员的管理；第三章，对房地产经纪活动的管理；第四章，政府的监督管理；第五章，房地产经纪活动的法律责任；第六章，附则。

其中要关注的重点内容包括：

（1）第二章第八条、第九条、第十一条款之规定的对房地产经纪机构和房地产经纪人员的资格规定和管理。

（2）第三章第十五条款之规定的房地产经纪机构及其分支机构应当在其经营场所醒目位置公示的八条信息，同时推出房地产经纪服务合同、房屋买卖合同、房屋租赁合同示范文本。

（3）第三章第十六条款之规定的房地产经纪服务合同包含的内容。

（4）第三章第二十一条款之规定的房地产经纪机构在签订房地产经纪服务合同前，应当向委托人说明房地产经纪服务合同和房屋买卖合同或者房屋租赁合同的相关内容，并书面告知的事项。

（5）第三章第二十五条款之规定的房地产经纪机构和房地产经纪人员的禁止行为。

（6）第四章第三十条款之规定的直辖市、市、县人民政府建设（房地产）主管部门应当构建统一的房地产经纪网上管理和服务平台，为备案的房地产经纪机构提供相关服务。

（7）第五章规定的相关法律责任。

附 6-1:《房地产经纪管理办法》

第一章　总　则

第一条　为了规范房地产经纪活动，保护房地产交易及经纪活动当事人的合法权益，促进房地产市场健康发展，根据《中华人民共和国城市房地产管理法》、《中华人民共和国合同法》等法律法规，制定本办法。

第二条　在中华人民共和国境内从事房地产经纪活动，应当遵守本办法。

第三条 本办法所称房地产经纪，是指房地产经纪机构和房地产经纪人员为促成房地产交易，向委托人提供房地产居间、代理等服务并收取佣金的行为。

第四条 从事房地产经纪活动应当遵循自愿、平等、公平和诚实信用的原则，遵守职业规范，恪守职业道德。

第五条 县级以上人民政府建设（房地产）主管部门、价格主管部门、人力资源和社会保障主管部门应当按照职责分工，分别负责房地产经纪活动的监督和管理。

第六条 房地产经纪行业组织应当按照章程实行自律管理，向有关部门反映行业发展的意见和建议，促进房地产经纪行业发展和人员素质提高。

第二章　房地产经纪机构和人员

第七条 本办法所称房地产经纪机构，是指依法设立，从事房地产经纪活动的中介服务机构。

房地产经纪机构可以设立分支机构。

第八条 设立房地产经纪机构和分支机构，应当具有足够数量的房地产经纪人员。

本办法所称房地产经纪人员，是指从事房地产经纪活动的房地产经纪人和房地产经纪人协理。

房地产经纪机构和分支机构与其招用的房地产经纪人员，应当按照《中华人民共和国劳动合同法》的规定签订劳动合同。

第九条 国家对房地产经纪人员实行职业资格制度，纳入全国专业技术人员职业资格制度统一规划和管理。

第十条 房地产经纪人实行全国统一大纲、统一命题、统一组织的考试制度，由国务院住房和城乡建设主管部门、人力资源和社会保障主管部门共同组织实施，原则上每年举行一次。

房地产经纪人协理实行全国统一大纲，由各省、自治区、直辖市人民政府建设（房地产）主管部门、人力资源和社会保障主管部门命题并组织考试的制度，每年的考试次数根据行业发展需要确定。

第十一条 房地产经纪机构及其分支机构应当自领取营业执照之日起30日内，到所在直辖市、市、县人民政府建设（房地产）主管部门备案。

第十二条 直辖市、市、县人民政府建设（房地产）主管部门应当将房地产经纪机构及其分支机构的名称、住所、法定代表人（执行合伙人）或者负责人、注册资本、房地产经纪人员等备案信息向社会公示。

第十三条 房地产经纪机构及其分支机构变更或者终止的，应当自变更或者终止之日起30日内，办理备案变更或者注销手续。

第三章 房地产经纪活动

第十四条 房地产经纪业务应当由房地产经纪机构统一承接，服务报酬由房地产经纪机构统一收取。分支机构应当以设立该分支机构的房地产经纪机构名义承揽业务。

房地产经纪人员不得以个人名义承接房地产经纪业务和收取费用。

第十五条 房地产经纪机构及其分支机构应当在其经营场所醒目位置公示下列内容：

（一）营业执照和备案证明文件；

（二）服务项目、内容、标准；

（三）业务流程；

（四）收费项目、依据、标准；

（五）交易资金监管方式；

（六）信用档案查询方式、投诉电话及12358价格举报电话；

（七）政府主管部门或者行业组织制定的房地产经纪服务合同、房屋买卖合同、房屋租赁合同示范文本；

（八）法律、法规、规章规定的其他事项。

分支机构还应当公示设立该分支机构的房地产经纪机构的经营地址及联系方式。

房地产经纪机构代理销售商品房项目的，还应当在销售现场明显位置明示商品房销售委托书和批准销售商品房的有关证明文件。

第十六条 房地产经纪机构接受委托提供房地产信息、实地看房、代拟合同等房地产经纪服务的，应当与委托人签订书面房地产经纪服务合同。

房地产经纪服务合同应当包含下列内容：

（一）房地产经纪服务双方当事人的姓名（名称）、住所等情况和从事业务的房地产经纪人员情况；

（二）房地产经纪服务的项目、内容、要求以及完成的标准；

（三）服务费用及其支付方式；

（四）合同当事人的权利和义务；

（五）违约责任和纠纷解决方式。

建设（房地产）主管部门或者房地产经纪行业组织可以制定房地产经纪服务合同示范文本，供当事人选用。

第十七条 房地产经纪机构提供代办贷款、代办房地产登记等其他服务的，应当向委托人说明服务内容、收费标准等情况，经委托人同意后，另行签订合同。

第十八条 房地产经纪服务实行明码标价制度。房地产经纪机构应当遵守价格法律、法规和规章规定，在经营场所醒目位置标明房地产经纪服务项目、服务内容、收费标准以及相关房地产价格和信息。

房地产经纪机构不得收取任何未予标明的费用；不得利用虚假或者使人误解的标价内容和标价方式进行价格欺诈；一项服务可以分解为多个项目和标准的，应当明确标示每一个项目和标准，不得混合标价、捆绑标价。

第十九条 房地产经纪机构未完成房地产经纪服务合同约定事项，或者服务未达到房地产经纪服务合同约定标准的，不得收取佣金。

两家或者两家以上房地产经纪机构合作开展同一宗房地产经纪业务的，只能按照一宗业务收取佣金，不得向委托人增加收费。

第二十条 房地产经纪机构签订的房地产经纪服务合同，应当加盖房地产经纪机构印章，并由从事该业务的一名房地产经纪人或者两名房地产经纪人协理签名。

第二十一条 房地产经纪机构签订房地产经纪服务合同前，应当向委托人说明房地产经纪服务合同和房屋买卖合同或者房屋租赁合同的相关内容，并书面告知下列事项：

（一）是否与委托房屋有利害关系；

（二）应当由委托人协助的事宜、提供的资料；

（三）委托房屋的市场参考价格；

（四）房屋交易的一般程序及可能存在的风险；

（五）房屋交易涉及的税费；

（六）经纪服务的内容及完成标准；

（七）经纪服务收费标准和支付时间；

（八）其他需要告知的事项。

房地产经纪机构根据交易当事人需要提供房地产经纪服务以外的其他服务的，应当事先经当事人书面同意并告知服务内容及收费标准。书面告知材料应当经委托人签名（盖章）确认。

第二十二条 房地产经纪机构与委托人签订房屋出售、出租经纪服务合同，应当查看委托出售、出租的房屋及房屋权属证书，委托人的身份证明等有关资料，并应当编制房屋状况说明书。经委托人书面同意后，方可以对外发布相应的房源信息。

房地产经纪机构与委托人签订房屋承购、承租经纪服务合同，应当查看委托人身份证明等有关资料。

第二十三条 委托人与房地产经纪机构签订房地产经纪服务合同，应当向房地产经纪机构提供真实有效的身份证明。委托出售、出租房屋的，还应当向房地产经纪机构提供真实有效的房屋权属证书。委托人未提供规定资料或者提供资料与实际不符的，房地产经纪机构应当拒绝接受委托。

第二十四条 房地产交易当事人约定由房地产经纪机构代收代付交易资金的，应当通过房地产经纪机构在银行开设的客户交易结算资金专用存款账户划转交易资金。

交易资金的划转应当经过房地产交易资金支付方和房地产经纪机构的签字和盖章。

第二十五条 房地产经纪机构和房地产经纪人员不得有下列行为：

（一）捏造散布涨价信息，或者与房地产开发经营单位串通捂盘惜售、炒卖房号，操纵市场价格；

（二）对交易当事人隐瞒真实的房屋交易信息，低价收进高价卖（租）出房屋赚取差价；

（三）以隐瞒、欺诈、胁迫、贿赂等不正当手段招揽业务，诱骗消费者交易或者强制交易；

（四）泄露或者不当使用委托人的个人信息或者商业秘密，谋取不正当利益；

（五）为交易当事人规避房屋交易税费等非法目的，就同一房屋签订不同交易价款的合同提供便利；

（六）改变房屋内部结构分割出租；

（七）侵占、挪用房地产交易资金；

（八）承购、承租自己提供经纪服务的房屋；

（九）为不符合交易条件的保障性住房和禁止交易的房屋提供经纪服务；

（十）法律、法规禁止的其他行为。

第二十六条 房地产经纪机构应当建立业务记录制度，如实记录业务情况。

房地产经纪机构应当保存房地产经纪服务合同，保存期不少于5年。

第二十七条 房地产经纪行业组织应当制定房地产经纪从业规程，逐步建立并完善资信评价体系和房地产经纪房源、客源信息共享系统。

第四章 监督管理

第二十八条 建设（房地产）主管部门、价格主管部门应当通过现场巡查、合同抽查、投诉受理等方式，采取约谈、记入信用档案、媒体曝光等措施，对房地产经纪机构和房地产经纪人员进行监督。

房地产经纪机构违反人力资源和社会保障法律法规的行为，由人力资源和社会保障主管部门依法予以查处。

被检查的房地产经纪机构和房地产经纪人员应当予以配合，并根据要求提供检查所需的资料。

第二十九条 建设（房地产）主管部门、价格主管部门、人力资源和社会保障主管部门应当建立房地产经纪机构和房地产经纪人员信息共享制度。建设（房地产）主管部门应当定期将备案的房地产经纪机构情况通报同级价格主管部门、人力资源和社会保障主管部门。

第三十条 直辖市、市、县人民政府建设（房地产）主管部门应当构建统一的房地产经纪网上管理和服务平台，为备案的房地产经纪机构提供下列服务：

（一）房地产经纪机构备案信息公示；

（二）房地产交易与登记信息查询；

（三）房地产交易合同网上签订；

（四）房地产经纪信用档案公示；

（五）法律、法规和规章规定的其他事项。

经备案的房地产经纪机构可以取得网上签约资格。

第三十一条 县级以上人民政府建设（房地产）主管部门应当建立房地产经纪信用档案，并向社会公示。

县级以上人民政府建设（房地产）主管部门应当将在日常监督检查中发现的房地产经纪机构和房地产经纪人员的违法违规行为、经查证属实的被投诉举报记录等情况，作为不良信用记录记入其信用档案。

第三十二条 房地产经纪机构和房地产经纪人员应当按照规定提供真实、完整的信用档案信息。

第五章 法律责任

第三十三条 违反本办法，有下列行为之一的，由县级以上地方人民政府建设(房地产)主管部门责令限期改正,记入信用档案;对房地产经纪人员处以1万元罚款;对房地产经纪机构处以1万元以上3万元以下罚款:

(一)房地产经纪人员以个人名义承接房地产经纪业务和收取费用的;

(二)房地产经纪机构提供代办贷款、代办房地产登记等其他服务,未向委托人说明服务内容、收费标准等情况,并未经委托人同意的;

(三)房地产经纪服务合同未由从事该业务的一名房地产经纪人或者两名房地产经纪人协理签名的;

(四)房地产经纪机构签订房地产经纪服务合同前,不向交易当事人说明和书面告知规定事项的;

(五)房地产经纪机构未按照规定如实记录业务情况或者保存房地产经纪服务合同的。

第三十四条 违反本办法第十八条、第十九条、第二十五条第(一)项、第(二)项,构成价格违法行为的,由县级以上人民政府价格主管部门按照价格法律、法规和规章的规定,责令改正、没收违法所得、依法处以罚款;情节严重的,依法给予停业整顿等行政处罚。

第三十五条 违反本办法第二十二条,房地产经纪机构擅自对外发布房源信息的,由县级以上地方人民政府建设(房地产)主管部门责令限期改正,记入信用档案,取消网上签约资格,并处以1万元以上3万元以下罚款。

第三十六条 违反本办法第二十四条,房地产经纪机构擅自划转客户交易结算资金的,由县级以上地方人民政府建设(房地产)主管部门责令限期改正,取消网上签约资格,处以3万元罚款。

第三十七条 违反本办法第二十五条第(三)项、第(四)项、第(五)项、第(六)项、第(七)项、第(八)项、第(九)项、第(十)项的,由县级以上地方人民政府建设(房地产)主管部门责令限期改正,记入信用档案;对房地产经纪人员处以1万元罚款;对房地产经纪机构,取消网上签约资格,处以3万元罚款。

第三十八条 县级以上人民政府建设(房地产)主管部门、价格主管部门、人力资源和社会保障主管部门的工作人员在房地产经纪监督管理工作中,玩忽职守、徇私舞弊、滥用职权的,依法给予处分;构成犯罪的,依法追究刑事责任。

第六章 附 则

第三十九条 各地可以依据本办法制定实施细则。

第四十条 本办法自2011年4月1日起施行。

第二节　房地产经纪执业规则

《中国房地产经纪执业规则》的颁布是根据当时房地产经纪机构经营行为不规范，如：有的虚构房地产交易、骗取银行贷款；有的擅自挪用客户的房租；有的通过压低售价、抬高卖价，损害委托人利益等问题出台的。

此次发布的执业规则对房地产经纪的有关重要用语，如房地产经纪、房地产代理、佣金、差价等进行了定义；对房地产经纪机构和房地产经纪人员维护声誉、对委托人的职责、交易资金监管、佣金收取以及禁止行为等涉及房地产经纪业务的重要内容进行了说明和规定。

为方便社会公众的使用，《房地产经纪业务合同推荐文本》于 2006 年 10 月 31 日也同时推出。这一文本主要包括《房屋出售委托协议》、《房地产出租委托协议》、《房屋承购委托协议》、《房屋承租委托协议》四个合同文本。

在《中国房地产经纪执业规则》中，特别明令了禁止房地产中介"吃差价"。《中国房地产经纪执业规则》要求："房地产经纪机构收取佣金不得违反国家法律法规，不得谋取委托协议约定以外的非法收益，不得以低价购进（租赁）、高价售出（转租）等方式赚取差价，不得利用虚假信息骗取中介费、服务费、看房费等费用。"另外，交易资金监督也成为管理的一个重点。

一、《中国房地产经纪执业规则》的作用

2006 年 10 月 31 日，建设部、中国房地产估价师与房地产经纪人学会联合颁布《中国房地产经纪执业规则》。

在此执业规则的第二条，明确指出房地产经纪执业规则的作用："本规则是房地产经纪行业组织对房地产经纪机构、房地产经纪人员进行自律管理的重要依据，是指导房地产经纪行为的基本准则。"

这段话主要明确了房地产经纪执业规则的三个作用：

第一，房地产经纪规则是指导房地产经纪行为的基本准则；

第二，房地产经纪规则是评判房地产经纪行为是否规范的基本标准；

第三，房地产经纪规则是房地产经纪行业组织对房地产经纪机构、房地产经纪人员进行自律管理的基本依据。

二、《中国房地产经纪执业规则》的内容

《中国房地产经纪执业规则》总共有三十二条条目。

第一条表述了执业规则的目的。

第二条表述了执业规则的作用。

第三条对房地产经纪、房地产代理、房地产居间、房地产经纪机构、房地产经纪人员、房地产经纪人、房地产经纪人协理、委托协议、独家代理、佣金、差价进行了定义。

第四条表述了从业人员的职业自信心。

第五条表述了房地产经纪活动的原则。

第六条表述了房地产经纪人员和经纪机构的宗旨和使命。

从第七条到第二十九条表述了房地产经纪业务的各个方面。主要包括:对委托人的职责、同行关系、保守秘密、内部管理、人员培养、信息发布、明示事项、业务的承接承办、禁止的不正当竞争、不得承接承办的业务、签订合同、业务合作、证件出示要求、举止要求、禁止规避国家规定、尽职了解委托人信息、业务进展报告、信息披露等义务、交易资金安全、服务收费、业务记录、资料管理等。

第三十条是修订规定。

第三十一条是解释权规定。

第三十二条是施行日期规定,自颁布之日起实施。

值得注意的是,《中国房地产经纪执业规则》是 2006 年颁布的,《房地产经纪管理办法》是 2011 年颁布的,所以,《房地产经纪管理办法》与《中国房地产经纪执业规则》有很多内容是重复的或覆盖的,同时,《房地产经纪管理办法》的内容有很多是《中国房地产经纪执业规则》的细化和具体化。

附 6-2:《中国房地产经纪执业规则》

第一条 为规范房地产经纪行为,提高房地产经纪服务质量,保障房地产交易者的合法权益,维护房地产市场秩序,制定本规则。

第二条 本规则是指导房地产经纪行业组织对房地产经纪机构、房地产经纪人员进行自律管理的重要依据,是指导房地产经纪行为的基本准则。

第三条 本规则有关用语定义如下:

（一）房地产经纪，是指以收取佣金为目的，为促成他人房地产交易而提供居间或者代理等专业服务的行为。

（二）房地产代理，是指以委托人的名义，在委托协议约定的范围内，为促成委托人与第三人进行房地产交易而提供专业服务，并向委托人收取佣金的行为。

（三）房地产居间，是指向委托人报告订立房地产交易合同的机会或者提供订立房地产交易合同的媒介服务，并向委托人收取佣金的行为。

（四）房地产经纪机构，是指依法设立并到工商登记所在地的县级以上人民政府房地产管理部门备案，从事房地产经纪活动的公司、合伙企业、个人独资企业等经济组织。

（五）房地产经纪人员，是指房地产经纪人或者房地产经纪人协理。房地产经纪人在房地产经纪机构中执行房地产经纪业务；房地产经纪人协理在房地产经纪机构中协助房地产经纪人执行房地产经纪业务。

（六）房地产经纪人，是指通过全国房地产经纪人执业资格考试或者资格互认，取得中华人民共和国房地产经纪人执业资格，并按照有关规定注册，取得中华人民共和国房地产经纪人注册证书，从事房地产经纪活动的专业人员。

（七）房地产经纪人协理，是指通过房地产经纪人协理从业资格考试或者资格互认，取得中华人民共和国房地产经纪人协理从业资格，并按照有关规定注册，取得中华人民共和国房地产经纪人协理注册证书，在房地产经纪人的指导和监督下，从事房地产经纪具体活动的协助执行人员。

（八）委托协议，是指委托人和房地产经纪机构约定，由房地产经纪机构提供专业服务，为促成委托人与第三人进行房地产交易的合同。

（九）独家代理，是指委托人只委托一家房地产经纪机构代理房地产交易事宜。

（十）佣金，是指房地产经纪机构完成受委托事项后，由委托人向其支付的报酬。

（十一）差价，是指通过房地产经纪促成的交易中，房屋出售人（出租人）得到的价格（租金）低于房屋承购人（承租人）支付的价格（租金）的部分。

第四条　房地产经纪人员应当充分认识房地产经纪存在的社会意义和价值，懂得房地产经纪在增进交易安全、保障交易公平、缩短交易时间、降低交易成本、优化资源配置、提高人民群众居住水平等方面的重要作用，树立崇高的职业荣誉感和强烈的职业责任感。

第五条　房地产经纪机构、房地产经纪人员从事房地产经纪活动，应当遵守法律法规，遵循平等、自愿、公平和诚实信用的原则。

第六条 房地产经纪机构、房地产经纪人员应当勤勉尽责，以向委托人提供规范、优质、高效的专业服务为宗旨，以促成合法、安全、公平的房地产交易为使命。

第七条 房地产经纪机构、房地产经纪人员在执行代理业务时，在合法、诚信的前提下，应当维护委托人的最大权益；在执行居间业务时，应当公平正直，不偏袒任何一方。

第八条 房地产经纪机构以及房地产经纪人员之间，应当相互尊重，公平竞争，共同营造良好的执业环境，建立优势互补、信息资源共享的和谐发展关系。

第九条 房地产经纪机构、房地产经纪人员应当保守委托人的商业秘密或者个人隐私，不得擅自将委托人提供的资料公开或者泄漏给他人。

第十条 房地产经纪机构应当建立和健全各项内部管理制度，加强内部管理，规范自身执业行为，指导、监督房地产经纪人员及相关辅助人员认真遵守本规则，对房地产经纪人员的违法违规行为进行干预并采取必要的补救措施，依法对房地产经纪人员的业务行为承担责任。

第十一条 房地产经纪机构应当加强对房地产经纪人员的职业道德教育和业务培训，鼓励和支持房地产经纪人员参加房地产经纪行业组织举办的继续教育等活动，促使其不断增长专业知识，提高专业能力，维护良好的专业形象。

第十二条 房地产经纪机构与委托人签订委托协议后，方可对外发布相应的房源、客源信息；发布的信息应当与事实相符。

第十三条 房地产经纪机构应当在经营场所内的醒目位置明示下列事项：

（一）营业执照；

（二）房地产管理部门备案证明；

（三）房地产经纪行业组织会员证书；

（四）房地产经纪机构品牌标识；

（五）所聘用的房地产经纪人员的姓名、照片、职业资格、联系电话等；

（六）服务内容、服务标准及业务流程；

（七）服务收费标准及收取方式；

（八）遵守的房地产经纪执业规则；

（九）使用的房地产经纪业务合同文本；

（十）信用档案上网公示证明；

（十一）投诉方式和渠道；

（十二）法律法规规定应当明示的事项。

第十四条 房地产经纪机构应当依法承接房地产经纪业务，并指派或者由委托人选定注册在本机构的房地产经纪人为经纪业务的承办人，执行经纪业务，并在委托协议中载明。

承办人可以选派注册在本机构的房地产经纪人协理为经纪业务的协办人，协助承办人执行经纪业务。承办人选派协办人的，应当在委托协议中载明，对协办人执行经纪业务进行指导和监督，并对其工作结果负责。

第十五条 房地产经纪机构、房地产经纪人员不得采取引诱、欺诈、胁迫、贿赂、恶意串通、恶意降低佣金标准或者诋毁其他房地产经纪机构、房地产经纪人员等不正当手段承揽房地产经纪业务。

第十六条 房地产经纪机构、房地产经纪人员不得招揽已由另一房地产经纪机构独家代理的经纪业务；不得承接、承办自己不能胜任的经纪业务；应当拒绝接受违法违规或者违背社会公德、损害社会公共利益的房地产经纪业务。

第十七条 房地产经纪机构承接经纪业务，应当与当事人签订委托协议，并应尊重委托人的选择，优先使用行政主管部门制定的房地产经纪业务合同示范文本或者房地产经纪行业组织推荐的房地产经纪业务合同文本。

在房地产经纪业务合同中应当有执行该项经纪业务的房地产经纪执业人员的签名及注册号。

第十八条 房地产经纪机构不得转让或者变相转让受托的经纪业务。

经委托人书面同意，两个或者两个以上的房地产经纪机构可以合作完成委托人委托的经纪业务。参与合作的机构应当合理分工、明确职责、密切协作，意见不一致时应当及时通报委托人协商决定。房地产经纪机构对合作完成的经纪业务承担连带责任。合作完成经纪业务根据合作协议分配佣金。

第十九条 房地产经纪人员在执行业务时，应当注重仪表、礼貌待人，维护良好的职业形象。

第二十条 房地产经纪人员在执行业务时，应当向当事人出示自己的注册证书，不得将注册证书借给他人使用或者允许他人以自己的名义执业。

第二十一条 房地产经纪人员应当要求委托人提供其身份证件，凭借自己的专业知识和经验做好下列工作：

（一）对于房屋出售人（出租人）委托的，应当向其全面、详细询问为促成委托人与第三人进行委托出售（出租）房屋交易所必需的房屋的坐落、实物状况、权益状况、周围环境等情况，要求委托人如实提供相应的房屋权属证明等资料（核实后留下复印件，退还原件），并到委托出售（出租）房屋现场及有关部门进行必要的调查、核实，向委托人说明其中的有利和不利因素及对交易可能产生的影响。

（二）对于房屋承购人（承租人）委托的，应当向其详细询问意愿购买（租赁）房屋的用途、区位、价位（租金水平）、户型、面积、建成年份或新旧程度等要求。

第二十二条 房地产经纪人员不得采取假赠与、瞒报或者不实申报成交价、借公证委托售房等手段规避国家相关规定。

第二十三条 房地产经纪人员应当及时、如实地向委托人报告业务进行过程中的订约机会、市场行情变化及其他有关情况，不得对委托人隐瞒与交易有关的重要事项；应当及时向房地产经纪机构报告业务进展情况，不得在脱离、隐瞒、欺骗房地产经纪机构的情况下开展经纪业务。

第二十四条 房地产经纪人员应当凭借自己的专业知识和经验，向承购人（承租人）提供经过调查、核实的标的房屋信息，如实告知所知悉的标的房屋的有关情况，协助其对标的房屋进行查验。

第二十五条 房地产经纪机构、房地产经纪人员应当严格遵守房地产交易资金监管规定，保障房地产交易资金安全，不得挪用、占用或者拖延支付客户的房地产交易资金。

第二十六条 房地产经纪机构、房地产经纪人员不得在隐瞒或者欺骗委托人的情况下，向委托人推荐使用与自己有直接利益关系的担保、估价、保险、金融等机构的服务。

第二十七条 房地产经纪机构收取佣金不得违反国家法律法规，不得谋取委托协议约定以外的非法收益，不得以低价购进（租赁）、高价售出（转租）等方式赚取差价，不得利用虚假信息骗取中介费、服务费、看房费等费用。

房地产经纪机构未完成委托协议约定的事项，或者服务未达到委托协议约定的标准的，不应收取佣金，但可以依据委托协议的约定，要求委托人支付从事经纪服务已支出的必要费用。房地产经纪机构事先未与委托人就经纪服务费用达成约定的，不得要求委托人承担经纪服务费用。

第二十八条 房地产经纪机构应当建立和健全业务记录制度。执行业务的房地产经纪人员应当如实全程记录业务执行情况及发生的费用等，形成业务记录。

第二十九条 房地产经纪机构应当妥善保管委托人提供的资料、委托协议、买卖合同或租赁合同、业务记录、业务交接单据、原始凭证等与经纪业务有关的资料、文件和物品，严禁伪造、涂改交易文件和凭证。

第三十条 本规则将根据需要及时修订、完善，为房地产经纪机构和房地产经纪人员提供良好执业的指引。

第三十一条 本规则由中国房地产估价师与房地产经纪人学会负责解释。

第三十二条 本规则自 2007 年 1 月 1 日起施行。

第三节 房地产经纪人员职业资格

从前面第二章我国房地产经纪人制度的产生与发展可以看出，中国房地产经纪人员和房地产经纪市场的发展时间短，进入门槛低，从业人员素质相对低下，对房地产经纪市场的发展有着较大的制约作用。在这个背景下，为了加强对房地产经纪人员的管理，提高房地产经纪人员的职业水平，规范房地产经纪活动秩序，根据国家职业资格制度的有关规定，人事部和建设部联合制定了《房地产经纪人员职业资格制度暂行规定》和《房地产经纪人执业资格考试实施办法》。

一、房地产经纪人员职业资格划分

房地产经纪人员的职业资格划分为房地产经纪人和房地产经纪人协理。房地产经纪人员职业资格的证明文件分别是《中华人民共和国房地产经纪人资格证书》和《中华人民共和国房地产经纪人协理从业资格证书》。没有依法取得《中华人民共和国房地产经纪人资格证书》和《中华人民共和国房地产经纪人协理从业资格证书》并经注册的人员，不得从事房地产经纪活动。

1. 房地产经纪人

房地产经纪人是指经过全国房地产经纪人执业资格考试合格或者资格互认，取得中华人民共和国房地产经纪人执业资格，并按照有关规定注册，取得中华人民共和国房地产经纪人注册证书，从事房地产经纪活动的专业人员。房地产经纪人有权依法发起设立或加入房地产经纪机构，承担房地产经纪机构关键岗位的工作，指导房地产经纪人协理执行各种房地产经纪业务，经所在房地产经纪机构授权与客户订立房地产经纪合同等重要业务文书，执行房地产经纪业务并获得合理报酬。房地产经纪人可以在全国范围内执业。

经房地产经纪人执业资格考试合格的，由各省、自治区、直辖市人事部门颁发人力资源和社会保障部统一印制，人力资源和社会保障部、住房和城乡建设部用印的《中华人民共和国房地产经纪人执业资格证书》。该证书全国范围有效。

2. 房地产经纪人协理

房地产经纪人协理是指通过房地产经纪人协理从业资格考试或者资格互认，取得中华人民共和国房地产经纪人协理从业资格，并按照有关规定注册，取得中华人民共和国房地产经纪人协理注册证书，在房地产经纪人的指导和监督下从事房地产经纪具体活动的协助执行人员。房地产经纪人协理只能在注册地所在的行政区域内从业。

取得房地产经纪人执业资格是进入房地产经纪活动关键岗位和发起设立房地产经纪机构的必备条件。取得房地产经纪人协理从业资格，是从事房地产经纪活动的基本条件。

遗失《中华人民共和国房地产经纪人执业资格证书》、《中华人民共和国房地产经纪人协理从业资格证书》的，应当向原发证机关申请补发。

《中华人民共和国房地产经纪人执业资格证书》、《中华人民共和国房地产经纪人协理从业资格证书》是房地产经纪人员职业资格的法律凭证。严禁伪造、变更、涂改、租用、出借、转让《中华人民共和国房地产经纪人执业资格证书》或《中华人民共和国房地产经纪人协理从业资格证书》。

二、房地产经纪人员职业资格考试

1. 房地产经纪人执业资格考试

《房地产经纪人员职业资格制度暂行规定》第九条规定：凡中华人民共和国公民，遵守国家法律、法规，已取得房地产经纪人协理资格并具备以下条件之一者，可以申请参加房地产经纪人执业资格考试：

第一，取得大专学历，工作满 6 年，其中从事房地产经纪业务工作满 3 年；

第二，取得大学本科学历，工作满 4 年，其中从事房地产经纪业务工作满 2 年；

第三，取得双学士学位或研究生班毕业，工作满 3 年，其中从事房地产经纪业务工作满 1 年；

第四，取得硕士学位，工作满 2 年，从事房地产经纪业务工作满 1 年；

第五，取得博士学位，从事房地产经纪业务工作满 1 年。

房地产经纪人执业资格实行全国统一大纲、统一命题、统一组织的考试制度，由人力资源和社会保障部、住房和城乡建设部共同组织实施。原则上每年举行一次。住房和城乡建设部负责编制房地产经纪人执业资格考试大纲，编写考试教材和组织命题工作，统一规划、组织或授权组织房地产经纪人执业资格的考前培训等有关工作。人力资源和社会保障部负责审定房地产经纪人执业资格考试科目、考试大纲和考试试题，组织实施考务工作，并会同住房和城乡建设部对房地产经纪人执业资格考试进行检查、监督、指导和确定合格标准。

房地产经纪人执业资格考试科目为《房地产基本制度与政策》、《房地产经纪相关知识》、《房地产经纪概论》和《房地产经纪实务》4 个科目。

2. 房地产经纪人协理从业资格考试

《房地产经纪人员职业资格制度暂行规定》第十三条规定：凡中华人民共和国公民，遵守国家法律、法规，具有高中以上学历，愿意从事房地产经纪活动的人员，均可申请参加房地产经纪人协理从业资格考试。

房地产经纪人协理从业资格考试实行全国统一大纲，各省、自治区、直辖市命题并组织考试的制度。由住房和城乡建设部负责拟订房地产经纪人协理从业资格考试大纲，人力资源和社会保障部负责审定考试大纲。各省、自治区、直辖市人事厅(局)、房地产行政管理部门，按照国家规定的考试大纲和有关规定，在本地区组织实施房地产经纪人协理从业资格考试。经房地产经纪人协理从业资格考试合格的，由各省、自治区、直辖市人事部门颁发人力资源和社会保障部、住房和城乡建设部统一格式的《中华人民共和国房地产经纪人协理从业资格证书》。该证书在所在行政区域内有效，即持证人员可以在该区域内从事非独立性的房地产经纪活动。

在此规定基础上，地方省、直辖市、自治区都针对自己本地区的情况作出了具体规定。如四川省规定：凡中华人民共和国公民，遵守国家法律、法规，具有高中以上学历，愿意从事房地产经纪活动的人员，均可申请参加房地产经纪人协理从业资格考试。浙江省规定：凡中华人民共和国公民，遵纪守法，具有高中以上学历；男性 60 周岁以下、女性 55 周岁以下；身体健康，愿意并能从事房地产经纪活动的人员，均可报名参加房地产经纪人协理从业资格考试。

三、房地产经纪人员职业资格注册

国家对房地产经纪人员实行准入制度，凡取得《中华人民共和国房地产经纪人执业资格证书》或《中华人民共和国房地产经纪人协理从业资格证书》的人员，必须经过注册才能以房地产经纪人员的名义从事房地产经纪活动。

2004年6月29日，原建设部印发了《关于改变房地产经纪人执业资格注册管理方式有关问题的通知》(建办住房[2004]43号)，决定将房地产经纪人执业资格注册工作转交中国房地产估价师学会(2004年7月更名为中国房地产估价师与房地产经纪人学会)，并以此为契机，将房地产经纪人执业资格注册与房地产经纪行业自律管理结合起来，大力推动房地产经纪行业诚信建设，建立房地产交易信息共享系统，制定房地产经纪执业规则，促使房地产经纪人和房地产经纪机构为居民提供规范、诚实、准确、高效、便捷的服务。

取得《中华人民共和国房地产经纪人执业资格证书》的人员，由本人提出申请，经聘用的房地产经纪机构送省、自治区、直辖市房地产管理部门(以下简称省级房地产管理部门)初审合格后，上报中国房地产估价师与房地产经纪人学会审批。准予注册的人员，由中国房地产估价师与房地产经纪人学会颁发住房和城乡建设部监制的《中华人民共和国房地产经纪人注册证书》。

申请注册的人员必须同时具备以下条件：

第一，取得房地产经纪人执业资格证书；

第二，无犯罪记录；

第三，身体健康，能坚持在注册房地产经纪人岗位上工作；

第四，经所在经纪机构考核合格。

房地产经纪人执业资格注册的有效期为3年。注册有效期届满需要继续从事房地产经纪活动的，应于注册期满前3个月，按规定的程序换发新的注册证书。

房地产经纪人注册在下列情况下，须达到规定的继续教育标准：

第一，房地产经纪人执业资格证书自签发之日起3年内未初始注册的，每3年至少应当参加一次由中国房地产估价师与房地产经纪人学会或者其指定机构组织的房地产经纪业务培训，达到继续教育标准，方可申请初始注册；

第二，房地产经纪人在注册有效期内参加了中国房地产估价师与房地产经纪人学会或者其指定机构组织的房地产经纪业务培训，达到继续教育标准，方可申请延续注册换发新的注册证书。

在注册有效期内，房地产经纪人变更执业机构或者执业机构名称等注册事项发生变更的，应当办理变更注册手续并换发新证书。

房地产经纪人有下列情形之一的，由中国房地产估价师与房地产经纪人学会注销注册，收回或者公告收回房地产经纪人注册证书：

第一，死亡或者被宣告失踪的；

第二，完全丧失民事行为能力的；

第三，受刑事处罚的；

第四，在房地产经纪或者相关业务犯有严重错误受行政处罚或者撤职以上行政处分的；

第五，连续2年（含2年以上）脱离房地产经纪工作岗位的；

第六，同时在两个或者两个以上房地产经纪机构执业的；

第七，严重违反房地产经纪职业道德的；

第八，以欺骗、贿赂等不正当手段取得房地产经纪人注册证书的。

被注销注册的人员，再次达到规定的注册条件后，可以重新申请注册。

房地产经纪人协理从业资格注册由各地注册管理机构负责。各省的房地产经纪人协理从业资格注册情况应报中国房地产估价师与房地产经纪人学会备案，并及时向社会公布注册信息，为公众提供便捷的查询渠道。

经注册的无论是房地产经纪人还是房地产经纪人协理，都"只能受聘于一个经纪机构，并以房地产经纪机构的名义从事经纪活动，不得以房地产经纪人或房地产经纪人协理的身份从事经纪活动或在其他经纪机构兼职"。

房地产经纪人和房地产经纪人协理必须利用专业知识和职业经验处理或协助处理房地产交易中的细节问题，向委托人披露相关信息，诚实信用，恪守合同，完成委托业务，并为委托人保守商业秘密，充分保障委托人的权益。

房地产经纪人和房地产经纪人协理必须接受职业继续教育，不断提高业务水平。

附6-3:《房地产经纪人员职业资格制度暂行规定》

第一章　总　则

第一条　为了加强对房地产经纪人员的管理，提高房地产经纪人员的职业水平，规范房地产经纪活动秩序，根据国家职业资格制度的有关规定，制定本规定。

第二条　本规定适用于房地产交易中从事居间、代理等经纪活动的人员。

第三条　国家对房地产经纪人员实行职业资格制度，纳入全国专业技术人员职业资格制度统一规划。凡从事房地产经纪活动的人员，必须取得房地产经纪人员相应职业资格证书并经注册生效。未取得职业资格证书的人员，一律不得从事房地产经纪活动。

第四条 本规定所称房地产经纪人员职业资格包括房地产经纪人执业资格和房地产经纪人协理从业资格。

取得房地产经纪人执业资格,是进入房地产经纪活动关键岗位和发起设立房地产经纪机构的必备条件。取得房地产经纪人协理从业资格,是从事房地产经纪活动的基本条件。

第五条 人事部、建设部共同负责全国房地产经纪人员职业资格的政策制定、组织协调、资格考试、注册登记和监督管理工作。

第二章 考 试

第六条 房地产经纪人执业资格实行全国统一大纲,统一命题、统一组织的考试制度,由人事部、建设部共同组织实施,原则上每年举行一次。

第七条 建设部负责编制房地产经纪人执业资格考试大纲,编写考试教材和组织命题工作,统一规划、组织或授权组织房地产经纪人执业资格的考前培训等有关工作。

考前培训工作按照培训与考试分开,自愿参加的原则进行。

第八条 人事部负责审定房地产经纪人执业资格考试科目、考试大纲和考试试题,组织实施考务工作。会同建设部对房地产经纪人执业资格考试进行检查、监督、指导和确定合格标准。

第九条 凡中华人民共和国公民,遵守国家法律、法规,已取得房地产经纪人协理资格并具备以下条件之一者,可以申请参加房地产经纪人执业资格考试:

(一)取得大专学历,工作满6年,其中从事房地产经纪业务工作满3年。

(二)取得大学本科学历,工作满4年,其中从事房地产经纪业务工作满2年。

(三)取得双学士学位或研究生班毕业,工作满3年,其中从事房地产经纪业务工作满1年。

(四)取得硕士学位,工作满2年,从事房地产经纪业务工作满1年.

(五)取得博士学位,从事房地产经纪业务工作满1年。

第十条 房地产经纪人执业资格考试合格,由各省、自治区、直辖市人事部门颁发人事部统一印制,人事部、建设部用印的《中华人民共和国房地产经纪人执业资格证书》。该证书全国范围有效。

第十一条 房地产经纪人协理从业资格实行全国统一大纲,各省、自治区、直辖市命题并组织考试的制度。

第十二条 建设部负责拟定房地产经纪人协理从业资格考试大纲。人事部负责审定考试大纲。

各省、自治区、直辖市人事厅(局)、房地产管理局,按照国家确定的考试大纲和有关规定,在本地区组织实施房地产经纪人协理从业资格考试。

第十三条 凡中华人民共和国公民,遵守国家法律、法规,具有高中以上学历,愿意从事房地产经纪活动的人员,均可申请参加房地产经纪人协理从业资格考试。

第十四条 房地产经纪人协理从业资格考试合格,由各省、自治区、直辖市人事部门颁发人事部、建设部统一格式的《中华人民共和国房地产经纪人协理从业资格证书》。该证书在所在行政区域内有效。

第三章 注 册

第十五条 取得《中华人民共和国房地产经纪人执业资格证书》的人员,必须经过注册登记才能以注册房地产经纪人名义执业。

第十六条 建设部或其授权的机构为房地产经纪人执业资格的注册管理机构。

第十七条 申请注册的人员必须同时具备以下条件:

(一)取得房地产经纪人执业资格证书。

(二)无犯罪记录。

(三)身体健康,能坚持在注册房地产经纪人岗位上工作。

(四)经所在经纪机构考核合格。

第十八条 房地产经纪人执业资格注册,由本人提出申请,经聘用的房地产经纪机构送省、自治区、直辖市房地产管理部门(以下简称省级房地产管理部门)初审合格后,统一报建设部或其授权的部门注册。准予注册的申请人,由建设部或其授权的注册管理机构核发《房地产经纪人注册证》。

第十九条 人事部和各级人事部门对房地产经纪人员执业资格注册和使用情况有检查、监督的责任。

第二十条 房地产经纪人执业资格注册有效期一般为3年,有效期满前3个月,持证者应到原注册管理机构办理再次注册手续。在注册有效期内,变更执业机构者,应当及时办理变更手续。

再次注册者,除符合本规定第十七条规定外,还须提供接受继续教育和参加业务培训的证明。

第二十一条 经注册的房地产经纪人有下列情况之一的，由原注册机构注销注册：

（一）不具有完全民事行为能力。

（二）受刑事处罚。

（三）脱离房地产经纪工作岗位连续 2 年（含 2 年）以上。

（四）同时在 2 个及以上房地产经纪机构进行房地产经纪活动。

（五）严重违反职业道德和经纪行业管理规定。

第二十二条 建设部及省级房地产管理部门，应当定期公布房地产经纪人执业资格的注册和注销情况。

第二十三条 各省级房地产管理部门或其授权的机构，负责房地产经纪人协理从业资格注册登记管理工作。每年度房地产经纪人协理从业资格注册登记情况应报建设部备案。

第四章 职 责

第二十四条 房地产经纪人和房地产经纪人协理，在经纪活动中，必须严格遵守法律、法规和行业管理的各项规定，坚持公开、公平、公正的原则，恪守职业道德.

第二十五条 房地产经纪人有权依法发起设立或加入房地产经纪机构，承担房地产经纪机构关键岗位工作，指导房地产经纪人协理进行各种经纪业务，经所在机构授权订立房地产经纪合同等重要业务文书，执行房地产经纪业务并获得合理佣金。

在执行房地产经纪业务时，房地产经纪人员有权要求委托人提供与交易有关的资料，支付因开展房地产经纪活动而发生的成本费用，并有权拒绝执行委托人发出的违法指令。

第二十六条 房地产经纪人协理有权加入房地产经纪机构，协助房地产经纪人处理经纪有关事务并获得合理的报酬。

第二十七条 房地产经纪人和房地产经纪人协理经注册后，只能受聘于 1 个经纪机构，并以房地产经纪机构的名义从事经纪活动，不得以房地产经纪人或房地产经纪人协理的身份从事经纪活动或在其他经纪机构兼职。

房地产经纪人和房地产经纪人协理必须利用专业知识和职业经验处理或协助处理房地产交易中的细节问题，向委托人披露相关信息，诚实信用，恪守合同，完成委托业务，并为委托人保守商业秘密，充分保障委托人的权益。

房地产经纪人和房地产经纪人协理必须接受职业继续教育，不断提高业务水平。

第二十八条 房地产经纪人的职业技术能力：

（一）具有一定的房地产经济理论和相关经济理论水平，并具有丰富的房地产专业知识。

（二）能够熟练掌握和运用与房地产经纪业务相关的法律、法规和行业管理的各项规定。

（三）熟悉房地产市场的流通环节，具有熟练的实务操作的技术和技能。

（四）具有丰富的房地产经纪实践经验和一定资历，熟悉市场行情变化，有较强的创新和开拓能力，能创立和提高企业的品牌。

（五）有一定的外语水平。

第二十九条 房地产经纪人协理的职业技术能力：

（一）了解房地产的法律、法规及有关行业管理的规定。

（二）具有一定的房地产专业知识。

（三）掌握一定的房地产流通的程序和实务操作技术及技能。

第五章 附 则

第三十条 本规定发布前已长期从事房地产经纪工作并具有较高理论水平和丰富实践经验的人员，可通过考试认定的办法取得房地产经纪人执业资格，考试认定办法由建设部、人事部另行规定。

第三十一条 通过全国统一考试，取得房地产经纪人执业资格证书的人员，用人单位可根据工作需要聘任经济师职务。

第三十二条 经国家有关部门同意，获准在中华人民共和国境内就业的外籍人员及港、澳、台地区的专业人员，符合本规定要求的，也可报名参加房地产经纪职业资格考试以及申请注册。

第三十三条 房地产经纪人协理从业资格的管理，由省、自治区、直辖市人事厅（局）、房地产管理部门根据国家有关规定，制定具体办法，组织实施。各地所制定的管理办法，分别报人事部、建设部备案。

第三十四条 本规定由人事部和建设部按职责分工负责解释。

第三十五条 本规定自发布之日起施行。

附 6-4:《房地产经纪人执业资格考试实施办法》

第一条 根据《房地产经纪人员职业资格制度暂行规定》(以下简称《暂行规定》),为做好房地产经纪人执业资格考试工作,制定本办法。

第二条 人事部和建设部共同成立全国房地产经纪人执业资格考试办公室,在两部领导下,负责房地产经纪人执业资格考试的组织实施和日常管理工作。

各地考试工作由当地人事部门会同房地产管理部门组织实施,具体分工由各地自行确定。

第三条 房地产经纪人执业资格考试从 2002 年度开始实施,原则上每年举行 1 次,考试时间定于每年的第三季度。首次开始于 2002 年 10 月份举行。

第四条 房地产经纪人执业资格考试科目为《房地产基本制度与政策》、《房地产经纪相关知识》、《房地产经纪概论》和《房地产经纪实务》4 个科目。考试分 4 个半天进行,每个科目的考试时间为 2.5 小时。

第五条 考试成绩实行两年为一个周期的滚动管理。参加全部 4 个科目考试的人员必须在连续两个考试年度内通过应试科目;免试部分科目的人员必须在一个考试年度内通过应试科目。

第六条 符合《暂行规定》第九条规定的报名条件者,均可报名参加房地产经纪人执业资格考试。

在 2005 年以前(包括 2005 年),报名参加房地产经纪人执业资格考试的人员,可以不需要先取得房地产经纪人协理从业资格。

第七条 凡已经取得房地产估价师执业资格者,报名参加房地产经纪人执业资格考试可免试《房地产基本政策与制度》科目。

第八条 参加考试须由本人提出申请,所在单位审核同意,携带有关证明材料到当地考试管理机构报名。考试管理机构按规定程序和报名条件审查合格后,发给准考证。考生凭准考证在指定的时间、地点参加考试。

国务院各部委及其直属单位的报考人员,按属地原则报名参加考试。

第九条 房地产经纪人执业资格考试的考场设在省辖市以上的中心城市。

第十条 建设部负责组织编写和确定房地产经纪人执业资格考试、培训指定用书及有关参考资料,并负责考试培训管理工作。

第十一条 建设部或授权的机构负责组织房地产经纪人执业资格考试的师资培训工作,各省、自治区、直辖市房地产管理部门或其授权的机构组织负责具体培训工作。各地培训机构要具备场地、师资、教材等条件，经省、自治区、直辖市房地产管理部门会同人事部门审核批准，报建设部备案。

第十二条 坚持培训与考试分开的原则，参加培训工作的人员，不得参加所有考试组织工作（包括命题、审题和组织管理）。应考人员参加考前培训坚持自愿原则。

第十三条 房地产经纪人执业资格考试、培训及有关项目的收费标准，须经当地价格主管部门核准，并公布于众，接受群众监督。

第十四条 严格执行考试考务工作的有关规章制度，做好试卷命题、印刷、发送过程中的保密工作，严格考场纪律，严禁弄虚作假。对违反规章制度的，按规定进行严肃处理。

第四节 房地产经纪行业自律

在三部委颁布了《房地产经纪管理办法》之后，全国各个地方都根据本地区的实际情况，制定了相应的地区版本的房地产经纪管理办法。同时，根据《房地产经纪管理办法》和《中国房地产经纪执业规则》，各个地方都相继推进了行业自律工作，最早的要追溯到2004年。地方政府和行业协会期望通过行业自律来规范、管理房地产经纪行业，同时，通过自律管理这个重要的手段达到行业规范，并使行业规范与公平竞争、优胜劣汰的市场机制相配合，以推进行业进步，促进和保护公平竞争，规范市场交易秩序，维护和保证房地产交易的安全，进而达到提升行业整体水平的目的。

所以，在这一节中，我们主要介绍一些代表性地区的、不同时间的行业自律公约和规则，供大家学习、参考和借鉴。

附6-5:《北京房地产中介行业自律规则》

为提高我市房地产中介行业的公信力，促进房地产中介行业的健康发展，依据国家现行的法律、法规及改善规定，特制定本行业自律规则。

第一条 在本市从事房地产中介服务的机构应具备从业资格，并在营业场所公示其工商执照、资质（备案）证书及会员证书。

第二条 房地产中介机构要将从业人员的姓名、职务、职称及照片在营业场所公示。从业人员上门服务的亦要出示相应证件。

第三条 在营业场所公示服务程序或业务流程，服务项目及各项收费标准。

第四条 承接房地产中介业务时，应核实委托方主体资格。承接商品房销售代理业务时应核实开发商的营业执照及五证是否齐全；承接二手房销售及租赁业务时，应验明产权人的身份证及产权证或有效证明，由代理机构的执业经纪人分别与委托方签订合同，经纪人签署合同时应将自己的姓名、执业证编号填写清楚，同时加盖机构公章。

第五条 按合同约定收取中介服务费，开具规定的有效发票并依法纳税。

第六条 因房地产中介机构或经纪人员的过失，给委托人造成经济损失的，中介机构应按合同的约定承担赔偿责任；因委托人责任造成经济损失的，按合同约定由委托人承担赔偿责任。

第七条 因房地产中介机构提供的广告房源信息失实，而造成委托人经济损失的，中介机构应承担补偿责任。

第八条 房地产中介机构不承揽国家法律禁止转移、买卖、租赁、抵押的房地产业务。

第九条 房地产中介机构发生注册资金、股东、营业场所、经纪资质（备案）变更事项时，要及时向主管部门及协会备案。

第十条 房地产中介机构因故注销歇业的，按国家法律规定先行备案和公告，做好债权债务的清偿事宜。

第十一条 房地产中介机构从业人员的调出调入，要及时办理相应的手续。涉及尚未为委托人办完委托事项的，要及时告知委托人并调换人员。

第十二条 房地产中介机构的从业人员不得在本机构以外的机构兼职。

第十三条 房地产中介机构从业人员在服务中不索要或收取合同约定以外的酬金。

第十四条 各中介机构遵守行业的行规，合法竞争，不做有损其他机构及整个行业利益的事。

第十五条 本自律规则先行在北京房地产中介行业协会的会员单位施行，非会员单位亦要共同遵守。

第十六条 本自律规则向社会公布，并接受社会监督、检查。

第十七条 对于违反本自律规则的行为，由房地产中介行业协会按会章及有关规定予以处理，并报市政府主管部门依法查处。

第十八条 本自律规则自 2004 年 11 月 1 日起实施。

附 6-6:《南京房地产经纪人行业自律公约》

为促进本市房地产经纪行业健康有序地发展，保障房地产经纪活动当事人的合法权益，根据国家及省、市的有关法律、法规、规章和协会章程，特制定本公约。

第一条 凡在本市从事房地产经纪的组织和个人应当严格遵守国家、省、市有关房地产法律、法规及相关政策，维护房地产市场秩序，树立诚信经营理念，遵守公平竞争的市场规则，树立企业良好信誉和品牌形象。

第二条 房地产经纪组织和个体经纪人应当依法登记注册，领取营业执照和办理房地产经纪企业备案登记，并在核准范围内开展经纪活动，在其营业场所明示经纪执业人员的资格证书、照片和个人信誉卡片。中介公司人员为客户服务时全程必须佩戴本单位工作牌，接受有关行政机关和房地产经纪人协会的管理和社会监督。

第三条 房地产经纪组织应对聘用人员加强业务培训，并有相应比例的持有经纪执业资格证书的人员，无经纪执业资格的人员不应独立从事经纪活动，房地产经纪执业人员不应同时在两个以上经纪组织从事同一行业的经纪业务。

第四条 房地产经纪人在经纪活动中应当提供客观、公正、准确、高效的服务，将定约和交易情况如实、及时告知委托人，妥善保管当事人交付的证件、保证金、预付款等。对当事人出示的相关证件要认真查验，对提供虚假证件的委托要坚决拒绝。按照交易双方委托人的要求保守秘密，不违反委托人的意愿擅自扣压相关房地产证件及资金。

第五条 房地产经纪人不应对委托人与被委托人提供的交易文件和凭证进行伪造、涂改。不应采取欺诈、胁迫、贿赂、恶意串通等手段损害当事人利益，不得违背委托人的意愿赚取差价，索取额外报酬，如实发布广告信息，对房源信息广告做到真实、可靠。

第六条 房地产经纪人或经纪组织在经纪活动中不应采取恶意降价或者变相恶意降价等手段恶意竞争，不应诋毁其他经纪人或经纪组织，不得采取不正当手段承揽业务，破坏行业信誉，损害同行利益和房地产经纪秩序，经纪执业人员因违反本条约并查实将被网上公示、定期通报。若因为上述行为及其他违法、违反行业规范的行为被原经纪组织除名的，二年内本市其他经纪组织不得重新录用。

第七条 房地产经纪人在经纪活动中，应使用南京市房产局、工商管理局联合监制的示范合同文本即《房地产买卖中介合同》、《房地产委托出售合同》。与当事人依法签订的《房地产买卖契约》居间方及执行该项经纪业务的经纪执业人员必须盖章签名。

第八条 房地产经纪组织和个体经纪人应当建立健全内部管理规章制度，严格管理所聘用的经纪执业人员，规范业务操作程序，将经纪的服务项目及佣金明码标价，收取佣金和费用应当向当事人开具发票，如实入账并依法缴纳税费，如实记录经纪业务情况，并按有关规定保存原始凭证、业务记录、账簿和经纪合同等资料。

第九条 房地产经纪组织应当公开企业投诉渠道，设专人负责投诉工作，与客户及时沟通，并建立用户回访制度。对属于企业的过错应及时纠正，对行政机关和协会转达的投诉，应当及时反馈核实情况和处理结果。在经纪活动中若存在违规操作，一经调查核实，经纪组织需对用户实行先行赔付。

第十条 南京房地产经纪人行业自律公约是本市房地产经纪行业行为准则。凡从事此行业的经纪组织都应当遵守，对违反条约的经纪组织和个人，经纪人专业委员会将通过行业内部通报、上网公示、媒体曝光等措施给予处罚。

第十一条 本条约的解释权归南京房产协会经纪人专业委员会。

二〇〇六年三月

附 6-7:《苏州市房地产经纪行业自律公约》

第一条 为促进本市房地产经纪行业健康有序发展，引导房地产经纪机构（以下简称经纪机构）、经纪人遵守《中国房地产经纪执业规则》（以下简称《执业规则》）之要求，保障房地产经纪活动和交易双方当事人的合法权益，制定本公约。

第二条 经纪机构应当依法登记注册，办理工商登记和经纪机构备案，并在核准的经营范围内开展经纪活动。按照《执业规则》要求，在其营业场所明示需要明示的事项，经纪机构从业人员在为客户提供经纪服务时，必须全程佩戴由房地产管理部门制发的“房地产经纪人明示牌”和经纪机构自行制作的“经纪服务人员工作牌”，接受行政机关、行业协会的管理和社会监督。

第三条 凡经营的经纪机构，应按规定落实经纪机构备案与分支机构备案制，备案及时、足量。

第四条 无经纪执业资格的人员不应独立从事经纪活动。各相关经纪机构按备案要求，必须有一定数量以上具备房地产经纪人资格的经纪业务人员，通过积极参加上级业务培训、资格认证和公司对聘用人员业务的培训，获取执业资格，提高业务素质。

第五条 经纪机构直营的连锁分支经营机构，应使用统一的品牌标识，门店设置、立面色彩一致，内部布局合理，张贴、公示统一，信息栏信息真实、规范、有序。

第六条 经纪机构应当坚持诚信为本、诚实经营原则。创建和谐经营氛围，积极参与行政主管部门、行业协会组织的创建活动，建立和完善创建行动纲领，调动企业员工的创建热情，通过坚实的工作，为苏州创建放心消费城市贡献力量。

第七条 以贯彻落实《执业规则》为契机，大力倡导规范房地产市场秩序之风，弘扬行业先锋之精神，为苏州实现"两个率先"服务。执业人员能以《执业规则》检点自身行为，经纪机构能以落实《执业规则》为动力，规范经营秩序，形成上下连动、机制协调、交易主体融洽、服务意识增强、管理要素到位、精神面貌振奋的市场环境。

第八条 拥护存量房买卖网上管理工作。全面落实《存量房买卖网上管理实施办法》(暂行)，维护存量房买卖网上管理的正常秩序，承诺不违反存量房买卖网上管理规程，明确实行存量房买卖网上管理是搭建规范、公平、安全、快捷交易平台的重大意义，积极参与、规范运行、互通信息、精心管理，使有效的管理为优质经营服务。

第九条 严格交易流程管理，落实居间服务责任。执业经纪人在持证上岗的同时，严格落实经纪人注册签章制度，做到规范使用，不外借、外租经纪人资格证件和注册章，在一个机构内执业。凡经经纪机构和经纪人居间的经纪业务，均需加盖经纪机构和经纪人签章，对交易全程负责。

第十条 执业经纪人在经纪活动中应提供客观、公正、准确、高效的服务。将订约机会和交易情况如实、及时报告委托人，妥善保管当事人交付的证件和资料等，对当事人出示相关的证件要认真查验，拒绝虚假委托，保守交易双方或委托人的秘密。

第十一条 遵守《执业规则》。不承接委托关系不存属的经纪业务；不违背市场准则竞相压价招揽经纪业务，破坏行业声誉，损害同行利益和房地产经纪秩序；不以非正当途径获取和掠夺他人机构信息资源；不乱收费、赚取差价或利用工作之便索取其他非正当利益和报酬；不做假评估、假协议、假交易赢得顾客的欢心而损害他人或国家的利益；不做虚假宣传或张贴违规广告；不恶意诋毁、损害行业其他成员和交易主体的声誉和利益；不采取欺诈、胁迫、贿赂、恶意串通等手段损害当事人的利益；不违背委托人意愿擅自扣押相关房地产证件、资料及资金。

第十二条 经纪机构和执业经纪人在经纪活动中，应使用经房产管理局制定的示范合同文本，即《存量房承购经纪委托协议》、《存量房出售经纪委托协议》、《存量房买卖契约》。与当事人依法签订的《存量房买卖契约》，居间方及执行该项经纪业务的经纪执业人员必须签名盖章，并如实填写接受委托的经纪服务事项，告知并督促客户对所签文本及时签章，规范签约备案行为。不使用已取缔的纸质文本草签交易要件，按操作流程和要求从事居间委托服务。

第十三条 经纪机构应建立健全财务制度。规范账务科目设置，收取佣金和费用应当向当事人开具发票，如实入账并依法缴纳税费。如实记录经纪业务情况，并按有关规定保存原始凭证、业务记录、账簿和经纪合同等档案资料。

第十四条 经纪机构应按法规和《执业规则》的要求，公开企业投诉渠道。建立客服部门，设专人负责受理投诉工作，与客户及时沟通，妥善处理诉求事宜，并建立客户回访制度。对属于企业的过错应及时纠正，对行政管理部门和行业协会转达的投诉，应当及时反馈核实情况和处理结果。

第十五条 凡在本市从事房地产经纪的机构和人员应当严格遵守国家、省、市有关房地产法律、法规及相关政策，维护房地产市场秩序。树立诚信经营、合法经营，规范经营理念，遵守公平竞争的市场规则，培植行业风尚，树立企业良好信誉和品牌形象。

第十六条 符合备案资格并经入网认证加入苏州市存量房买卖网上管理的经纪机构，按照网上管理办法的要求，承诺不接受非入网机构要求为其提供网上签约的便利，抵制违法、违规机构侵袭市场，扰乱市场秩序。

第十七条 《苏州市房地产经纪行业自律公约》是经纪机构与经纪人贯彻落实《执业规则》的行为准则，从事该行业的经纪机构及经纪人员都应严格遵守，自觉接受主管部门和行业协会的监督。

第十八条 强化自律与惩戒并重原则。对违反本公约的经纪机构和经纪人，市房地产行业协会中介专业委员会将会同行业行政主管部门对违法违规经纪机构和人员的违法违规事实进行核查，一经查证属实，将通过行业内部通报、网上公告、媒体曝光和依据法律法规建议行政主管部门进行行政和经济处罚。

第十九条 本公约的解释权在苏州市房地产行业协会中介专业委员会。

第二十条 本公约自发布之日起实行。

复习思考题

1. 简述我国房地产经纪制度的主要内容。
2. 什么是《房地产经纪管理办法》？简述其主要内容。

3. 为什么要颁布《房地产经纪管理办法》?
4. 什么是《中国房地产经纪执业规则》? 简述其主要内容。
5. 为什么要颁布《中国房地产经纪执业规则》?
6. 如何认识房地产经纪人员职业资格规定?
7. 房地产经纪人执业资格考试的报考条件是什么?
8. 简述房地产经纪人员职业资格注册条件。
9. 何谓房地产经纪行业自律?
10. 结合房地产经纪人从业区域的行业自律公约,谈谈对房地产经纪人自律必要性的认识。

第七章 海外房地产经纪人制度

学习要求

- 熟悉：美国房地产经纪人制度。
- 了解：日本、芬兰、比利时以及中国香港特区、中国台湾地区的房地产经纪人管理办法。

第一节 美国房地产经纪人制度

美国是世界经济强国，它的房地产业相当发达，房地产中介业也十分繁荣。据调查，美国房地产交易有百分之八十五是通过中介业服务交易而成，可见其人民对房地产中介业是十分信任的，究其原因，与美国独具特色的房地产经纪人制度是分不开的。

一、经纪人管理

美国早期的房地产交易主要由律师和公证人为买卖双方作见证，并处理产权转移等具体手续。后来，房地产经纪人在居间买卖中逐步熟悉这方面的业务，取代了律师和公证人，成为房地产交易的中坚力量，在房地产市场中担任着最重要的营销角色。

1. 经纪人组织

美国有两个全国性的经纪人组织。一个是全国房地产师协会，成立于1908

年，其会员为有执照的经纪人——房地产师。该协会的宗旨主要是促进协调、联络、沟通、交流、执业行为的约束与谋求福利、提高房地产经纪业从业人员的专业水平等。该协会所有的学会和社团提供许多教育和训练的课程，使房地产经纪业从业人员具有足够的专业知识和从业能力。

另一个协会是全国房地产经纪人协会，成立于1947年，最初主要从事黑人房地产经纪业务。其会员是有执照的销售人员——房地产士。该协会的宗旨在于增进同业联谊、沟通、协调、交流，提高从业人员水平和保护公众利益。

美国的房地产经纪人协会是私人发起的独立机构组织，分为三级协会。即全美房地产经纪人协会、州房地产经纪人协会和市房地产经纪人协会，三级协会之间是贯通上下的网络关系，而非领导和被领导关系。全美房地产经纪人协会像一个金字塔，下面有54家州协会，1200家地区（市）协会，是美国最大的行业协会，至2003年时，已有72万名会员。

据2007年新华社消息，由美国全国房地产经纪人协会统计的数据显示：由于1998年到2005年间，美国房地产经纪人的平均佣金增长了25.5%。丰厚的报酬吸引众多的人跻身该行业。截至2006年底，全美房地产经纪人队伍壮大到近140万人，比1997年的71.6万人几乎翻了一番。

2. 资质管理

美国有管理经纪人的专业机构。美国房地产经纪人管理采取执照制，通过规定核发经纪人执照所需符合的标准和资格来维持房地产经纪业一定的专业水准，从而保障买卖双方的权益。执行相关法律的权力机构是房地产委员会，它有权发给经纪人执照，执行房地产执照法并向领有执照的人员或社会大众提供有关房地产方面的资料和信息。其执法的方式有四种：一是核发执照；二是拒发执照；三是扣留执照；四是吊销执照。同时，该委员会也可以视案情的严重程度向法院提起诉讼。美国联邦政府充分授权州政府负责执行房地产经纪业执业人员的管理。因此，各州房地产委员会有极大权威性。

美国的房地产经纪机构从业人员有销售员和经纪人之分，他们都必须先经过执照考试，即通过笔试，考试合格取得执照后才能从业。1970年，美国创立了为各州广为应用的名为“房地产执照考试”的制度，这一标准统考针对两种人：一是销售员候选人，二是经纪人候选人。在取得执照的资格要求上，这两类人员有着明显的区别。

代表经纪人行事的人员称为销售员。销售员执照仅允准持有人协同经纪人提供经纪服务。佣金付给经纪人，经纪人再分配给销售员。因此，典型的经纪行有一个或若干个处于核心地位的经纪人以及一批既是雇员，更多情况下又是独立承包商的销售员。由此可见，在学历、业务、职业道德等方面，经纪人要比销售员严格得多。在美国，要想当经纪人必须先当销售员。通过考试，获得销售员资格，在经纪人的指导下实习，实际上是被某经纪行雇佣一段时间。一般要求做一定年限的销售员，再去上课，考试合格后，才能成为正式的经纪人。

美国对经纪人和销售员执照的核发有严格规定。两者都必须符合：年满18岁的自然人，具有诚实良好的名声，高中毕业，并受过专业知识训练，经考试合格后予以核发执照。一般参加销售员考试必须修完房地产原理，考试合格后，在会计、商业、公证制度、房地产专业法律、产业管理、房地产估价、房地产经纪人、房地产贷款、办公室行政管理、房地产实务等10门课中任选6门，在18个月内学完，并达到2门合格者，即可取得销售员执照；而房地产经纪人则要修完房地产实务、房地产法律规章、房地产财务、房地产估价、房地产会计等5门必修课，并在商业法律、产业管理、办公室行政管理、公证制度、高级房地产法律、高级房地产财务、高级房地产估价等几门课中任选3门，总共要修完与房地产有关的8门课程，才能取得经纪人执照，一般能通过考试的人大约只有20%。为了保证房地产经纪人的专业水准和服务质量，美国取得执照的经纪人每年还要参加考试，接受再教育，执照每四年申请重新换发。

但美国各州对销售员和经纪人的教育程度及实际工作经验年数的要求有很大的差异。从美国全国房地产执照法官员协会提供的各州对房地产经纪人核发执照要求的统计资料看：要求曾当过销售员的经验年数最多为5年，各州平均为1.86年；要求曾受过专业知识的教育训练时数，最多为720小时，各州平均为114小时。取得执照后，25个州有再接受专业教育的要求，另外25个州无此要求。考试是取得经纪人资格的必经之路。如新泽西州要通过75小时培训，再通过政府考试才能发执照。这个州一年要发9万个执照。

美国对经纪人的职业道德抓得很紧。因为房地产交易成功与否，与经纪人的素质与形象有密切关系。美国商业法典第10176项和10177项详列了有关房地产经纪人和销售员执照暂停或吊销的规定。经纪人如果违反职业道德，在中介活动中有不实的陈述、不实的广告、虚假的承诺、公私款项不分、欺诈、隐瞒利润等行为均要受到处罚。美国各个州的房地产委员会一般都设有调查机构，可以在任何时候到经纪人办公室检查他的业务记录，如发现问题便向房地产委员会报告，由该委员会决定是否向法院起诉。同时,美国各地都有专门的检查部门负责此类案件,接到控告后便去调查,问题严重的经纪人将被暂停或吊销执照。经纪人或销售员只要有一次因违反职业道德而被暂停或吊销执照的行为,就会被刊登在经纪人的广告刊物上。从此以后,他就别想再从事这一职业,也不会再有人委托他从事中介服务。这种严格的职业伦理规范要求经纪人的从业者必须加强自律,从而促进房地产业健康发展。

为了保证房地产经纪业的高效运作能力,有关执照法还规定对审批执照的机构进行严格的社会监督,防止审批发放执照的机构阻碍有能力的人成为经纪从业人员,或者允许无能之辈继续从事不动产经纪业。这一社会监督促进了社会更加优化地配置劳动力资源,提高再分配效率。此外,除了州执照法,美国还有《一般代理法规》、《契约法规》、《联邦法》及《专业伦理法则》,以规范房地产经纪人行为。

3. 过户公司的介入

美国房地产交易经常有过户公司的介入,一旦买卖成功,买主不是把房款直接交给经纪人或销售员,而把它交给过户公司,由过户公司对买卖契约各条款的履行情况进行核实,对房屋所有权是否转移给买主进行确认后,卖主才能得到房款。美国过户公司受州政府的认可和监督,可信度极高,只要有过户公司的介入,美国的房地产交易一般不会发生问题。

4. 设立房地产复原基金

美国许多州都设立房地产复原基金,是由领照人在申请注册时所缴纳的特别款费积累而成,该基金的设立是为了保证社会公民一旦因某一经纪人的不良行为而导致受损时,能得到复原基金的赔偿,以保护社会公民利益。

5. 信息管理

在美国,经纪人的信息管理非常科学,信息量非常丰富。可以说到处都有大量赠阅的各式各样包装精美的房地产信息杂志和报纸,只要想看,唾手可得。美国房地产交易的信息分两类:

(1) 经纪人信息。它是经纪人组织编写和发行的信息。所有卖房信息都通过经纪人协会传送,开发商和房主要卖房,经纪人得知某公司某人要卖房,所有这方面的信息都汇集于经纪人协会,人们也约定俗成,要卖房一般先找经纪人,信息都通过经纪人源源不断地传送给经纪人协会,协会汇总后出一本小册子,一般每两个星期出一本。若有人说，经纪人得到信息后，隐瞒和垄断怎么办？不必担心，协会有规定，凡是加入协会的，信息不得私有，必须报给协会，如果将信息垄断，一旦查出，协会就会将该经纪人开除。所以，经纪人不敢垄断信息，协会则不愁信息没有来源。

经纪人不仅提供信息，而且做业务总是先从协会小册子上获得卖房信息。该册子详细介绍所卖房屋的情况。其运转流程一般是：经纪人 A 采集信息后，通过协会的册子传导给经纪人 B、C、D、……经纪人 A、B、C、D、……之中有一人找到买主最终成交。协会规定，凡采用协会信息，不论以何种方式成交，均要向协会交纳信息费，从佣金中扣除。这样，经纪人手中有一本册子，就可以不间断地输送或获取信息，不间断地开展中介业务。

(2) 广告信息。与经纪人信息所不同的是，广告信息是通过新闻媒介发布，主要是卖房信息，还时常刊登经纪人广告，即承担该房屋交易经纪人的情况介绍，一般包括姓名、性别、年龄、毕业于哪所大学、从事房地产经纪人的资历，并用简短的语言表明该经纪人的业务特点。如一个经纪人在广告上称自己毕业于麻省理工学院，“优良的建筑学基础使他可以从普通住宅中寻找出动人之处”。还有一个经纪人称“无事不成！最佳委托人××，1992 年销售额第一！”。对卖出的房屋，经纪人都要用担保性语言介绍其特点，介绍它的动人之处，并愿意当该房屋的推销员，最后将经纪人的电话刊登在上面。可见这类广告是直接面对社会寻找买主的。有买卖意向的，通过广告信息，可以找到经纪人作代理，协助办理。

以上两种信息分别以不同的方式刊登房屋的价格（即卖房人愿意出售的价格，如果卖不出去下一期广告就要降价）、结构、环境、设施等，附上照片（多数是彩色照片），有的还附几张照片，有外景照片，还有内部房间照片，同时还刊登该房屋的税收情况。可以说，经纪人信息和广告信息的丰富多彩，是美国房地产市场完善和房地产流通繁荣的标志，也是美国房地产业发达的标志。

6. 收费标准

在美国，任何房地产经纪人交易机构不可强迫订立最小佣金比例，否则便违反了反托拉斯法的规定。一般来说，经纪人收费即佣金通常是按总售价的百分比确定，一般为 6%左右，如是租赁，则占 1 年租金的 6%左右。其具体标准随所销售的房地产种类而有所不同。单栋独立住宅的佣金通常为 3%～8%；大型商用房地产收取的佣金则比较低，为 3%～6%；未开发的土地，佣金则高达 6%～8%。

如果经纪人独立完成某一中介业务，其佣金扣除信息费和中介机构管理费后，其余部分归自己所有。如果是两个经纪人通过经纪人协会联手做，即经纪人A开发房源，由经纪人B销售掉，那么，A大约分配到40%左右的佣金，B大约分到50%左右的佣金，其余10%左右的佣金由中介机构获得。

在美国，经纪人属于白领阶层，房地产经纪人一年可拿佣金2.5万美元，有的高达几百万美元。那么，开发商或卖主为什么不自销房产而情愿付高额佣金委托经纪人呢？这是因为美国的房地产业已高度商品化，是通过市场来联结供需关系的，经纪人熟悉市场运作所必需的信息来源、营销手段、谈判技巧、法律保障、抵押贷款等基本条件，有经纪人参与其中就有利于搞活流通环节，促进生产环节，能给开发商带来更多的利润。对于买主来讲，由于不需付佣金，而且经纪人可代办一切手续，所以也愿意找经纪人进行交易。

二、经纪人运作

1. 美国房地产经纪人运作方式

美国房地产经纪人运作方式有以下六种：

(1) 独家销售。即经纪人独家销售其房屋，卖主不与其他经纪人联系，不论是谁卖掉，经纪人都拿佣金。

(2) 开放式销售。即卖主选择多家经纪人，给若干个经纪人一个平等竞争的机会，谁卖掉谁拿佣金。在这种契约的有效期内，业主仍可保留自己销售该房地产的权力，若自销成功则无需支付佣金给经纪人。

(3) 独家代理。即经纪人独家代理销售该房屋。在契约有效期内，若卖主自行找到买主，则不需付给经纪人佣金。

(4) 报底价销售。即卖主对其出卖的房屋标定底价，超底价(售价与原价之间的差价)部分作为佣金付给经纪人。这种做法实际上是违法的。美国法律规定，经纪人是卖房人的代表，理应为卖房人卖最好的价，而不应该有限制，所以法律不允许报底价销售，也不允许经纪人与卖房者对差价分成。但在实际运作时，这一方式还是存在的，不过经纪人必须将差价告知对方。

(5) 联网销售。为了使卖主能在短时期内将房屋出售掉，各种类型的房地产公司与多位经纪人联手，共同建立信息系统，组成联合销售服务，每一位成员均采用独家销售的方式。所谓联网销售，是将所有加入该组织的经纪人所签得的代售合同转给所有的会员，以提高市场流通率。如果由其他经纪人将此房卖掉，则原来的经纪人仍可获得部分佣金。

(6) 优先购买。即当经纪人与卖主签约后，若卖主欲以较低价售予他人时，必先通过经纪人，经纪人有优先购买权。

以上六种运作方式由卖主自行选择。一般来说，经纪人都希望以独家销售的方式为卖方服务。在美国这种方式是最常见的，也是用得最多的。

2. 美国房地产经纪人的运作程序

由于买卖和运作方式的不同，房地产经纪人的运作程序也有所区别，但是美国的房地产经纪人做中介业务一般要经过以下几道程序：

(1) 洽谈委托。在美国，如果有人要卖房，一般都通过经纪人协会介绍，卖主找几家经纪行(一般找 3 家)，请他们参加茶话会，分别听他们谈条件，介绍情况，从中选择一家，并签订房地产委托销售协议。

如果有人要换房(即卖旧房，买新房)，经纪人协会可以通过联销店为其联系新的住处，并为旧房联系新买主。

(2) 广告宣传。经纪人接受卖房委托后，要将房屋推销出去，首先要做广告，将房子推到市场上销售。经纪人要在刊物上刊登广告信息，与其他州的人互换房屋信息。广告除介绍房屋和承办经纪人的情况，还要说明卖主不做工(假日)的时间，以便让对方(买主)来看其房屋。卖房人与经纪人达成一致意见后，经纪人有权上门看房子，房主与经纪人约好在门前放一个方盒，内装房门钥匙，以便经纪人带买房人进屋看房，并介绍该房屋的基本情况。

(3) 检查房屋。找到买主后，经纪人要请一名工程师到现场检查，要从上到下一处处检查，如有无白蚂蚁、房屋结构和设备怎样、上下水系统和供电是否正常等，如果是新建房屋，则要检查工程质量等，若是抵押贷款买房，银行还要检查。

(4) 查阅资料。卖房时，经纪人要调阅大量资料，如土地、规划等方面的档案，产权方面的凭证，该房屋是否抵押过等。对买方，经纪人要审查其是否有支付能力，通过电脑查询买房人的收入情况以及税收、贷款等情况，买房人的收入可以支付多少利息、贷多少款等。

(5) 评估房价。美国房地产评估是由经过专门训练的估价师进行的。经纪人替卖主卖房，必须进行评估，经纪人与评估师的要求往往有差异，估价师评出的价格与经纪人在广告上打出的价格不同，经纪人一般要提高一个幅度，留一个空间，好与买房人讨价还价。银行、税务部门也需要以此评估作为贷款和收税的依据。

(6) 签订合同。买方看过房子，同意买房后，即与经纪人签订买房合同，经纪

人发统一的合同给买房者填写。合同的内容主要包括：

第一页是财务方面的事项，如价格、贷款等。

第二页主要讲房屋的名称、买房人有权对房屋进行调查。

第三页主要讲房屋的调查情况。

最后一页写法律上的要求，买卖双方代理人都要签字。

合同签订后，双方律师各检查 3 天。同时还规定在 6 天时间里，买卖双方可以提出停止交易，双方均不损失。这主要是考虑到房地产是一个复杂的商品，双方如果对某些问题未发现或考虑不成熟，仓促成交容易导致纠纷。6 天之内可以反悔，如果买卖双方都不反悔，从买方同意到最终成交一般需要 60～90 天的周期，如果是商业房地产交易则需要 6 个月至 2 年的周期。

(7) 产权转移。即订立买卖契据。美国实行契约登记生效制度，办理房地产产权转移由法院作证明(公证)。一般契据上面用文字介绍土地坐落地点、地上建筑物的描述、蓝图证明、让与者和受让者姓名地址、房屋价格，并由让与者书面保证无任何行为损害该房地产，以排除任何外人对该房地产有任何影响的合法权利。

至此买卖过程全部完成。

以上介绍的是存量房地产的交易，它离不开经纪人。在美国新建商品房的销售也要由经纪人操作，做法大同小异。开发商获得土地后，可以先做广告，介绍一次建多少幢什么样的房屋，也就是做市场，即根据市场需求，寻找买方。但是在建设过程中，当地政府要检查工程质量，质量合格才能交割。在美国，买卖存量和增量房地产都必须通过经纪人。开发商必须持有经纪人执照，才能自行销售。如果开发商自己不是经纪人，就必须委托经纪人(经纪行)办理。一般开发商不愿意自销，而是希望通过专门的经纪行，依靠他们销售力量强、客户多、成交快等优势，促进销售，而开发商只是专心致志搞开发生产。尤其是期房预售，必须通过经纪人办理，买房只付不超过房价 1%的定金，房子建好后，如果买方不满意，可以退房。可见，美国的商品房市场比较公平，它保护买卖双方的合法权益。

第二节　日本房地产经纪人制度

第二次世界大战后，日本大力发展工业，重整经济秩序，减少国防预算，使日本经济在短时间内迅速繁荣起来。在强劲的经济发展势头带动下，日本国内对房地产的需求也日益扩大，交易活跃，房地产中介业也因此兴起并发展起来。

一、经纪人管理

对于房地产经纪人的管理，日本采用的模式与美国类似，也是通过制定健全的立法来约束和规范房地产经纪人。房地产经纪人管理法规的核心也是在于“执照管理”。另外日本也比较重视并加强民间机构的功能。日本的房地产经纪业的组织主要有两个民间公会，一是房地产交易保证协会，另一个是房地产交易协会联合会。为确保业务的正常营运，日本的房地产经纪制度重视民间产业界的公众组织。在政府、民众各方的共同努力下，日本于 1980 年 11 月成立了“房地产流通近代化中心”，为房地产经纪业创造了更加健全的营业环境。

日本房地产经纪人制度中的专业人员称作“交易主任”。申请人须高中毕业，修满一定时数的专业课程，具有实践经验，通过资格考试才能取得“交易主任证”，该证的有效期为三年。日本规定，经纪人若只在一个地方县市内营业者须领有当地县市政府所核发的营业执照，同时在两个以上地方县市内营业则必须领有建设大臣核发的执照。未取得执照者，不得从事经纪业，亦不能以经营经纪业为目的来刊登广告等。日本 1952 年制定的《不动产交易业法》是日本规范房地产经纪人的主要法规，该法规就经纪人的设置、考试、资格认定及执照的核发、更新、取消等有详细规定，对营业保证金及房地产经纪人的业务内容、广告方式、交易类型、订金金额的限制、损害赔偿的预订等多个方面也做了具体规定。

与美国设置“复原基金”相同，日本设置了“营业保证金”，法律明确规定房地产交易人员必须将营业保证金寄到事务所附近的信托所，办妥信托储备金后，向建设部长或地方市政府首脑报告，才准予正式营业。

日本房地产经纪人的业务报酬，法律明确规定：在交易完成和契约订立之后，由经纪人向委托的一方或双方收取。一般来说，交易金额小于 200 万日元的，收费上限为 5%；200 万～400 万日元的，收费上限为 4%；400 万日元以上的，收费上限为 3%，而且规定租赁业务的报酬最高不超过 1 个月的租金。

日本政府非常重视对整个房地产经纪业的监督与引导，其方式有：(1) 指导与检查，要求经纪企业提供营业报告或随时检查其账簿及其他业务相关文件。(2) 取消许可及停止业务，举办公听会，一方面达到监督的效果，另一方面亦具有防止滥用行政权的作用。

二、日本中介业的组织形态

日本中介几乎全部以店头式的方式经营。其组织方式也分为三种形态：加盟连锁式、直营连锁式、加盟直营混合式。这三种组织与目前我国台湾地区的中介业组织形式相同，在经营方式上也大同小异（详见后“中国台湾地区房地产经纪人制度”）。

三、日本中介业的营业形态

日本中介业对消费者具有共同服务理念，也具有团结合作精神，在中介业的经营上有如下一些特点：

1. 成立“房地产流通促进协议会”

该会由合法成立的中介公司，及参加行业公会的会员公司联合组织而成。协会的宗旨与功能在于促进观念的沟通、协调、意见交流、物件（房地产买卖案件）交流，若经协议而达成共识后，再决议制定执行标准，然后交由各区域的公会，由公会会员按标准执行，而各区公会负监督执行之责。

2. 设立“电脑连线物件流通中心”

“不动产流通促进协议会”设有电脑物件流通中心，与各区公会所设的电脑流通中心相连接。各中介公司及分公司必须将客户委托的案件，输入该电脑流通系统，通过信息共享达成联卖，提高成交的效率。只要消费者要买房地产，无论走进哪家中介公司，若对该公司现有的物件不中意，就可通过该连线的电脑物件流通中心，找出中意的房地产，然后通过该公司的服务迅速购得中意的房地产。要卖房子无论委托哪家中介公司，亦可通过该公司连线的电脑物件流通中心，顺利地达成销售。

3. 交易契约标准化

由“房地产流通促进协议会”统一制定输入电脑的物件表格及销售传单，供消费者付订金时取得订金收据。该传单即成为附件之用，作为消费者购买的依据，其内容包括：

（1）传单上载明公司及分公司名称、电脑代号、物件代号，以利消费者查询。

（2）传单上盖有店长及承办人的私章，表示负责。

（3）传单上画有位置图，标示地点及该土地的用途；面积以平方米标示；附有建筑物平面图，标示间隔尺寸。

（4）传单标明附近公共设施，如车站、学校、公园、市场、政府机关的距离，及步行走到目的地的时间。

（5）有无管理费、停车位，费用多少，何时可迁入，水电、煤气使用的情形。

第三节　芬兰、比利时的房地产经纪人制度

在芬兰做房地产经纪人员不需要大学文凭但要通过考试和审批手续。参加考试需要满足一定的条件：年满 25 岁，诚实可靠，具丰富实践经验且无犯罪前科。只有满足这些条件的人才有资格报名参加全国统一专业考试，该考试一年两次，考试合格后，再向省一级政府申请，批准后就成为房地产经纪人。

芬兰的房地产经纪人一般隶属于某房地产公司，芬兰人普遍愿意通过经纪人进行房地产买卖。芬兰的房地产公司有极好的信誉，芬兰消费者协会、芬兰房地产经纪人联盟对房地产公司的经营管理进行监督，同时芬兰警方也对房地产公司进行抽查，如果发现经纪人在营销过程中做手脚或有违法行为，当地省政府有权吊销该经纪人及其公司的营业执照，停止其营业活动，并根据收入高低对经纪人进行处罚。

营业的房地产公司一般都加入房地产经纪人联盟，其中最普遍的是两人或几人组成的小公司。经纪人收取佣金一般是成交额的 2.5%～4%，房地产公司通常每月要做成 3～4 笔买卖才能赚钱。

比利时对房地产经纪人的学历没什么特别要求，对佣金的收取也无什么特殊规定。经纪人提供的服务包括：办理房地产的买卖、租赁、估价、鉴定、产权经营和管理、投资咨询、代办贷款、保险及房地产设计、建筑、翻修改造等。所以比利时的房地产经纪行业从业人员较多。但比利时的房地产经纪人从业时，一般都隶属某一公司，在 1999 年左右，中国大陆房地产经纪行业还在起步阶段的时候，比利时国内就有 8 500 家房地产经纪人公司，其中政府直接管理的有 1 300 家。

经纪人的佣金由卖方或出租方支付。若出售，经纪人可得售价 3%～5%的佣金；若出租，佣金则大致相当于租金的 10%～15%。除了这项收入，经纪人在中介活动进行过程中提供的其他服务也都收费，例如对所售房产进行粗略估价，则收相当于房地产售价 1%的估价费，再如代售房产建档、对租售房地产评估鉴定等都

要收取费用，另外还要加收租售价一定百分比的服务费。

由于公司规模的差别导致房地产经纪人收入的差别。大的房地产公司由于享有良好的信誉，拥有雄厚的资金，往往垄断了所有大宗交易，而一些小公司则业务稀少，必须兼职才能谋生。

第四节　中国香港特区房地产经纪人制度

一、香港房地产中介机构及中介业特点

香港人多地少，经济繁荣，房地产业十分发达，房地产中介业也非常兴旺。在香港随处可见房地产中介机构。据至2010年上半年的不完全统计，香港现有大约16 000个中介业从业人员，5 000家房地产中介机构。从总体上来说，这些机构可分为两类：一类是独立于发展商的房地产中介机构，如仲量行、中原地产和置业国际。这一类中介机构的主要特点是：

(1) 不涉及房地产开发业务和占有房地产。

(2) 与发展商是代理和委托代理的关系。

(3) 在董事会领导下开展经营，无直接的上级管理机构。

另一类是直属发展商的专业性中介机构，如会德丰属下夏利文地产代理有限公司，此类机构的主要特点是：

(1) 直接负责其上级发展商开发的各类物业的租赁代理及售后服务。

(2) 与上级发展商的关系是领导与被领导、上级和下级的关系，在上级发展商领导下开展工作。

(3) 承接开发其他房地产中介业务。

香港房地产中介代理如此活跃，与香港房地产中介业的特点是分不开的。香港房地产中介业具有如下一些特点：

(1) 具有弹性及适应性，经营手法灵活。房地产中介公司往往能随机应变，满足不同要求；同时能适应房地产市场的旺淡表现而迅速开业或结业。因为房地产中介业务投资少，在香港领取营业执照曾经相当简单方便，与其他行业没有区别，对房地产中介没有什么特殊要求。

(2) 佣金较低。香港物业代理的佣金较低，为2%左右。

（3）管理不严。香港特区与美国、日本一样是个自由经济社会，但在美、日，其政府对房地产中介代理的管理和监督是严格的。而在香港特区房地产中介代理一度相当自由，政府基本不干预，对房地产中介代理的管理则是通过房地产中介代理协会制定的行规加以约束。这种制度无疑对房地产中介业的发展起到积极的推进作用。

二、香港房地产中介业管理

由于香港政府对房地产中介业没有有效的监督机制，协会的行规约束又不得力，这就使香港房地产中介业从业人员良莠不齐，在中介代理中也就较容易出现各种各样的不当行为，使置业者在经济上受损。正因为如此，香港“立法局”（现香港特别行政区立法会）于 1993 年 6 月通过了一项协议，要求制定有关法规，通过发牌制度来监督、管理房地产中介业的运作。具体来说，有如下一些对策：

1. 建立发牌制度

所有房地产中介机构均须取得牌照方可营业，政府制定有关发牌条件，以使申请牌照的企业和个人具备一定的专业知识和工作经验，达到一定的服务水准。牌照的种类主要有：房地产中介代理牌照、公司牌照、营业员牌照。

（1）房地产中介代理牌照。房地产中介代理牌照对申请房地产中介代理的人士，要求达到政府所规定的最起码标准，如应具备有关政策、法规、专业知识，要有一定的服务水平及实践经验等。

（2）公司牌照。经营房地产中介代理的公司必须持有公司牌照。基本条件是：公司董事必须为合适人选，董事中有若干名持牌房地产中介代理，负责房地产中介代理业务的人士必须是持有房地产中介代理牌照的。

（3）营业员牌照。任何受雇于房地产中介代理机构担任房地产中介营业员的人士除非已持有房地产中介代理牌照，否则均须有房地产中介营业员牌照。营业员不能经营房地产中介代理业务，其雇主须对他的工作负责。营业员牌照是房地产中介代理机构从业人员最起码的从业条件。他必须掌握本行业的有关操守及营业守则。

此外，每个经营房地产中介代理业务的公司或部门，应由一名持牌房地产中介代理负责主管房地产中介代理业务。任何持牌房地产中介代理只能担任一个公司或部门的负责人。

通过发牌制度可以提高业内人士群体专业水平，保证基本的服务质量。

2. 建立监察机构

建立由专家、学者、社会人士为代表的监察机构，监察机构为财政自给的独立机构，将牌照费、罚款及杂项收费作为日常运作的经费。它由政府授权行使以下权力：

（1）制定有关发牌办法、经营准则。

（2）制定标准表格、文件，供房地产中介代理使用。

（3）对房地产中介代理进行监督，接受消费者对房地产中介代理的投诉，并组织调查。

（4）调解房地产中介代理人与委托人的纠纷，裁定合理的佣金及收费。

3. 签订书面代理合约

在香港，以往的中介代理关系常常以口头指示或口头协定为根据，这样较易引起争端，为此，房地产中介代理机构须事先与委托方签订书面代理合约。合约的主要内容一般包括：房地产中介代理的责任、议定的佣金或费用、合约的有效期、房地产代理是否同时担任第三者（买主或卖主）的代理（即是否是双重代理）、委托人责任（如买主不经过某房地产中介代理机构而又购买该代理机构所介绍的物业所需承担的责任）等等。

4. 提供资料及广告宣传

房地产中介代理有义务提供以下资料：权属及登记文件、物业的建筑面积、使用面积、允许用途、落成年份、权利及业主声明（说明他曾否未经任何许可进行了扩建、改建及新业主是否需要承担什么特定的费用，如公共建筑的改建或修建工程的摊派费或其他费用）等等。

此外，房地产中介代理机构在发布广告时，需在广告中说明房地产代理机构的认可名称、牌照号码及地址等。

三、香港房地产中介业运作模式及运作程序

1. 香港房地产中介业运作模式

香港房地产中介代理业有其自身的特点，其运作模式大体上可分为四种：

（1）以房地产投资决策服务为重点的顾问型专业性中介代理

此类中介代理机构以仲量行为代表，其主要特点是：①对房地产市场的研究

起点高、层次高、有深度,覆盖面广。如仲量行早在1999年左右,中国大陆房地产经纪行业还在起步阶段的时候,就在全球27个国家设有69个办事处,职员近4 000人,其中在亚洲的九个国家设有27个办事处,职员近1 000人。作为一家具有200多年历史(成立于1783年)的房地产中介代理机构,每到一个国家和地区从事房地产中介代理业务,其范围包括投资顾问、国际酒店、写字楼、商铺、工业楼宇租售代理、商场顾问、物业估价、物业管理、建筑管理、建筑及设计顾问、基金管理等等,首先从研究当地的房地产市场入手,对房地产市场有深入的研究后才决定是否在当地开展该项业务。目前,该公司已在北京、上海、广州设立分公司从事房地产中介代理业务。②代理楼宇着重于一手市场上大型的国际酒店、写字楼、商铺工业楼宇。③代理业务的范围广。仲量行1994年在全球管理的物业已达4 850个,估价总值1 610万元,租售面积4 750万平方尺(1平方尺=0.111 111平方米),成为一个跨国经营的房地产中介代理公司。

(2) 以租售代理为重点的实业型专业性中介代理

此类机构以中原地产代理有限公司为代表,其主要特点是:①以代理租售二手楼为主,一手市场和二手兼顾。例如,1995年第三季度,中原公司代理的整体楼市计21 151宗,市值4 850.31万元,其中一手市场楼宇6 742宗,市值1 488.13万元,分别占整体楼市宗数和市值的31.88%和30.68%;二手市场14 409宗,市值3 362.18万元,分别占整体楼市的68.12%和69.32%。由于主营业务目标明确,服务场所遍布全港,服务良好,公司的佣金收入目前已达每月4 000多万元,年收入达5亿多元。②以提供优质的物业代理服务为公司的最高目标和公司员工从业宗旨。为调动员工的积极性,公司规定员工收入与其代理业务业绩的好坏直接挂钩,并作为其职务晋升的主要条件。③在其内部管理上建立了有效的激励竞争机制、严格的职务晋升制度和收益分配制度。公司从营业员到董事总经理共设置了十二个级次,分别是:营业员、高级营业员、助理主任、主任、高级主任、助理经理、经理、高级营业经理、副董事、董事、执行董事、董事总经理。每一级次人员的底薪和提取佣金的比例不一样。由于公司员工的职务晋升60%要看其经营业绩,40%看其能力、威望、是否具备领导才能,这样员工在实际工作中都很积极。

(3) 全面发展的综合性房地产中介代理

此类机构以置业国际有限公司为代表。该公司成立于1986年,虽然起步晚一些,但其无论从内部管理、外部业务的拓展方面,还是从其发挥顾问咨询与实际代理业务开发方面来看,都已取得了显著的业绩。尤其在拓展内地房地产中介代理业务方面起步快,在广州及珠江三角洲地区取得了良好的业绩。

(4) 管理型房地产中介代理

此类机构以会德丰属下夏利文地产有限公司为代表，其主要特点是：①业务开展具有相对独立性，但要接受上级公司的管理。②其代理业务主要限于其直接的上级发展商推出的各类楼盘的租售及物业管理，适当兼营其他物业代理业务。③此类公司由于自始至终参与楼宇规划、建设、销售、管理的全过程，已积累比较丰富的经验，因此无论在销售或物业管理方面均有良好的社会信誉。

2. 香港房地产中介代理业的运作程序

香港房地产中介代理业的运作程序大致分为以下几个阶段：

(1) 受托。即经纪人接受委托，代理买方或卖方购买或出售物业。

(2) 寻找。即经纪人通过各种渠道协助买方或卖方选择合适对象。

(3) 商议。即经纪人接受有兴趣的买家咨询并引导其察看有关物业。同时协助买卖双方议定价格及其他条件，签订临时合约或意向书，交换代表律师姓名，买家交付临时定金。

(4) 审查。由卖方律师将有关物业的地契文件送交买方律师阅，确认卖方的产权清楚无误。买方查验有关物业，确保情况满意。

(5) 订约。即由经纪人联络双方律师，签订合约。通常是由卖主律师起草正式买卖合约，经买方律师审查后，买卖双方签妥正式合约，买方交付应付定金，确定成交日期及条件。

(6) 成交。买方付足余款，卖方将物业及有关地契资料按正式买卖合约交予买方，双方签署《产权转户契约》。

(7) 注册。产权转户后，由买方律师将有关产权转户契约在田土厅注册。

第五节　中国台湾地区房地产经纪人制度

台湾房地产经纪业发展时间相对较短，而且在其发展过程中主要是学习美国、日本的做法，因而，其经验、得失对刚起步的我国中介业具有很好的借鉴意义。下面就台湾房地产中介业的概况作一简单介绍。

一、台湾房地产中介业的历史沿革

台湾房地产中介业起始于 20 世纪 60 年代，随着经济的发展和土地等方面法规的健全，大致经历了如下 4 个阶段：

(1) 传统“掮客”阶段(1970 年以前)。在此期间，尚未出现专业的中介公司或专业经纪人，若有房屋出租或出售，多由业主自行张贴“吉屋出售(或出租)”的红纸条，或告之亲朋好友、左邻右舍。随后，虽也有从事兼职介绍的，主要是地方民意代表或“土地登记代书人”，且都以地产为主，较少涉及房产。

(2) “零星屋代销公司”阶段(1970—1985 年)。由于经济的发展以及房屋投资建造能力的提高，开始出现以房地产中介为专业的公司，一般以成屋及中古屋(零星住户)介绍为主。

“零星屋代销公司”主要分为两种：①普专式。所谓普专即普通专员，是一般经纪公司经纪人员的职称。普专公司人员编制庞大，流动率偏高，员工薪资有底薪保障，而且每月有固定业绩要求，员工须有固定上班时间且奖金较低。②高专式。高专即高级专员。高专公司员工无底薪保障也无业绩要求，没有固定上班时间，奖金比例较高，个人与公司基本为利润五五分成。它以单打独斗式的个人中介为主。

(3) “房屋中介公司”阶段(1985—1988 年)。此阶段出现了注册房地产中介公司，更多地引进美式、日式房地产中介的经营观念，建立庞大的行销网络，采取连锁加盟店的方式，投入巨资建立房地产中介电脑信息系统。

(4) “不动产贩卖公司”阶段(1988 年以后)。由于外汇管理的放开，外资集团以开发兼贩卖公司的形式进入，而本地多数有实力的房屋中介公司向房地产开发、销售、顾问公司的综合型发展，且形成成熟的制度，如保证金制、双轨经纪人、明卖制度等。此阶段，仍还存在零星屋代销公司，但不大不小的中型中介公司较难生存。

可见，台湾房地产中介业的发展，既有经营内容的扩充，又有公司组织的演变、整合。表 7-1 是对这个发展历程的描述。

表 7-1 台湾房地产中介业发展演变

项目 \ 序号	一	二	三	四
1. 发展阶段	1970 年前	1970—1985 年	1985—1988 年	1988 年后
2. 名称	传统“掮客”	零星屋代销公司	房屋中介公司	不动产贩卖公司
3. 经营内容	主要地产介绍	成屋、中古屋	房屋预售	开发、销售、顾问
4. 公司组织	兼职	高、普专式代销	专业、多元化经营	专业、多元化经营
5. 管理制度		利润中心制	连锁、加盟、网络管理	大型公司管理
6. 从业人员	地方民意代表、土地登记代书人	分区主管推销员为主	房地产、电脑等专业人士	工程、投资分析、房地产专业人士
7. 从业技巧		推销技巧	专业知识	专业综合知识

二、目前台湾中介业的组织形态

台湾房屋中介公司发展历史虽短，但在从业人员的共同努力下，经营业绩大幅提高。除了在公司的组织架构、服务品质上有所改进外，服务人员的素质及形象也有长足的进步。台湾房屋中介公司发展至今可将其组织形态分为如下四种。

1. 团体大型化组织形态(如图 7-1 所示)

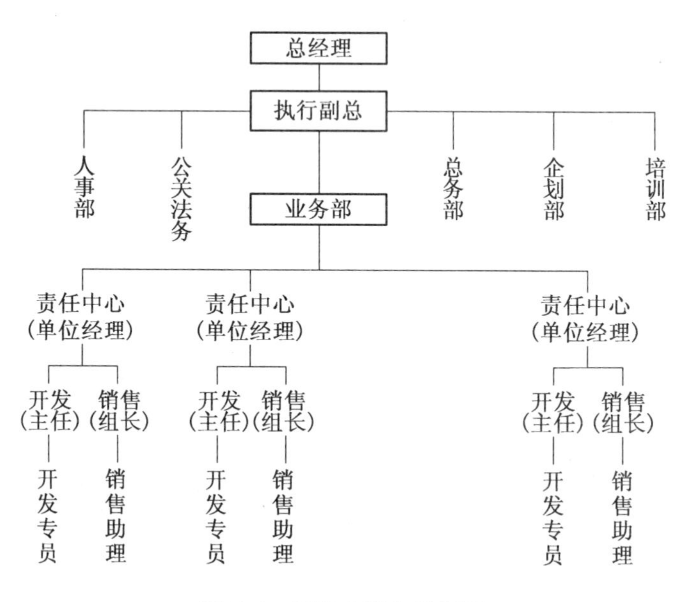

图 7-1　团体大型化组织图

(1) 办公场地。大部分设在办公大楼内一楼或两楼，占地面积约一百坪至三百坪(1 坪约等于 33 平方米)左右。装潢豪华，OA 办公设备，设有董事长室、总经理室、副总经理室及会议室、管理室，各单位办公室采用开放式不分隔。

(2) 人员组织。总经理、执行副总、单位经理、襄理、副理、主任、组长、开发专员、行销专员等。以单位作业，每单位约八至十二个人，约设有十单位至三十单位不等。

(3) 营运形态。由高级干部共同制定营运政策，总经理决定及统筹管理，交由副总执行。个案销售广告及交易处理，由各单位经理负责，并推广业务及单位管理。

(4) 运作方式。由单位经理轮流值班，早上集合运动、开早会，激励士气，宣布事项。会后再由单位经理分配工作，然后分别执行作业。采用责任中心制，由单位经理负责单位的营运及损益。

(5) 工资奖金。开发与行销人员均采用底薪加奖金制，有责任业绩。为激励士气，常举办团体旅游、聚餐、出国旅游等。

2. 直营连锁化组织形态(如图 7-2 所示)

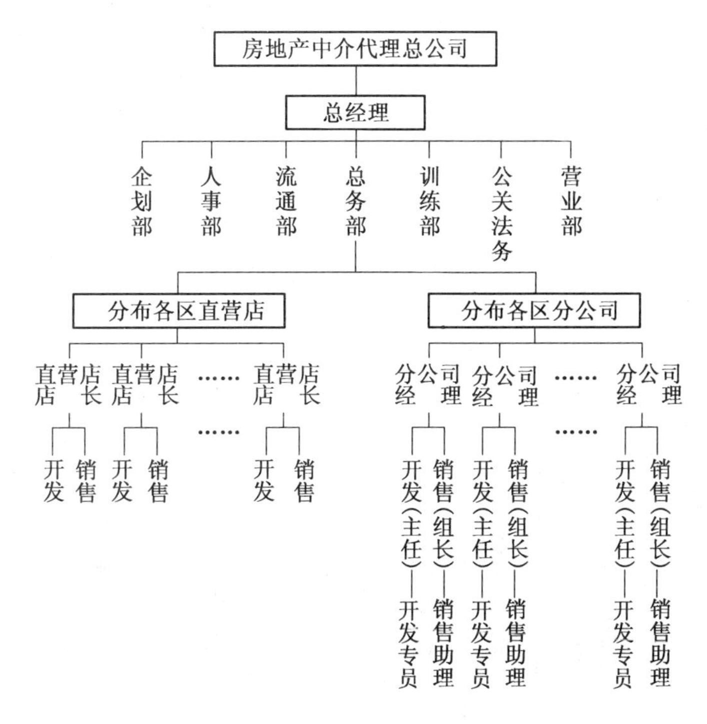

图 7-2 直营连锁化组织图

(1) 办公场地。设有总公司、直营店或分公司。这些办公场地多设在全省各个区域人口密集、人流量大的路口，门面用透明玻璃，OA 办公设备，装潢豪华，统一招牌。一楼对外营业及接待用，二楼办公或会议用，三楼为人员训练及活动用。

(2) 人员组织。高层主管在总公司，直营店或分公司设店长、副店长、经纪人(开发人员)、销售人员，每店约十至二十名不等。

(3) 营运形态。业务政策、教育训练、公关、企划、研究、广告、促销由总公司统一规划制订，直营店负责该店营运及业务推展与执行、开发案源、销售、客户服务。

(4) 运作方式。采用人性化管理，店长或分公司经理参与总公司营运计划，然后直营店长或公司经理按计划执行，且负责该店或分公司的损益。总公司采用电脑连线物件交流作业。

3. 加盟式组织形态(如图 7-3 所示)

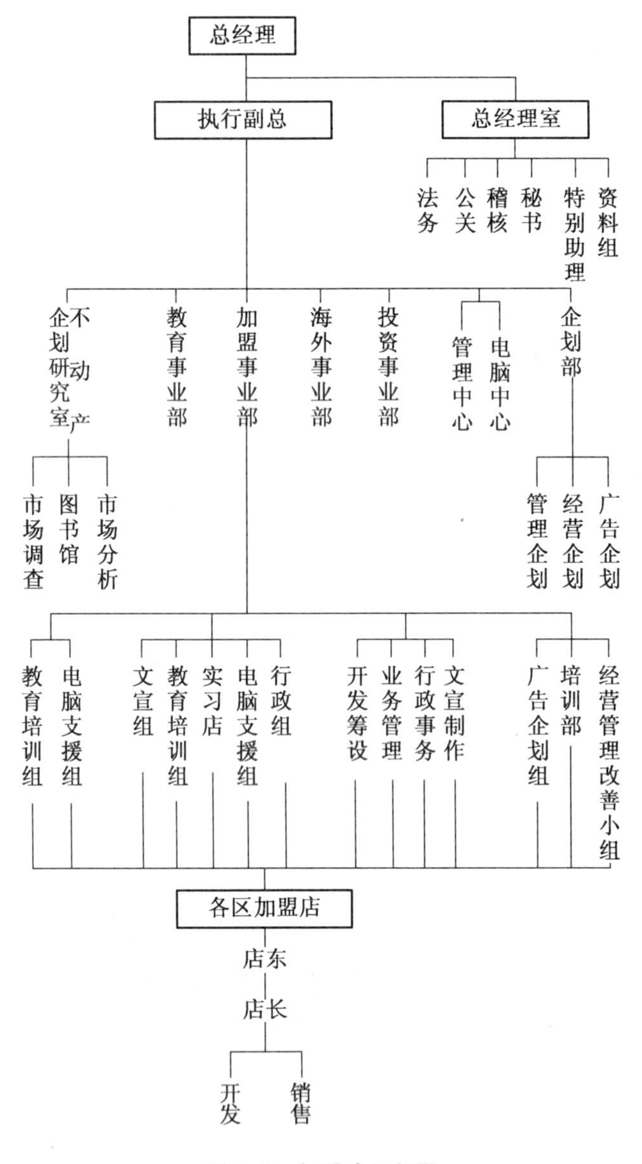

图 7-3 加盟式组织图

(1) 办公场地。设一处加盟店管理总部,广招各区域人才加盟,设立加盟店。加盟店大多开设在人口集中的社区的大路边,设备使用与直营店相同。招牌统一,采用 CIS 识别系统。

(2) 人员组织。有店东、店长、店助、主任、会计、开发、销售,共计十至二十名不等。

（3）营运形态。管理总部负责人员培训、公关、企划、研究、广告、促销等软件的提供与经营辅导，各加盟店采用电脑连线买卖物件交流，实行联卖制度。

（4）运作方式。各加盟店属独立经营单位，自行负责经营管理。管理总部负责软件的提供与辅导，加盟店需付权利金、保证金及每月辅导费用；共同广告由各加盟店分担付费。除总公司辅导外，平时由店东或店长执行业务拓展、开发、销售服务业务。

4. 半直营细胞分裂连锁化组织形态

此类组织形态是采用直营与加盟方式混合而成的一种半直营方式。在办公场地、人员组织、运营形态、运作方式上，采用直营与加盟两种方式的折中，与直营、加盟方式大约相同。不同部分如下：

（1）“细胞分裂”与“企业内人员创业”相同，指甄选公司或与公司有关之优秀人才，经审核通过后辅导开店创业。

（2）公司提供百分之五十的创业股份资金，其余百分之五十的资金由创业人员自行负担，共同开店创业。店东与公司共创利润并分享盈余。

公司提供原有的软件设备与辅导，其余营运作业与加盟方式相同；公司与半直营店之关系，与加盟方式之双方的权利、义务相同。

三、台湾中介业服务的内容

由于中介业竞争激烈，各中介公司为迎合消费者的需求，不断增加服务项目，并以公平、公开、公正、透明化的服务取得消费者的信赖。目前中介服务分买方与卖方，其内容项目大致如下：

1. 对买方的服务内容

（1）提供市场分析，充当投资置业顾问。

（2）提供所需房地产销售物件供其选择。

（3）帮助买主对房地产进行估价。

（4）帮助买主弄清房屋的产权问题。

（5）提供资金运用与计划的资料。

（6）提供购买房地产有关税费与知识的介绍。

(7) 组织房屋物件展示与促销活动。

(8) 带领买主现场看屋。

(9) 代办银行贷款。

(10) 提供房屋整修服务。

(11) 提供搬家服务。

(12) 提供换屋计划服务。

(13) 售后服务。

2. 对卖方的服务内容

(1) 接受卖方委托销售房地产。

(2) 提供市场调查与分析咨询。

(3) 提供销售房屋及税费须知。

(4) 销售前房屋的检修。

(5) 估价与鉴价服务。

(6) 代替客户广告、促销与销售。

(7) 提供由签订买卖契约至收完价金的一系列服务。

(8) 提供换屋计划与安排。

(9) 提供搬家服务。

(10) 售后服务。

四、台湾经纪人运作方式与销售佣金

台湾中介业在经纪运作方面,中介公司与顾客以签订的契约为依据建立委托代理关系,并依契约的有关条款开展业务。契约的形式有两种,一为专任委托契约,即卖方仅授权一家中介公司独家代售其物业;另一为一般委托契约,即卖方可同时委托多家中介公司代为销售其物业。一般,中介公司都希望与卖方签订专任委托契约,以更好地保障自己的权益。

目前,台湾的房地产经纪人在销售佣金的收取上有以下几种方式:

(1) 固定费率,不赚超价。如太平洋房屋,佣金费率为成交价的4%。

(2) 固定费率,赚取超价。超价部分由卖方与经纪人平分,固定费率为2%～3%。

(3) 不付佣金,完全赚取超价。

（4）固定费率，且经纪人赚取全部超价。

下表为台湾部分房地产中介公司收取销售佣金的情况。

表 7-2　台湾部分房地产中介公司收取销售佣金的情况

公司名称	佣金费率收取标准
鸿来建设	总价 200 万元以下固定收取 10 万元； 总价 200 万元以上固定收取总价的 5%
中信房屋	总价 100 万元以下固定收取 4 万元； 总价 100 万元以上固定收取总价的 4%
住商加盟店 王格房屋	总价 100 万元以下固定收取 4 万元； 总价 100 万元以上，买方收取 4%，卖方收取 1%； 总价 1 000 万元以上，酌情减收佣金费率，卖方至少收取 3%
巨东建设	佣金费率以 5%为标准，高总价物件酌情减收
太平洋房屋	佣金费率以 4%为标准
台湾房屋	佣金费率以 4%为标准
信义房屋	佣金费率以 4%为标准

五、台湾对房地产经纪行业的管理

台湾重视对房地产中介行业的管理，在 1984 年 3 月正式决定将房地产中介业务归由地政司负责主管。地政司于 1988 年 3 月首次提出“房地产中介管理条例草案”，旨在规范房地产中介行为。该草案经过专案小组的反复讨论，目前已获得一致的意见。其内容主要包括：

（1）中介业须设置营业保证金，并经主管机关的许可方可设立。

（2）中介人员包括中介经理及中介教导员二级，必须通过学历、经历与讲习测验取得执照后可执业。

（3）中介服务费用的收取方式意见分歧，但不得赚取差价已成共识。

至于其他有关中介执业规范及惩处，尚未深入讨论获得结论。

除了设立专门的管理机构对中介行业进行管理之外，在 1988 年 5 月，台北中介业同业公会也正式成立，旨在加强对同业的约束和管理，使房地产经纪活动逐步走向正轨。

复习思考题

1. 简述美国房地产经纪制度的特点。

2. 美国房地产经纪人运作方式有哪些?
3. 美国房地产经纪人运作程序及主要内容是什么?
4. 简述日本房地产经纪制度的特点。
5. 中国香港特区房地产经纪人管理的特点是什么?
6. 中国台湾地区房地产经纪人管理的特点是什么?

附录A　中华人民共和国劳动合同法

第一章　总　则

第一条　为了完善劳动合同制度，明确劳动合同双方当事人的权利和义务，保护劳动者的合法权益，构建和发展和谐稳定的劳动关系，制定本法。

第二条　中华人民共和国境内的企业、个体经济组织、民办非企业单位等组织（以下称用人单位）与劳动者建立劳动关系，订立、履行、变更、解除或者终止劳动合同，适用本法。

国家机关、事业单位、社会团体和与其建立劳动关系的劳动者，订立、履行、变更、解除或者终止劳动合同，依照本法执行。

第三条　订立劳动合同，应当遵循合法、公平、平等自愿、协商一致、诚实信用的原则。

依法订立的劳动合同具有约束力，用人单位与劳动者应当履行劳动合同约定的义务。

第四条　用人单位应当依法建立和完善劳动规章制度，保障劳动者享有劳动权利、履行劳动义务。

用人单位在制定、修改或者决定有关劳动报酬、工作时间、休息休假、劳动安全卫生、保险福利、职工培训、劳动纪律以及劳动定额管理等直接涉及劳动者切身利益的规章制度或者重大事项时，应当经职工代表大会或者全体职工讨论，提出方案和意见，与工会或者职工代表平等协商确定。

在规章制度和重大事项决定实施过程中，工会或者职工认为不适当的，有权向用人单位提出，通过协商予以修改完善。

用人单位应当将直接涉及劳动者切身利益的规章制度和重大事项决定公示，或者告知劳动者。

第五条　县级以上人民政府劳动行政部门会同工会和企业方面代表，建立健全协调劳动关系三方机制，共同研究解决有关劳动关系的重大问题。

第六条　工会应当帮助、指导劳动者与用人单位依法订立和履行劳动合同，并与用人单位建立集体协商机制，维护劳动者的合法权益。

第二章　劳动合同的订立

第七条　用人单位自用工之日起即与劳动者建立劳动关系。用人单位应当建立职工名册备查。

第八条　用人单位招用劳动者时，应当如实告知劳动者工作内容、工作条件、工作地点、职业危害、安全生产状况、劳动报酬，以及劳动者要求了解的其他情况；用人单位有权了解劳动者与劳动合同直接相关的基本情况，劳动者应当如实说明。

第九条　用人单位招用劳动者，不得扣押劳动者的居民身份证和其他证件，不得要求劳动者提供担保或者以其他名义向劳动者收取财物。

第十条　建立劳动关系，应当订立书面劳动合同。

已建立劳动关系，未同时订立书面劳动合同的，应当自用工之日起一个月内订立书面劳动合同。

用人单位与劳动者在用工前订立劳动合同的，劳动关系自用工之日起建立。

第十一条　用人单位未在用工的同时订立书面劳动合同，与劳动者约定的劳动报酬不明确的，新招用的劳动者的劳动报酬按照集体合同规定的标准执行；没有集体合同或者集体合同未规定的，实行同工同酬。

第十二条　劳动合同分为固定期限劳动合同、无固定期限劳动合同和以完成一定工作任务为期限的劳动合同。

第十三条　固定期限劳动合同，是指用人单位与劳动者约定合同终止时间的劳动合同。

用人单位与劳动者协商一致，可以订立固定期限劳动合同。

第十四条　无固定期限劳动合同，是指用人单位与劳动者约定无确定终止时间的劳动合同。

用人单位与劳动者协商一致，可以订立无固定期限劳动合同。有下列情形之一，劳动者提出或者同意续订、订立劳动合同的，除劳动者提出订立固定期限劳动合同外，应当订立无固定期限劳动合同：

（一）劳动者在该用人单位连续工作满十年的；

（二）用人单位初次实行劳动合同制度或者国有企业改制重新订立劳动合同时，劳动者在该用人单位连续工作满十年且距法定退休年龄不足十年的；

（三）连续订立二次固定期限劳动合同，且劳动者没有本法第三十九条和第四十条第一项、第二项规定的情形，续订劳动合同的。

用人单位自用工之日起满一年不与劳动者订立书面劳动合同的，视为用人单位与劳动者已订立无固定期限劳动合同。

第十五条　以完成一定工作任务为期限的劳动合同，是指用人单位与劳动者约定以某项工作的完成为合同期限的劳动合同。

用人单位与劳动者协商一致，可以订立以完成一定工作任务为期限的劳动合同。

第十六条　劳动合同由用人单位与劳动者协商一致，并经用人单位与劳动者在劳动合同文本上签字或者盖章生效。

劳动合同文本由用人单位和劳动者各执一份。

第十七条　劳动合同应当具备以下条款：

（一）用人单位的名称、住所和法定代表人或者主要负责人；

（二）劳动者的姓名、住址和居民身份证或者其他有效身份证件号码；

（三）劳动合同期限；

（四）工作内容和工作地点；

（五）工作时间和休息休假；

（六）劳动报酬；

（七）社会保险；

（八）劳动保护、劳动条件和职业危害防护；

（九）法律、法规规定应当纳入劳动合同的其他事项。

劳动合同除前款规定的必备条款外，用人单位与劳动者可以约定试用期、培训、保守秘密、补充保险和福利待遇等其他事项。

第十八条　劳动合同对劳动报酬和劳动条件等标准约定不明确，引发争议的，用人单位与劳动者可以重新协商；协商不成的，适用集体合同规定；没有集体合同或者集体合同未规定劳动报酬的，实行同工同酬；没有集体合同或者集体合同未规定劳动条件等标准的，适用国家有关规定。

第十九条　劳动合同期限三个月以上不满一年的，试用期不得超过一个月；劳动合同期限一年以上不满三年的，试用期不得超过二个月；三年以上固定期限和无固定期限的劳动合同，试用期不得超过六个月。

同一用人单位与同一劳动者只能约定一次试用期。

以完成一定工作任务为期限的劳动合同或者劳动合同期限不满三个月的，不得约定试用期。

试用期包含在劳动合同期限内。劳动合同仅约定试用期的，试用期不成立，该期限为劳动合同期限。

第二十条　劳动者在试用期的工资不得低于本单位相同岗位最低档工资或者劳动合同约定工资的百分之八十，并不得低于用人单位所在地的最低工资标准。

第二十一条　在试用期中，除劳动者有本法第三十九条和第四十条第一项、第二项规定的情形外，用人单位不得解除劳动合同。用人单位在试用期解除劳动合同的，应当向劳动者说明理由。

第二十二条　用人单位为劳动者提供专项培训费用，对其进行专业技术培训的，可以与该劳动者订立协议，约定服务期。

劳动者违反服务期约定的，应当按照约定向用人单位支付违约金。违约金的数额不得超过用人单位提供的培训费用。用人单位要求劳动者支付的违约金不得超过服务期尚未履行部分所应分摊的培训费用。

用人单位与劳动者约定服务期的，不影响按照正常的工资调整机制提高劳动者在服务期期间的劳动报酬。

第二十三条　用人单位与劳动者可以在劳动合同中约定保守用人单位的商业秘密和与知识产权相关的保密事项。

对负有保密义务的劳动者，用人单位可以在劳动合同或者保密协议中与劳动者约定竞业限制条款，并约定在解除或者终止劳动合同后，在竞业限制期限内按月给予劳动者经济补偿。劳动者违反竞业限制约定的，应当按照约定向用人单位支付违约金。

第二十四条　竞业限制的人员限于用人单位的高级管理人员、高级技术人员和其他负有保密义务的人员。竞业限制的范围、地域、期限由用人单位与劳动者约定，

竞业限制的约定不得违反法律、法规的规定。

在解除或者终止劳动合同后，前款规定的人员到与本单位生产或者经营同类产品、从事同类业务的有竞争关系的其他用人单位，或者自己开业生产或者经营同类产品、从事同类业务的竞业限制期限，不得超过二年。

第二十五条　除本法第二十二条和第二十三条规定的情形外，用人单位不得与劳动者约定由劳动者承担违约金。

第二十六条　下列劳动合同无效或者部分无效：

（一）以欺诈、胁迫的手段或者乘人之危，使对方在违背真实意思的情况下订立或者变更劳动合同的；

（二）用人单位免除自己的法定责任、排除劳动者权利的；

（三）违反法律、行政法规强制性规定的。

对劳动合同的无效或者部分无效有争议的，由劳动争议仲裁机构或者人民法院确认。

第二十七条　劳动合同部分无效，不影响其他部分效力的，其他部分仍然有效。

第二十八条　劳动合同被确认无效，劳动者已付出劳动的，用人单位应当向劳动者支付劳动报酬。劳动报酬的数额，参照本单位相同或者相近岗位劳动者的劳动报酬确定。

第三章　劳动合同的履行和变更

第二十九条　用人单位与劳动者应当按照劳动合同的约定，全面履行各自的义务。

第三十条　用人单位应当按照劳动合同约定和国家规定，向劳动者及时足额支付劳动报酬。

用人单位拖欠或者未足额支付劳动报酬的，劳动者可以依法向当地人民法院申请支付令，人民法院应当依法发出支付令。

第三十一条　用人单位应当严格执行劳动定额标准，不得强迫或者变相强迫劳动者加班。用人单位安排加班的，应当按照国家有关规定向劳动者支付加班费。

第三十二条　劳动者拒绝用人单位管理人员违章指挥、强令冒险作业的，不视为违反劳动合同。

劳动者对危害生命安全和身体健康的劳动条件，有权对用人单位提出批评、检举和控告。

第三十三条　用人单位变更名称、法定代表人、主要负责人或者投资人等事项，不影响劳动合同的履行。

第三十四条　用人单位发生合并或者分立等情况，原劳动合同继续有效，劳动合同由承继其权利和义务的用人单位继续履行。

第三十五条　用人单位与劳动者协商一致，可以变更劳动合同约定的内容。变更劳动合同，应当采用书面形式。

变更后的劳动合同文本由用人单位和劳动者各执一份。

第四章　劳动合同的解除和终止

第三十六条　用人单位与劳动者协商一致，可以解除劳动合同。

第三十七条　劳动者提前三十日以书面形式通知用人单位，可以解除劳动合同。劳动者在试用期内提前三日通知用人单位，可以解除劳动合同。

第三十八条　用人单位有下列情形之一的，劳动者可以解除劳动合同：

（一）未按照劳动合同约定提供劳动保护或者劳动条件的；

（二）未及时足额支付劳动报酬的；

（三）未依法为劳动者缴纳社会保险费的；

（四）用人单位的规章制度违反法律、法规的规定，损害劳动者权益的；

（五）因本法第二十六条第一款规定的情形致使劳动合同无效的；

（六）法律、行政法规规定劳动者可以解除劳动合同的其他情形。

用人单位以暴力、威胁或者非法限制人身自由的手段强迫劳动者劳动的，或者用人单位违章指挥、强令冒险作业危及劳动者人身安全的，劳动者可以立即解除劳动合同，不需事先告知用人单位。

第三十九条　劳动者有下列情形之一的，用人单位可以解除劳动合同：

（一）在试用期间被证明不符合录用条件的；

（二）严重违反用人单位的规章制度的；

（三）严重失职，营私舞弊，给用人单位造成重大损害的；

（四）劳动者同时与其他用人单位建立劳动关系，对完成本单位的工作任务造成严重影响，或者经用人单位提出，拒不改正的；

（五）因本法第二十六条第一款第一项规定的情形致使劳动合同无效的；

（六）被依法追究刑事责任的。

第四十条　有下列情形之一的，用人单位提前三十日以书面形式通知劳动者本人或者额外支付劳动者一个月工资后，可以解除劳动合同：

（一）劳动者患病或者非因工负伤，在规定的医疗期满后不能从事原工作，也不能从事由用人单位另行安排的工作的；

（二）劳动者不能胜任工作，经过培训或者调整工作岗位，仍不能胜任工作的；

（三）劳动合同订立时所依据的客观情况发生重大变化，致使劳动合同无法履行，经用人单位与劳动者协商，未能就变更劳动合同内容达成协议的。

第四十一条　有下列情形之一，需要裁减人员二十人以上或者裁减不足二十人但占企业职工总数百分之十以上的，用人单位提前三十日向工会或者全体职工说明情况，听取工会或者职工的意见后，裁减人员方案经向劳动行政部门报告，可以裁减人员：

（一）依照企业破产法规定进行重整的；

（二）生产经营发生严重困难的；

（三）企业转产、重大技术革新或者经营方式调整，经变更劳动合同后，仍需裁减人员的；

（四）其他因劳动合同订立时所依据的客观经济情况发生重大变化，致使劳动合同无法履行的。

裁减人员时，应当优先留用下列人员：

（一）与本单位订立较长期限的固定期限劳动合同的；

（二）与本单位订立无固定期限劳动合同的；

（三）家庭无其他就业人员，有需要扶养的老人或者未成年人的。

用人单位依照本条第一款规定裁减人员，在六个月内重新招用人员的，应当通知被裁减的人员，并在同等条件下优先招用被裁减的人员。

第四十二条　劳动者有下列情形之一的，用人单位不得依照本法第四十条、第四十一条的规定解除劳动合同：

（一）从事接触职业病危害作业的劳动者未进行离岗前职业健康检查，或者疑似职业病病人在诊断或者医学观察期间的；

（二）在本单位患职业病或者因工负伤并被确认丧失或者部分丧失劳动能力的；

（三）患病或者非因工负伤，在规定的医疗期内的；

（四）女职工在孕期、产期、哺乳期的；

（五）在本单位连续工作满十五年，且距法定退休年龄不足五年的；

（六）法律、行政法规规定的其他情形。

第四十三条　用人单位单方解除劳动合同，应当事先将理由通知工会。用人单位违反法律、行政法规规定或者劳动合同约定的，工会有权要求用人单位纠正。用人单位应当研究工会的意见，并将处理结果书面通知工会。

第四十四条　有下列情形之一的，劳动合同终止：

（一）劳动合同期满的；

（二）劳动者开始依法享受基本养老保险待遇的；

（三）劳动者死亡，或者被人民法院宣告死亡或者宣告失踪的；

（四）用人单位被依法宣告破产的；

（五）用人单位被吊销营业执照、责令关闭、撤销或者用人单位决定提前解散的；

（六）法律、行政法规规定的其他情形。

第四十五条　劳动合同期满，有本法第四十二条规定情形之一的，劳动合同应当续延至相应的情形消失时终止。但是，本法第四十二条第二项规定丧失或者部分丧失劳动能力劳动者的劳动合同的终止，按照国家有关工伤保险的规定执行。

第四十六条　有下列情形之一的，用人单位应当向劳动者支付经济补偿：

（一）劳动者依照本法第三十八条规定解除劳动合同的；

（二）用人单位依照本法第三十六条规定向劳动者提出解除劳动合同并与劳动者协商一致解除劳动合同的；

（三）用人单位依照本法第四十条规定解除劳动合同的；

（四）用人单位依照本法第四十一条第一款规定解除劳动合同的；

（五）除用人单位维持或者提高劳动合同约定条件续订劳动合同，劳动者不同意续订的情形外，依照本法第四十四条第一项规定终止固定期限劳动合同的；

（六）依照本法第四十四条第四项、第五项规定终止劳动合同的；

（七）法律、行政法规规定的其他情形。

第四十七条　经济补偿按劳动者在本单位工作的年限，每满一年支付一个月工资的标准向劳动者支付。六个月以上不满一年的，按一年计算；不满六个月的，向劳动者支付半个月工资的经济补偿。

劳动者月工资高于用人单位所在直辖市、设区的市级人民政府公布的本地区上年度职工月平均工资三倍的，向其支付经济补偿的标准按职工月平均工资三倍的数额支付，向其支付经济补偿的年限最高不超过十二年。

本条所称月工资是指劳动者在劳动合同解除或者终止前十二个月的平均工资。

第四十八条　用人单位违反本法规定解除或者终止劳动合同，劳动者要求继续履行劳动合同的，用人单位应当继续履行；劳动者不要求继续履行劳动合同或者劳动合同已经不能继续履行的，用人单位应当依照本法第八十七条规定支付赔偿金。

第四十九条　国家采取措施，建立健全劳动者社会保险关系跨地区转移接续制度。

第五十条　用人单位应当在解除或者终止劳动合同时出具解除或者终止劳动合同的证明，并在十五日内为劳动者办理档案和社会保险关系转移手续。

劳动者应当按照双方约定，办理工作交接。用人单位依照本法有关规定应当向劳动者支付经济补偿的，在办结工作交接时支付。

用人单位对已经解除或者终止的劳动合同的文本，至少保存二年备查。

第五章　特别规定

第一节　集体合同

第五十一条　企业职工一方与用人单位通过平等协商，可以就劳动报酬、工作时间、休息休假、劳动安全卫生、保险福利等事项订立集体合同。集体合同草案应当提交职工代表大会或者全体职工讨论通过。

集体合同由工会代表企业职工一方与用人单位订立；尚未建立工会的用人单位，由上级工会指导劳动者推举的代表与用人单位订立。

第五十二条　企业职工一方与用人单位可以订立劳动安全卫生、女职工权益保护、工资调整机制等专项集体合同。

第五十三条　在县级以下区域内，建筑业、采矿业、餐饮服务业等行业可以由工会与企业方面代表订立行业性集体合同，或者订立区域性集体合同。

第五十四条　集体合同订立后，应当报送劳动行政部门；劳动行政部门自收到集体合同文本之日起十五日内未提出异议的，集体合同即行生效。

依法订立的集体合同对用人单位和劳动者具有约束力。行业性、区域性集体合同对当地本行业、本区域的用人单位和劳动者具有约束力。

第五十五条　集体合同中劳动报酬和劳动条件等标准不得低于当地人民政府规定的最低标准；用人单位与劳动者订立的劳动合同中劳动报酬和劳动条件等标准不得低于集体合同规定的标准。

第五十六条　用人单位违反集体合同，侵犯职工劳动权益的，工会可以依法要求用人单位承担责任；因履行集体合同发生争议，经协商解决不成的，工会可以依法申请仲裁、提起诉讼。

第二节　劳务派遣

第五十七条　劳务派遣单位应当依照公司法的有关规定设立，注册资本不得少于五十万元。

第五十八条　劳务派遣单位是本法所称用人单位，应当履行用人单位对劳动者的义务。劳务派遣单位与被派遣劳动者订立的劳动合同，除应当载明本法第十七条规定的事项外，还应当载明被派遣劳动者的用工单位以及派遣期限、工作岗位等情况。

劳务派遣单位应当与被派遣劳动者订立二年以上的固定期限劳动合同，按月支付劳动报酬；被派遣劳动者在无工作期间，劳务派遣单位应当按照所在地人民政府规定的最低工资标准，向其按月支付报酬。

第五十九条　劳务派遣单位派遣劳动者应当与接受以劳务派遣形式用工的单位（以下称用工单位）订立劳务派遣协议。劳务派遣协议应当约定派遣岗位和人员数量、派遣期限、劳动报酬和社会保险费的数额与支付方式以及违反协议的责任。

用工单位应当根据工作岗位的实际需要与劳务派遣单位确定派遣期限，不得将连续用工期限分割订立数个短期劳务派遣协议。

第六十条　劳务派遣单位应当将劳务派遣协议的内容告知被派遣劳动者。

劳务派遣单位不得克扣用工单位按照劳务派遣协议支付给被派遣劳动者的劳动报酬。

劳务派遣单位和用工单位不得向被派遣劳动者收取费用。

第六十一条　劳务派遣单位跨地区派遣劳动者的，被派遣劳动者享有的劳动报酬和劳动条件，按照用工单位所在地的标准执行。

第六十二条　用工单位应当履行下列义务：

（一）执行国家劳动标准，提供相应的劳动条件和劳动保护；

（二）告知被派遣劳动者的工作要求和劳动报酬；

（三）支付加班费、绩效奖金，提供与工作岗位相关的福利待遇；

（四）对在岗被派遣劳动者进行工作岗位所必需的培训；

（五）连续用工的，实行正常的工资调整机制。

用工单位不得将被派遣劳动者再派遣到其他用人单位。

第六十三条　被派遣劳动者享有与用工单位的劳动者同工同酬的权利。用工单位无同类岗位劳动者的，参照用工单位所在地相同或者相近岗位劳动者的劳动报酬确定。

第六十四条　被派遣劳动者有权在劳务派遣单位或者用工单位依法参加或者组织工会，维护自身的合法权益。

第六十五条　被派遣劳动者可以依照本法第三十六条、第三十八条的规定与劳务派遣单位解除劳动合同。

被派遣劳动者有本法第三十九条和第四十条第一项、第二项规定情形的，用工单位可以将劳动者退回劳务派遣单位，劳务派遣单位依照本法有关规定，可以与劳动者解除劳动合同。

第六十六条　劳务派遣一般在临时性、辅助性或者替代性的工作岗位上实施。

第六十七条　用人单位不得设立劳务派遣单位向本单位或者所属单位派遣劳动者。

第三节　非全日制用工

第六十八条　非全日制用工，是指以小时计酬为主，劳动者在同一用人单位一般平均每日工作时间不超过四小时，每周工作时间累计不超过二十四小时的用工形式。

第六十九条　非全日制用工双方当事人可以订立口头协议。

从事非全日制用工的劳动者可以与一个或者一个以上用人单位订立劳动合同；但是，后订立的劳动合同不得影响先订立的劳动合同的履行。

第七十条　非全日制用工双方当事人不得约定试用期。

第七十一条　非全日制用工双方当事人任何一方都可以随时通知对方终止用工。终止用工，用人单位不向劳动者支付经济补偿。

第七十二条　非全日制用工小时计酬标准不得低于用人单位所在地人民政府规定的最低小时工资标准。

非全日制用工劳动报酬结算支付周期最长不得超过十五日。

第六章　监督检查

第七十三条　国务院劳动行政部门负责全国劳动合同制度实施的监督管理。

县级以上地方人民政府劳动行政部门负责本行政区域内劳动合同制度实施的监督管理。

县级以上各级人民政府劳动行政部门在劳动合同制度实施的监督管理工作中，应当听取工会、企业方面代表以及有关行业主管部门的意见。

第七十四条　县级以上地方人民政府劳动行政部门依法对下列实施劳动合同制度的情况进行监督检查：

（一）用人单位制定直接涉及劳动者切身利益的规章制度及其执行的情况；

（二）用人单位与劳动者订立和解除劳动合同的情况；

（三）劳务派遣单位和用工单位遵守劳务派遣有关规定的情况；

（四）用人单位遵守国家关于劳动者工作时间和休息休假规定的情况；

（五）用人单位支付劳动合同约定的劳动报酬和执行最低工资标准的情况；

（六）用人单位参加各项社会保险和缴纳社会保险费的情况；

（七）法律、法规规定的其他劳动监察事项。

第七十五条　县级以上地方人民政府劳动行政部门实施监督检查时，有权查阅与劳动合同、集体合同有关的材料，有权对劳动场所进行实地检查，用人单位和劳动者都应当如实提供有关情况和材料。

劳动行政部门的工作人员进行监督检查，应当出示证件，依法行使职权，文明执法。

第七十六条 县级以上人民政府建设、卫生、安全生产监督管理等有关主管部门在各自职责范围内，对用人单位执行劳动合同制度的情况进行监督管理。

第七十七条 劳动者合法权益受到侵害的，有权要求有关部门依法处理，或者依法申请仲裁、提起诉讼。

第七十八条 工会依法维护劳动者的合法权益，对用人单位履行劳动合同、集体合同的情况进行监督。用人单位违反劳动法律、法规和劳动合同、集体合同的，工会有权提出意见或者要求纠正；劳动者申请仲裁、提起诉讼的，工会依法给予支持和帮助。

第七十九条 任何组织或者个人对违反本法的行为都有权举报，县级以上人民政府劳动行政部门应当及时核实、处理，并对举报有功人员给予奖励。

第七章 法律责任

第八十条 用人单位直接涉及劳动者切身利益的规章制度违反法律、法规规定的，由劳动行政部门责令改正，给予警告；给劳动者造成损害的，应当承担赔偿责任。

第八十一条 用人单位提供的劳动合同文本未载明本法规定的劳动合同必备条款或者用人单位未将劳动合同文本交付劳动者的，由劳动行政部门责令改正；给劳动者造成损害的，应当承担赔偿责任。

第八十二条 用人单位自用工之日起超过一个月不满一年未与劳动者订立书面劳动合同的，应当向劳动者每月支付二倍的工资。

用人单位违反本法规定不与劳动者订立无固定期限劳动合同的，自应当订立无固定期限劳动合同之日起向劳动者每月支付二倍的工资。

第八十三条 用人单位违反本法规定与劳动者约定试用期的，由劳动行政部门责令改正；违法约定的试用期已经履行的，由用人单位以劳动者试用期满月工资为标准，按已经履行的超过法定试用期的期间向劳动者支付赔偿金。

第八十四条 用人单位违反本法规定，扣押劳动者居民身份证等证件的，由劳动行政部门责令限期退还劳动者本人，并依照有关法律规定给予处罚。

用人单位违反本法规定，以担保或者其他名义向劳动者收取财物的，由劳动行政部门责令限期退还劳动者本人，并以每人五百元以上二千元以下的标准处以罚款；给劳动者造成损害的，应当承担赔偿责任。

劳动者依法解除或者终止劳动合同，用人单位扣押劳动者档案或者其他物品的，依照前款规定处罚。

第八十五条 用人单位有下列情形之一的，由劳动行政部门责令限期支付劳动报酬、加班费或者经济补偿；劳动报酬低于当地最低工资标准的，应当支付其差额部分；逾期不支付的，责令用人单位按应付金额百分之五十以上百分之一百以下的标准向劳动者加付赔偿金：

（一）未按照劳动合同的约定或者国家规定及时足额支付劳动者劳动报酬的；

（二）低于当地最低工资标准支付劳动者工资的；

（三）安排加班不支付加班费的；

（四）解除或者终止劳动合同，未依照本法规定向劳动者支付经济补偿的。

第八十六条　劳动合同依照本法第二十六条规定被确认无效，给对方造成损害的，有过错的一方应当承担赔偿责任。

第八十七条　用人单位违反本法规定解除或者终止劳动合同的，应当依照本法第四十七条规定的经济补偿标准的二倍向劳动者支付赔偿金。

第八十八条　用人单位有下列情形之一的，依法给予行政处罚；构成犯罪的，依法追究刑事责任；给劳动者造成损害的，应当承担赔偿责任：

（一）以暴力、威胁或者非法限制人身自由的手段强迫劳动的；

（二）违章指挥或者强令冒险作业危及劳动者人身安全的；

（三）侮辱、体罚、殴打、非法搜查或者拘禁劳动者的；

（四）劳动条件恶劣、环境污染严重，给劳动者身心健康造成严重损害的。

第八十九条　用人单位违反本法规定未向劳动者出具解除或者终止劳动合同的书面证明，由劳动行政部门责令改正；给劳动者造成损害的，应当承担赔偿责任。

第九十条　劳动者违反本法规定解除劳动合同，或者违反劳动合同中约定的保密义务或者竞业限制，给用人单位造成损失的，应当承担赔偿责任。

第九十一条　用人单位招用与其他用人单位尚未解除或者终止劳动合同的劳动者，给其他用人单位造成损失的，应当承担连带赔偿责任。

第九十二条　劳务派遣单位违反本法规定的，由劳动行政部门和其他有关主管部门责令改正；情节严重的，以每人一千元以上五千元以下的标准处以罚款，并由工商行政管理部门吊销营业执照；给被派遣劳动者造成损害的，劳务派遣单位与用工单位承担连带赔偿责任。

第九十三条　对不具备合法经营资格的用人单位的违法犯罪行为，依法追究法律责任；劳动者已经付出劳动的，该单位或者其出资人应当依照本法有关规定向劳动者支付劳动报酬、经济补偿、赔偿金；给劳动者造成损害的，应当承担赔偿责任。

第九十四条　个人承包经营违反本法规定招用劳动者，给劳动者造成损害的，发包的组织与个人承包经营者承担连带赔偿责任。

第九十五条　劳动行政部门和其他有关主管部门及其工作人员玩忽职守、不履行法定职责，或者违法行使职权，给劳动者或者用人单位造成损害的，应当承担赔偿责任；对直接负责的主管人员和其他直接责任人员，依法给予行政处分；构成犯罪的，依法追究刑事责任。

第八章　附　则

第九十六条　事业单位与实行聘用制的工作人员订立、履行、变更、解除或者终止劳动合同，法律、行政法规或者国务院另有规定的，依照其规定；未作规定的，依照本法有关规定执行。

第九十七条　本法施行前已依法订立且在本法施行之日存续的劳动合同，继续履行；本法第十四条第二款第三项规定连续订立固定期限劳动合同的次数，自本法施行后续订固定期限劳动合同时开始计算。

本法施行前已建立劳动关系，尚未订立书面劳动合同的，应当自本法施行之日起一个月内订立。

本法施行之日存续的劳动合同在本法施行后解除或者终止，依照本法第四十六条规定应当支付经济补偿的，经济补偿年限自本法施行之日起计算；本法施行前按照当时有关规定，用人单位应当向劳动者支付经济补偿的，按照当时有关规定执行。

第九十八条　本法自2008年1月1日起施行。

附录B　中华人民共和国物权法

第一编　总　则

第一章　基本原则

第一条　为了维护国家基本经济制度，维护社会主义市场经济秩序，明确物的归属，发挥物的效用，保护权利人的物权，根据宪法，制定本法。

第二条　因物的归属和利用而产生的民事关系，适用本法。

本法所称物，包括不动产和动产。法律规定权利作为物权客体的，依照其规定。

本法所称物权，是指权利人依法对特定的物享有直接支配和排他的权利，包括所有权、用益物权和担保物权。

第三条　国家在社会主义初级阶段，坚持公有制为主体、多种所有制经济共同发展的基本经济制度。

国家巩固和发展公有制经济，鼓励、支持和引导非公有制经济的发展。

国家实行社会主义市场经济，保障一切市场主体的平等法律地位和发展权利。

第四条　国家、集体、私人的物权和其他权利人的物权受法律保护，任何单位和个人不得侵犯。

第五条　物权的种类和内容，由法律规定。

第六条　不动产物权的设立、变更、转让和消灭，应当依照法律规定登记。动产物权的设立和转让，应当依照法律规定交付。

第七条　物权的取得和行使，应当遵守法律，尊重社会公德，不得损害公共利益和他人合法权益。

第八条　其他相关法律对物权另有特别规定的，依照其规定。

第二章　物权的设立、变更、转让和消灭

第一节　不动产登记

第九条　不动产物权的设立、变更、转让和消灭，经依法登记，发生效力；未经登记，不发生效力，但法律另有规定的除外。

依法属于国家所有的自然资源，所有权可以不登记。

第十条　不动产登记，由不动产所在地的登记机构办理。

国家对不动产实行统一登记制度。统一登记的范围、登记机构和登记办法，由法律、行政法规规定。

第十一条　当事人申请登记，应当根据不同登记事项提供权属证明和不动产界址、面积等必要材料。

第十二条　登记机构应当履行下列职责：

（一）查验申请人提供的权属证明和其他必要材料；

（二）就有关登记事项询问申请人；

（三）如实、及时登记有关事项；

（四）法律、行政法规规定的其他职责。

申请登记的不动产的有关情况需要进一步证明的，登记机构可以要求申请人补充材料，必要时可以实地查看。

第十三条　登记机构不得有下列行为：

（一）要求对不动产进行评估；

（二）以年检等名义进行重复登记；

（三）超出登记职责范围的其他行为。

第十四条　不动产物权的设立、变更、转让和消灭，依照法律规定应当登记的，自记载于不动产登记簿时发生效力。

第十五条　当事人之间订立有关设立、变更、转让和消灭不动产物权的合同，除法律另有规定或者合同另有约定外，自合同成立时生效；未办理物权登记的，不影响合同效力。

第十六条　不动产登记簿是物权归属和内容的根据。不动产登记簿由登记机构管理。

第十七条　不动产权属证书是权利人享有该不动产物权的证明。不动产权属证书记载的事项，应当与不动产登记簿一致；记载不一致的，除有证据证明不动产登记簿确有错误外，以不动产登记簿为准。

第十八条　权利人、利害关系人可以申请查询、复制登记资料，登记机构应当提供。

第十九条　权利人、利害关系人认为不动产登记簿记载的事项错误的，可以申请更正登记。不动产登记簿记载的权利人书面同意更正或者有证据证明登记确有错误的，登记机构应当予以更正。

不动产登记簿记载的权利人不同意更正的，利害关系人可以申请异议登记。登记机构予以异议登记的，申请人在异议登记之日起十五日内不起诉，异议登记失效。异议登记不当，造成权利人损害的，权利人可以向申请人请求损害赔偿。

第二十条　当事人签订买卖房屋或者其他不动产物权的协议，为保障将来实现物权，按照约定可以向登记机构申请预告登记。预告登记后，未经预告登记的权利人同意，处分该不动产的，不发生物权效力。

预告登记后，债权消灭或者自能够进行不动产登记之日起三个月内未申请登记的，预告登记失效。

第二十一条　当事人提供虚假材料申请登记，给他人造成损害的，应当承担赔偿责任。

因登记错误，给他人造成损害的，登记机构应当承担赔偿责任。登记机构赔偿后，可以向造成登记错误的人追偿。

第二十二条　不动产登记费按件收取，不得按照不动产的面积、体积或者价款的比例收取。具体收费标准由国务院有关部门会同价格主管部门规定。

第二节　动产交付

第二十三条　动产物权的设立和转让，自交付时发生效力，但法律另有规定的除外。

第二十四条　船舶、航空器和机动车等物权的设立、变更、转让和消灭，未经登记，不得对抗善意第三人。

第二十五条　动产物权设立和转让前，权利人已经依法占有该动产的，物权自法律行为生效时发生效力。

第二十六条　动产物权设立和转让前，第三人依法占有该动产的，负有交付义务的人可以通过转让请求第三人返还原物的权利代替交付。

第二十七条　动产物权转让时，双方又约定由出让人继续占有该动产的，物权自该约定生效时发生效力。

第三节　其他规定

第二十八条　因人民法院、仲裁委员会的法律文书或者人民政府的征收决定等，导致物权设立、变更、转让或者消灭的，自法律文书或者人民政府的征收决定等生效时发生效力。

第二十九条　因继承或者受遗赠取得物权的，自继承或者受遗赠开始时发生效力。

第三十条　因合法建造、拆除房屋等事实行为设立或者消灭物权的，自事实行为成就时发生效力。

第三十一条　依照本法第二十八条至第三十条规定享有不动产物权的，处分该物权时，依照法律规定需要办理登记的，未经登记，不发生物权效力。

第三章　物权的保护

第三十二条　物权受到侵害的，权利人可以通过和解、调解、仲裁、诉讼等途径解决。

第三十三条　因物权的归属、内容发生争议的，利害关系人可以请求确认权利。

第三十四条　无权占有不动产或者动产的，权利人可以请求返还原物。

第三十五条　妨害物权或者可能妨害物权的，权利人可以请求排除妨害或者消除危险。

第三十六条　造成不动产或者动产毁损的，权利人可以请求修理、重作、更换或者恢复原状。

第三十七条　侵害物权，造成权利人损害的，权利人可以请求损害赔偿，也可以请求承担其他民事责任。

第三十八条　本章规定的物权保护方式，可以单独适用，也可以根据权利被侵害的情形合并适用。

侵害物权，除承担民事责任外，违反行政管理规定的，依法承担行政责任；构成犯罪的，依法追究刑事责任。

第二编 所有权

第四章 一般规定

第三十九条 所有权人对自己的不动产或者动产，依法享有占有、使用、收益和处分的权利。

第四十条 所有权人有权在自己的不动产或者动产上设立用益物权和担保物权。用益物权人、担保物权人行使权利，不得损害所有权人的权益。

第四十一条 法律规定专属于国家所有的不动产和动产，任何单位和个人不能取得所有权。

第四十二条 为了公共利益的需要，依照法律规定的权限和程序可以征收集体所有的土地和单位、个人的房屋及其他不动产。

征收集体所有的土地，应当依法足额支付土地补偿费、安置补助费、地上附着物和青苗的补偿费等费用，安排被征地农民的社会保障费用，保障被征地农民的生活，维护被征地农民的合法权益。

征收单位、个人的房屋及其他不动产，应当依法给予拆迁补偿，维护被征收人的合法权益；征收个人住宅的，还应当保障被征收人的居住条件。

任何单位和个人不得贪污、挪用、私分、截留、拖欠征收补偿费等费用。

第四十三条 国家对耕地实行特殊保护，严格限制农用地转为建设用地，控制建设用地总量。不得违反法律规定的权限和程序征收集体所有的土地。

第四十四条 因抢险、救灾等紧急需要，依照法律规定的权限和程序可以征用单位、个人的不动产或者动产。被征用的不动产或者动产使用后，应当返还被征用人。单位、个人的不动产或者动产被征用或者征用后毁损、灭失的，应当给予补偿。

第五章 国家所有权和集体所有权、私人所有权

第四十五条 法律规定属于国家所有的财产，属于国家所有即全民所有。

国有财产由国务院代表国家行使所有权；法律另有规定的，依照其规定。

第四十六条 矿藏、水流、海域属于国家所有。

第四十七条 城市的土地，属于国家所有。法律规定属于国家所有的农村和城市郊区的土地，属于国家所有。

第四十八条 森林、山岭、草原、荒地、滩涂等自然资源，属于国家所有，但法律规定属于集体所有的除外。

第四十九条 法律规定属于国家所有的野生动植物资源，属于国家所有。

第五十条 无线电频谱资源属于国家所有。

第五十一条 法律规定属于国家所有的文物，属于国家所有。

第五十二条 国防资产属于国家所有。

铁路、公路、电力设施、电信设施和油气管道等基础设施，依照法律规定为国家所有的，属于国家所有。

第五十三条　国家机关对其直接支配的不动产和动产，享有占有、使用以及依照法律和国务院的有关规定处分的权利。

第五十四条　国家举办的事业单位对其直接支配的不动产和动产，享有占有、使用以及依照法律和国务院的有关规定收益、处分的权利。

第五十五条　国家出资的企业，由国务院、地方人民政府依照法律、行政法规规定分别代表国家履行出资人职责，享有出资人权益。

第五十六条　国家所有的财产受法律保护，禁止任何单位和个人侵占、哄抢、私分、截留、破坏。

第五十七条　履行国有财产管理、监督职责的机构及其工作人员，应当依法加强对国有财产的管理、监督，促进国有财产保值增值，防止国有财产损失；滥用职权，玩忽职守，造成国有财产损失的，应当依法承担法律责任。

违反国有财产管理规定，在企业改制、合并分立、关联交易等过程中，低价转让、合谋私分、擅自担保或者以其他方式造成国有财产损失的，应当依法承担法律责任。

第五十八条　集体所有的不动产和动产包括：

（一）法律规定属于集体所有的土地和森林、山岭、草原、荒地、滩涂；

（二）集体所有的建筑物、生产设施、农田水利设施；

（三）集体所有的教育、科学、文化、卫生、体育等设施；

（四）集体所有的其他不动产和动产。

第五十九条　农民集体所有的不动产和动产，属于本集体成员集体所有。

下列事项应当依照法定程序经本集体成员决定：

（一）土地承包方案以及将土地发包给本集体以外的单位或者个人承包；

（二）个别土地承包经营权人之间承包地的调整；

（三）土地补偿费等费用的使用、分配办法；

（四）集体出资的企业的所有权变动等事项；

（五）法律规定的其他事项。

第六十条　对于集体所有的土地和森林、山岭、草原、荒地、滩涂等，依照下列规定行使所有权：

（一）属于村农民集体所有的，由村集体经济组织或者村民委员会代表集体行使所有权；

（二）分别属于村内两个以上农民集体所有的，由村内各该集体经济组织或者村民小组代表集体行使所有权；

（三）属于乡镇农民集体所有的，由乡镇集体经济组织代表集体行使所有权。

第六十一条　城镇集体所有的不动产和动产，依照法律、行政法规的规定由本集体享有占有、使用、收益和处分的权利。

第六十二条　集体经济组织或者村民委员会、村民小组应当依照法律、行政法规以及章程、村规民约向本集体成员公布集体财产的状况。

第六十三条　集体所有的财产受法律保护，禁止任何单位和个人侵占、哄抢、私分、破坏。

集体经济组织、村民委员会或者其负责人作出的决定侵害集体成员合法权益的，受侵害的集体成员可以请求人民法院予以撤销。

第六十四条　私人对其合法的收入、房屋、生活用品、生产工具、原材料等不动产和动产享有所有权。

第六十五条　私人合法的储蓄、投资及其收益受法律保护。

国家依照法律规定保护私人的继承权及其他合法权益。

第六十六条　私人的合法财产受法律保护，禁止任何单位和个人侵占、哄抢、破坏。

第六十七条　国家、集体和私人依法可以出资设立有限责任公司、股份有限公司或者其他企业。国家、集体和私人所有的不动产或者动产，投到企业的，由出资人按照约定或者出资比例享有资产收益、重大决策以及选择经营管理者等权利并履行义务。

第六十八条　企业法人对其不动产和动产依照法律、行政法规以及章程享有占有、使用、收益和处分的权利。

企业法人以外的法人，对其不动产和动产的权利，适用有关法律、行政法规以及章程的规定。

第六十九条　社会团体依法所有的不动产和动产，受法律保护。

第六章　业主的建筑物区分所有权

第七十条　业主对建筑物内的住宅、经营性用房等专有部分享有所有权，对专有部分以外的共有部分享有共有和共同管理的权利。

第七十一条　业主对其建筑物专有部分享有占有、使用、收益和处分的权利。业主行使权利不得危及建筑物的安全，不得损害其他业主的合法权益。

第七十二条　业主对建筑物专有部分以外的共有部分，享有权利，承担义务；不得以放弃权利不履行义务。

业主转让建筑物内的住宅、经营性用房，其对共有部分享有的共有和共同管理的权利一并转让。

第七十三条　建筑区划内的道路，属于业主共有，但属于城镇公共道路的除外。建筑区划内的绿地，属于业主共有，但属于城镇公共绿地或者明示属于个人的除外。建筑区划内的其他公共场所、公用设施和物业服务用房，属于业主共有。

第七十四条　建筑区划内，规划用于停放汽车的车位、车库应当首先满足业主的需要。

建筑区划内，规划用于停放汽车的车位、车库的归属，由当事人通过出售、附赠或者出租等方式约定。

占用业主共有的道路或者其他场地用于停放汽车的车位，属于业主共有。

第七十五条　业主可以设立业主大会，选举业主委员会。

地方人民政府有关部门应当对设立业主大会和选举业主委员会给予指导和协助。

第七十六条　下列事项由业主共同决定：

（一）制定和修改业主大会议事规则；

（二）制定和修改建筑物及其附属设施的管理规约；

（三）选举业主委员会或者更换业主委员会成员；

（四）选聘和解聘物业服务企业或者其他管理人；

（五）筹集和使用建筑物及其附属设施的维修资金；

（六）改建、重建建筑物及其附属设施；

（七）有关共有和共同管理权利的其他重大事项。

决定前款第五项和第六项规定的事项，应当经专有部分占建筑物总面积三分之二以上的业主且占总人数三分之二以上的业主同意。决定前款其他事项，应当经专有部分占建筑物总面积过半数的业主且占总人数过半数的业主同意。

第七十七条　业主不得违反法律、法规以及管理规约，将住宅改变为经营性用房。业主将住宅改变为经营性用房的，除遵守法律、法规以及管理规约外，应当经有利害关系的业主同意。

第七十八条　业主大会或者业主委员会的决定，对业主具有约束力。

业主大会或者业主委员会作出的决定侵害业主合法权益的，受侵害的业主可以请求人民法院予以撤销。

第七十九条　建筑物及其附属设施的维修资金，属于业主共有。经业主共同决定，可以用于电梯、水箱等共有部分的维修。维修资金的筹集、使用情况应当公布。

第八十条　建筑物及其附属设施的费用分摊、收益分配等事项，有约定的，按照约定；没有约定或者约定不明确的，按照业主专有部分占建筑物总面积的比例确定。

第八十一条　业主可以自行管理建筑物及其附属设施，也可以委托物业服务企业或者其他管理人管理。

对建设单位聘请的物业服务企业或者其他管理人，业主有权依法更换。

第八十二条　物业服务企业或者其他管理人根据业主的委托管理建筑区划内的建筑物及其附属设施，并接受业主的监督。

第八十三条　业主应当遵守法律、法规以及管理规约。

业主大会和业主委员会，对任意弃置垃圾、排放污染物或者噪声、违反规定饲养动物、违章搭建、侵占通道、拒付物业费等损害他人合法权益的行为，有权依照法律、法规以及管理规约，要求行为人停止侵害、消除危险、排除妨害、赔偿损失。业主对侵害自己合法权益的行为，可以依法向人民法院提起诉讼。

第七章　相邻关系

第八十四条　不动产的相邻权利人应当按照有利生产、方便生活、团结互助、公平合理的原则，正确处理相邻关系。

第八十五条　法律、法规对处理相邻关系有规定的，依照其规定；法律、法规没有规定的，可以按照当地习惯。

第八十六条　不动产权利人应当为相邻权利人用水、排水提供必要的便利。

对自然流水的利用，应当在不动产的相邻权利人之间合理分配。对自然流水的排放，应当尊重自然流向。

第八十七条　不动产权利人对相邻权利人因通行等必须利用其土地的，应当提供必要的便利。

第八十八条　不动产权利人因建造、修缮建筑物以及铺设电线、电缆、水管、暖气和燃气管线等必须利用相邻土地、建筑物的，该土地、建筑物的权利人应当提供必要的便利。

第八十九条　建造建筑物，不得违反国家有关工程建设标准，妨碍相邻建筑物的通风、采光和日照。

第九十条　不动产权利人不得违反国家规定弃置固体废物，排放大气污染物、水污染物、噪声、光、电磁波辐射等有害物质。

第九十一条　不动产权利人挖掘土地、建造建筑物、铺设管线以及安装设备等，不得危及相邻不动产的安全。

第九十二条　不动产权利人因用水、排水、通行、铺设管线等利用相邻不动产的，应当尽量避免对相邻的不动产权利人造成损害；造成损害的，应当给予赔偿。

第八章　共　有

第九十三条　不动产或者动产可以由两个以上单位、个人共有。共有包括按份共有和共同共有。

第九十四条　按份共有人对共有的不动产或者动产按照其份额享有所有权。

第九十五条　共同共有人对共有的不动产或者动产共同享有所有权。

第九十六条　共有人按照约定管理共有的不动产或者动产；没有约定或者约定不明确的，各共有人都有管理的权利和义务。

第九十七条　处分共有的不动产或者动产以及对共有的不动产或者动产作重大修缮的，应当经占份额三分之二以上的按份共有人或者全体共同共有人同意，但共有人之间另有约定的除外。

第九十八条　对共有物的管理费用以及其他负担，有约定的，按照约定；没有约定或者约定不明确的，按份共有人按照其份额负担，共同共有人共同负担。

第九十九条　共有人约定不得分割共有的不动产或者动产，以维持共有关系的，应当按照约定，但共有人有重大理由需要分割的，可以请求分割；没有约定或者约定不明确的，按份共有人可以随时请求分割，共同共有人在共有的基础丧失或者有重大理由需要分割时可以请求分割。因分割对其他共有人造成损害的，应当给予赔偿。

第一百条　共有人可以协商确定分割方式。达不成协议，共有的不动产或者动产可以分割并且不会因分割减损价值的，应当对实物予以分割；难以分割或者因分割会减损价值的，应当对折价或者拍卖、变卖取得的价款予以分割。

共有人分割所得的不动产或者动产有瑕疵的，其他共有人应当分担损失。

第一百零一条　按份共有人可以转让其享有的共有的不动产或者动产份额。其他共有人在同等条件下享有优先购买的权利。

第一百零二条　因共有的不动产或者动产产生的债权债务，在对外关系上，共有人享有连带债权，承担连带债务，但法律另有规定或者第三人知道共有人不具有连带债权债务关系的除外；在共有人内部关系上，除共有人另有约定外，按份共有人按照份额享有债权，承担债务，共同共有人共同享有债权，承担债务。偿还债务超过自己应当承担份额的按份共有人，有权向其他共有人追偿。

第一百零三条　共有人对共有的不动产或者动产没有约定为按份共有或者共同共有，或者约定不明确的，除共有人具有家庭关系等外，视为按份共有。

第一百零四条　按份共有人对共有的不动产或者动产享有的份额，没有约定或者约定不明确的，按照出资额确定；不能确定出资额的，视为等额享有。

第一百零五条　两个以上单位、个人共同享有用益物权、担保物权的，参照本章规定。

第九章　所有权取得的特别规定

第一百零六条　无处分权人将不动产或者动产转让给受让人的，所有权人有权追回；除法律另有规定外，符合下列情形的，受让人取得该不动产或者动产的所有权：

（一）受让人受让该不动产或者动产时是善意的；

（二）以合理的价格转让；

（三）转让的不动产或者动产依照法律规定应当登记的已经登记，不需要登记的已经交付给受让人。

受让人依照前款规定取得不动产或者动产的所有权的，原所有权人有权向无处分权人请求赔偿损失。

当事人善意取得其他物权的，参照前两款规定。

第一百零七条　所有权人或者其他权利人有权追回遗失物。该遗失物通过转让被他人占有的，权利人有权向无处分权人请求损害赔偿，或者自知道或者应当知道受让人之日起二年内向受让人请求返还原物，但受让人通过拍卖或者向具有经营资格的经营者购得该遗失物的，权利人请求返还原物时应当支付受让人所付的费用。权利人向受让人支付所付费用后，有权向无处分权人追偿。

第一百零八条　善意受让人取得动产后，该动产上的原有权利消灭，但善意受让人在受让时知道或者应当知道该权利的除外。

第一百零九条　拾得遗失物，应当返还权利人。拾得人应当及时通知权利人领取，或者送交公安等有关部门。

第一百一十条　有关部门收到遗失物，知道权利人的，应当及时通知其领取；不知道的，应当及时发布招领公告。

第一百一十一条　拾得人在遗失物送交有关部门前，有关部门在遗失物被领取前，应当妥善保管遗失物。因故意或者重大过失致使遗失物毁损、灭失的，应当承担民事责任。

第一百一十二条　权利人领取遗失物时，应当向拾得人或者有关部门支付保管遗失物等支出的必要费用。

权利人悬赏寻找遗失物的，领取遗失物时应当按照承诺履行义务。

拾得人侵占遗失物的，无权请求保管遗失物等支出的费用，也无权请求权利人按照承诺履行义务。

第一百一十三条　遗失物自发布招领公告之日起六个月内无人认领的，归国家所有。

第一百一十四条　拾得漂流物、发现埋藏物或者隐藏物的，参照拾得遗失物的有关规定。文物保护法等法律另有规定的，依照其规定。

第一百一十五条　主物转让的，从物随主物转让，但当事人另有约定的除外。

第一百一十六条　天然孳息，由所有权人取得；既有所有权人又有用益物权人的，由用益物权人取得。当事人另有约定的，按照约定。

法定孳息，当事人有约定的，按照约定取得；没有约定或者约定不明确的，按照交易习惯取得。

第三编　用益物权

第十章　一般规定

第一百一十七条　用益物权人对他人所有的不动产或者动产，依法享有占有、使用和收益的权利。

第一百一十八条　国家所有或者国家所有由集体使用以及法律规定属于集体所有的自然资源，单位、个人依法可以占有、使用和收益。

第一百一十九条　国家实行自然资源有偿使用制度，但法律另有规定的除外。

第一百二十条　用益物权人行使权利，应当遵守法律有关保护和合理开发利用资源的规定。所有权人不得干涉用益物权人行使权利。

第一百二十一条　因不动产或者动产被征收、征用致使用益物权消灭或者影响用益物权行使的，用益物权人有权依照本法第四十二条、第四十四条的规定获得相应补偿。

第一百二十二条　依法取得的海域使用权受法律保护。

第一百二十三条　依法取得的探矿权、采矿权、取水权和使用水域、滩涂从事养殖、捕捞的权利受法律保护。

第十一章　土地承包经营权

第一百二十四条　农村集体经济组织实行家庭承包经营为基础、统分结合的双层经营体制。

农民集体所有和国家所有由农民集体使用的耕地、林地、草地以及其他用于农业的土地，依法实行土地承包经营制度。

第一百二十五条　土地承包经营权人依法对其承包经营的耕地、林地、草地等享有占有、使用和收益的权利，有权从事种植业、林业、畜牧业等农业生产。

第一百二十六条　耕地的承包期为三十年。草地的承包期为三十年至五十年。

林地的承包期为三十年至七十年；特殊林木的林地承包期，经国务院林业行政主管部门批准可以延长。

前款规定的承包期届满，由土地承包经营权人按照国家有关规定继续承包。

第一百二十七条　土地承包经营权自土地承包经营权合同生效时设立。

县级以上地方人民政府应当向土地承包经营权人发放土地承包经营权证、林权证、草原使用权证，并登记造册，确认土地承包经营权。

第一百二十八条　土地承包经营权人依照农村土地承包法的规定，有权将土地承包经营权采取转包、互换、转让等方式流转。流转的期限不得超过承包期的剩余期限。未经依法批准，不得将承包地用于非农建设。

第一百二十九条　土地承包经营权人将土地承包经营权互换、转让，当事人要求登记的，应当向县级以上地方人民政府申请土地承包经营权变更登记；未经登记，不得对抗善意第三人。

第一百三十条　承包期内发包人不得调整承包地。

因自然灾害严重毁损承包地等特殊情形，需要适当调整承包的耕地和草地的，应当依照农村土地承包法等法律规定办理。

第一百三十一条　承包期内发包人不得收回承包地。农村土地承包法等法律另有规定的，依照其规定。

第一百三十二条　承包地被征收的，土地承包经营权人有权依照本法第四十二条第二款的规定获得相应补偿。

第一百三十三条　通过招标、拍卖、公开协商等方式承包荒地等农村土地，依照农村土地承包法等法律和国务院的有关规定，其土地承包经营权可以转让、入股、抵押或者以其他方式流转。

第一百三十四条　国家所有的农用地实行承包经营的，参照本法的有关规定。

第十二章　建设用地使用权

第一百三十五条　建设用地使用权人依法对国家所有的土地享有占有、使用和收益的权利，有权利用该土地建造建筑物、构筑物及其附属设施。

第一百三十六条　建设用地使用权可以在土地的地表、地上或者地下分别设立。新设立的建设用地使用权，不得损害已设立的用益物权。

第一百三十七条　设立建设用地使用权，可以采取出让或者划拨等方式。

工业、商业、旅游、娱乐和商品住宅等经营性用地以及同一土地有两个以上意向用地者的，应当采取招标、拍卖等公开竞价的方式出让。

严格限制以划拨方式设立建设用地使用权。采取划拨方式的，应当遵守法律、行政法规关于土地用途的规定。

第一百三十八条　采取招标、拍卖、协议等出让方式设立建设用地使用权的，当事人应当采取书面形式订立建设用地使用权出让合同。

建设用地使用权出让合同一般包括下列条款：

（一）当事人的名称和住所；

（二）土地界址、面积等；

（三）建筑物、构筑物及其附属设施占用的空间；

（四）土地用途；

（五）使用期限；

（六）出让金等费用及其支付方式；

（七）解决争议的方法。

第一百三十九条　设立建设用地使用权的，应当向登记机构申请建设用地使用权登记。建设用地使用权自登记时设立。登记机构应当向建设用地使用权人发放建设用地使用权证书。

第一百四十条　建设用地使用权人应当合理利用土地，不得改变土地用途；需要改变土地用途的，应当依法经有关行政主管部门批准。

第一百四十一条　建设用地使用权人应当依照法律规定以及合同约定支付出让金等费用。

第一百四十二条　建设用地使用权人建造的建筑物、构筑物及其附属设施的所有权属于建设用地使用权人，但有相反证据证明的除外。

第一百四十三条　建设用地使用权人有权将建设用地使用权转让、互换、出资、赠与或者抵押，但法律另有规定的除外。

第一百四十四条　建设用地使用权转让、互换、出资、赠与或者抵押的，当事人应当采取书面形式订立相应的合同。使用期限由当事人约定，但不得超过建设用地使用权的剩余期限。

第一百四十五条　建设用地使用权转让、互换、出资或者赠与的，应当向登记机构申请变更登记。

第一百四十六条　建设用地使用权转让、互换、出资或者赠与的，附着于该土地上的建筑物、构筑物及其附属设施一并处分。

第一百四十七条　建筑物、构筑物及其附属设施转让、互换、出资或者赠与的，该建筑物、构筑物及其附属设施占用范围内的建设用地使用权一并处分。

第一百四十八条　建设用地使用权期间届满前，因公共利益需要提前收回该土地的，应当依照本法第四十二条的规定对该土地上的房屋及其他不动产给予补偿，并退还相应的出让金。

第一百四十九条　住宅建设用地使用权期间届满的，自动续期。

非住宅建设用地使用权期间届满后的续期，依照法律规定办理。该土地上的房屋及其他不动产的归属，有约定的，按照约定；没有约定或者约定不明确的，依照法律、行政法规的规定办理。

第一百五十条　建设用地使用权消灭的，出让人应当及时办理注销登记。登记机构应当收回建设用地使用权证书。

第一百五十一条　集体所有的土地作为建设用地的，应当依照土地管理法等法律规定办理。

第十三章 宅基地使用权

第一百五十二条 宅基地使用权人依法对集体所有的土地享有占有和使用的权利，有权依法利用该土地建造住宅及其附属设施。

第一百五十三条 宅基地使用权的取得、行使和转让，适用土地管理法等法律和国家有关规定。

第一百五十四条 宅基地因自然灾害等原因灭失的，宅基地使用权消灭。对失去宅基地的村民，应当重新分配宅基地。

第一百五十五条 已经登记的宅基地使用权转让或者消灭的，应当及时办理变更登记或者注销登记。

第十四章 地役权

第一百五十六条 地役权人有权按照合同约定，利用他人的不动产，以提高自己的不动产的效益。

前款所称他人的不动产为供役地，自己的不动产为需役地。

第一百五十七条 设立地役权，当事人应当采取书面形式订立地役权合同。

地役权合同一般包括下列条款：

（一）当事人的姓名或者名称和住所；

（二）供役地和需役地的位置；

（三）利用目的和方法；

（四）利用期限；

（五）费用及其支付方式；

（六）解决争议的方法。

第一百五十八条 地役权自地役权合同生效时设立。当事人要求登记的，可以向登记机构申请地役权登记；未经登记，不得对抗善意第三人。

第一百五十九条 供役地权利人应当按照合同约定，允许地役权人利用其土地，不得妨害地役权人行使权利。

第一百六十条 地役权人应当按照合同约定的利用目的和方法利用供役地，尽量减少对供役地权利人物权的限制。

第一百六十一条 地役权的期限由当事人约定，但不得超过土地承包经营权、建设用地使用权等用益物权的剩余期限。

第一百六十二条 土地所有权人享有地役权或者负担地役权的，设立土地承包经营权、宅基地使用权时，该土地承包经营权人、宅基地使用权人继续享有或者负担已设立的地役权。

第一百六十三条 土地上已设立土地承包经营权、建设用地使用权、宅基地使用权等权利的，未经用益物权人同意，土地所有权人不得设立地役权。

第一百六十四条 地役权不得单独转让。土地承包经营权、建设用地使用权等转让的，地役权一并转让，但合同另有约定的除外。

第一百六十五条　地役权不得单独抵押。土地承包经营权、建设用地使用权等抵押的，在实现抵押权时，地役权一并转让。

第一百六十六条　需役地以及需役地上的土地承包经营权、建设用地使用权部分转让时，转让部分涉及地役权的，受让人同时享有地役权。

第一百六十七条　供役地以及供役地上的土地承包经营权、建设用地使用权部分转让时，转让部分涉及地役权的，地役权对受让人具有约束力。

第一百六十八条　地役权人有下列情形之一的，供役地权利人有权解除地役权合同，地役权消灭：

（一）违反法律规定或者合同约定，滥用地役权；

（二）有偿利用供役地，约定的付款期间届满后在合理期限内经两次催告未支付费用。

第一百六十九条　已经登记的地役权变更、转让或者消灭的，应当及时办理变更登记或者注销登记。

第四编　担保物权

第十五章　一般规定

第一百七十条　担保物权人在债务人不履行到期债务或者发生当事人约定的实现担保物权的情形，依法享有就担保财产优先受偿的权利，但法律另有规定的除外。

第一百七十一条　债权人在借贷、买卖等民事活动中，为保障实现其债权，需要担保的，可以依照本法和其他法律的规定设立担保物权。

第三人为债务人向债权人提供担保的，可以要求债务人提供反担保。反担保适用本法和其他法律的规定。

第一百七十二条　设立担保物权，应当依照本法和其他法律的规定订立担保合同。担保合同是主债权债务合同的从合同。主债权债务合同无效，担保合同无效，但法律另有规定的除外。

担保合同被确认无效后，债务人、担保人、债权人有过错的，应当根据其过错各自承担相应的民事责任。

第一百七十三条　担保物权的担保范围包括主债权及其利息、违约金、损害赔偿金、保管担保财产和实现担保物权的费用。当事人另有约定的，按照约定。

第一百七十四条　担保期间，担保财产毁损、灭失或者被征收等，担保物权人可以就获得的保险金、赔偿金或者补偿金等优先受偿。被担保债权的履行期未届满的，也可以提存该保险金、赔偿金或者补偿金等。

第一百七十五条　第三人提供担保，未经其书面同意，债权人允许债务人转移全部或者部分债务的，担保人不再承担相应的担保责任。

第一百七十六条　被担保的债权既有物的担保又有人的担保的，债务人不履行到期债务或者发生当事人约定的实现担保物权的情形，债权人应当按照约定实现债权；没有约定或者约定不明确，债务人自己提供物的担保的，债权人应当先就该物的担保实现债权；第三人提供物的担保的，债权人可以就物的担保实现债权，也可以要求保证人承担保证责任。提供担保的第三人承担担保责任后，有权向债务人追偿。

第一百七十七条　有下列情形之一的，担保物权消灭：

（一）主债权消灭；

（二）担保物权实现；

（三）债权人放弃担保物权；

（四）法律规定担保物权消灭的其他情形。

第一百七十八条　担保法与本法的规定不一致的，适用本法。

第十六章　抵押权

第一节　一般抵押权

第一百七十九条　为担保债务的履行，债务人或者第三人不转移财产的占有，将该财产抵押给债权人的，债务人不履行到期债务或者发生当事人约定的实现抵押权的情形，债权人有权就该财产优先受偿。

前款规定的债务人或者第三人为抵押人，债权人为抵押权人，提供担保的财产为抵押财产。

第一百八十条　债务人或者第三人有权处分的下列财产可以抵押：

（一）建筑物和其他土地附着物；

（二）建设用地使用权；

（三）以招标、拍卖、公开协商等方式取得的荒地等土地承包经营权；

（四）生产设备、原材料、半成品、产品；

（五）正在建造的建筑物、船舶、航空器；

（六）交通运输工具；

（七）法律、行政法规未禁止抵押的其他财产。

抵押人可以将前款所列财产一并抵押。

第一百八十一条　经当事人书面协议，企业、个体工商户、农业生产经营者可以将现有的以及将有的生产设备、原材料、半成品、产品抵押，债务人不履行到期债务或者发生当事人约定的实现抵押权的情形，债权人有权就实现抵押权时的动产优先受偿。

第一百八十二条　以建筑物抵押的，该建筑物占用范围内的建设用地使用权一并抵押。以建设用地使用权抵押的，该土地上的建筑物一并抵押。

抵押人未依照前款规定一并抵押的，未抵押的财产视为一并抵押。

第一百八十三条　乡镇、村企业的建设用地使用权不得单独抵押。以乡镇、村企业的厂房等建筑物抵押的，其占用范围内的建设用地使用权一并抵押。

第一百八十四条　下列财产不得抵押：

（一）土地所有权；

（二）耕地、宅基地、自留地、自留山等集体所有的土地使用权，但法律规定可以抵押的除外；

（三）学校、幼儿园、医院等以公益为目的的事业单位、社会团体的教育设施、医疗卫生设施和其他社会公益设施；

（四）所有权、使用权不明或者有争议的财产；

（五）依法被查封、扣押、监管的财产；

（六）法律、行政法规规定不得抵押的其他财产。

第一百八十五条　设立抵押权，当事人应当采取书面形式订立抵押合同。

抵押合同一般包括下列条款：

（一）被担保债权的种类和数额；

（二）债务人履行债务的期限；

（三）抵押财产的名称、数量、质量、状况、所在地、所有权归属或者使用权归属；

（四）担保的范围。

第一百八十六条　抵押权人在债务履行期届满前，不得与抵押人约定债务人不履行到期债务时抵押财产归债权人所有。

第一百八十七条　以本法第一百八十条第一款第一项至第三项规定的财产或者第五项规定的正在建造的建筑物抵押的，应当办理抵押登记，抵押权自登记时设立。

第一百八十八条　以本法第一百八十条第一款第四项、第六项规定的财产或者第五项规定的正在建造的船舶、航空器抵押的，抵押权自抵押合同生效时设立；未经登记，不得对抗善意第三人。

第一百八十九条　企业、个体工商户、农业生产经营者以本法第一百八十一条规定的动产抵押的，应当向抵押人住所地的工商行政管理部门办理登记。抵押权自抵押合同生效时设立；未经登记，不得对抗善意第三人。

依照本法第一百八十一条规定抵押的，不得对抗正常经营活动中已支付合理价款并取得抵押财产的买受人。

第一百九十条　订立抵押合同前抵押财产已出租的，原租赁关系不受该抵押权的影响。抵押权设立后抵押财产出租的，该租赁关系不得对抗已登记的抵押权。

第一百九十一条　抵押期间，抵押人经抵押权人同意转让抵押财产的，应当将转让所得的价款向抵押权人提前清偿债务或者提存。转让的价款超过债权数额的部分归抵押人所有，不足部分由债务人清偿。

抵押期间，抵押人未经抵押权人同意，不得转让抵押财产，但受让人代为清偿债务消灭抵押权的除外。

第一百九十二条　抵押权不得与债权分离而单独转让或者作为其他债权的担保。债权转让的，担保该债权的抵押权一并转让，但法律另有规定或者当事人另有约定的除外。

第一百九十三条　抵押人的行为足以使抵押财产价值减少的，抵押权人有权要求抵押人停止其行为。抵押财产价值减少的，抵押权人有权要求恢复抵押财产的价值，或者提供与减少的价值相当的担保。抵押人不恢复抵押财产的价值也不提供担保的，抵押权人有权要求债务人提前清偿债务。

第一百九十四条　抵押权人可以放弃抵押权或者抵押权的顺位。抵押权人与抵押人可以协议变更抵押权顺位以及被担保的债权数额等内容，但抵押权的变更，未经其他抵押权人书面同意，不得对其他抵押权人产生不利影响。

债务人以自己的财产设定抵押，抵押权人放弃该抵押权、抵押权顺位或者变更抵押权的，其他担保人在抵押权人丧失优先受偿权益的范围内免除担保责任，但其他担保人承诺仍然提供担保的除外。

第一百九十五条　债务人不履行到期债务或者发生当事人约定的实现抵押权的情形，抵押权人可以与抵押人协议以抵押财产折价或者以拍卖、变卖该抵押财产所得的价款优先受偿。协议损害其他债权人利益的，其他债权人可以在知道或者应当知道撤销事由之日起一年内请求人民法院撤销该协议。

抵押权人与抵押人未就抵押权实现方式达成协议的，抵押权人可以请求人民法院拍卖、变卖抵押财产。

抵押财产折价或者变卖的，应当参照市场价格。

第一百九十六条　依照本法第一百八十一条规定设定抵押的，抵押财产自下列情形之一发生时确定：

（一）债务履行期届满，债权未实现；

（二）抵押人被宣告破产或者被撤销；

（三）当事人约定的实现抵押权的情形；

（四）严重影响债权实现的其他情形。

第一百九十七条　债务人不履行到期债务或者发生当事人约定的实现抵押权的情形，致使抵押财产被人民法院依法扣押的，自扣押之日起抵押权人有权收取该抵押财产的天然孳息或者法定孳息，但抵押权人未通知应当清偿法定孳息的义务人的除外。

前款规定的孳息应当先充抵收取孳息的费用。

第一百九十八条　抵押财产折价或者拍卖、变卖后，其价款超过债权数额的部分归抵押人所有，不足部分由债务人清偿。

第一百九十九条　同一财产向两个以上债权人抵押的，拍卖、变卖抵押财产所得的价款依照下列规定清偿：

（一）抵押权已登记的，按照登记的先后顺序清偿；顺序相同的，按照债权比例清偿；

（二）抵押权已登记的先于未登记的受偿；

（三）抵押权未登记的，按照债权比例清偿。

第二百条　建设用地使用权抵押后，该土地上新增的建筑物不属于抵押财产。该建设用地使用权实现抵押权时，应当将该土地上新增的建筑物与建设用地使用权一并处分，但新增建筑物所得的价款，抵押权人无权优先受偿。

第二百零一条　依照本法第一百八十条第一款第三项规定的土地承包经营权抵押的，或者依照本法第一百八十三条规定以乡镇、村企业的厂房等建筑物占用范围内的建设用地使用权一并抵押的，实现抵押权后，未经法定程序，不得改变土地所有权的性质和土地用途。

第二百零二条　抵押权人应当在主债权诉讼时效期间行使抵押权；未行使的，人民法院不予保护。

第二节　最高额抵押权

第二百零三条　为担保债务的履行，债务人或者第三人对一定期间内将要连续发生的债权提供担保财产的，债务人不履行到期债务或者发生当事人约定的实现抵押权的情形，抵押权人有权在最高债权额限度内就该担保财产优先受偿。

最高额抵押权设立前已经存在的债权，经当事人同意，可以转入最高额抵押担保的债权范围。

第二百零四条　最高额抵押担保的债权确定前，部分债权转让的，最高额抵押权不得转让，但当事人另有约定的除外。

第二百零五条　最高额抵押担保的债权确定前，抵押权人与抵押人可以通过协议变更债权确定的期间、债权范围以及最高债权额，但变更的内容不得对其他抵押权人产生不利影响。

第二百零六条　有下列情形之一的，抵押权人的债权确定：

（一）约定的债权确定期间届满；

（二）没有约定债权确定期间或者约定不明确，抵押权人或者抵押人自最高额抵押权设立之日起满二年后请求确定债权；

（三）新的债权不可能发生；

（四）抵押财产被查封、扣押；

（五）债务人、抵押人被宣告破产或者被撤销；

（六）法律规定债权确定的其他情形。

第二百零七条　最高额抵押权除适用本节规定外，适用本章第一节一般抵押权的规定。

第十七章　质　权

第一节　动产质权

第二百零八条　为担保债务的履行，债务人或者第三人将其动产出质给债权人占有的，债务人不履行到期债务或者发生当事人约定的实现质权的情形，债权人有权就该动产优先受偿。

前款规定的债务人或者第三人为出质人，债权人为质权人，交付的动产为质押财产。

第二百零九条　法律、行政法规禁止转让的动产不得出质。

第二百一十条　设立质权，当事人应当采取书面形式订立质权合同。

质权合同一般包括下列条款：

（一）被担保债权的种类和数额；

（二）债务人履行债务的期限；

（三）质押财产的名称、数量、质量、状况；

（四）担保的范围；

（五）质押财产交付的时间。

第二百一十一条　质权人在债务履行期届满前，不得与出质人约定债务人不履行到期债务时质押财产归债权人所有。

第二百一十二条　质权自出质人交付质押财产时设立。

第二百一十三条　质权人有权收取质押财产的孳息，但合同另有约定的除外。

前款规定的孳息应当先充抵收取孳息的费用。

第二百一十四条　质权人在质权存续期间，未经出质人同意，擅自使用、处分质押财产，给出质人造成损害的，应当承担赔偿责任。

第二百一十五条　质权人负有妥善保管质押财产的义务；因保管不善致使质押财产毁损、灭失的，应当承担赔偿责任。

质权人的行为可能使质押财产毁损、灭失的，出质人可以要求质权人将质押财产提存，或者要求提前清偿债务并返还质押财产。

第二百一十六条　因不能归责于质权人的事由可能使质押财产毁损或者价值明显减少，足以危害质权人权利的，质权人有权要求出质人提供相应的担保；出质人不提供的，质权人可以拍卖、变卖质押财产，并与出质人通过协议将拍卖、变卖所得的价款提前清偿债务或者提存。

第二百一十七条　质权人在质权存续期间，未经出质人同意转质，造成质押财产毁损、灭失的，应当向出质人承担赔偿责任。

第二百一十八条　质权人可以放弃质权。债务人以自己的财产出质，质权人放弃该质权的，其他担保人在质权人丧失优先受偿权益的范围内免除担保责任，但其他担保人承诺仍然提供担保的除外。

第二百一十九条　债务人履行债务或者出质人提前清偿所担保的债权的，质权人应当返还质押财产。

债务人不履行到期债务或者发生当事人约定的实现质权的情形，质权人可以与出质人协议以质押财产折价，也可以就拍卖、变卖质押财产所得的价款优先受偿。

质押财产折价或者变卖的，应当参照市场价格。

第二百二十条　出质人可以请求质权人在债务履行期届满后及时行使质权；质权人不行使的，出质人可以请求人民法院拍卖、变卖质押财产。

出质人请求质权人及时行使质权，因质权人怠于行使权利造成损害的，由质权人承担赔偿责任。

第二百二十一条　质押财产折价或者拍卖、变卖后，其价款超过债权数额的部分归出质人所有，不足部分由债务人清偿。

第二百二十二条　出质人与质权人可以协议设立最高额质权。

最高额质权除适用本节有关规定外，参照本法第十六章第二节最高额抵押权的规定。

第二节　权利质权

第二百二十三条　债务人或者第三人有权处分的下列权利可以出质：

（一）汇票、支票、本票；

（二）债券、存款单；

（三）仓单、提单；

（四）可以转让的基金份额、股权；

（五）可以转让的注册商标专用权、专利权、著作权等知识产权中的财产权；

（六）应收账款；

（七）法律、行政法规规定可以出质的其他财产权利。

第二百二十四条　以汇票、支票、本票、债券、存款单、仓单、提单出质的，当事人应当订立书面合同。质权自权利凭证交付质权人时设立；没有权利凭证的，质权自有关部门办理出质登记时设立。

第二百二十五条　汇票、支票、本票、债券、存款单、仓单、提单的兑现日期或者提货日期先于主债权到期的，质权人可以兑现或者提货，并与出质人协议将兑现的价款或者提取的货物提前清偿债务或者提存。

第二百二十六条　以基金份额、股权出质的，当事人应当订立书面合同。以基金份额、证券登记结算机构登记的股权出质的，质权自证券登记结算机构办理出质登记时设立；以其他股权出质的，质权自工商行政管理部门办理出质登记时设立。

基金份额、股权出质后，不得转让，但经出质人与质权人协商同意的除外。出质人转让基金份额、股权所得的价款，应当向质权人提前清偿债务或者提存。

第二百二十七条　以注册商标专用权、专利权、著作权等知识产权中的财产权出质的，当事人应当订立书面合同。质权自有关主管部门办理出质登记时设立。

知识产权中的财产权出质后，出质人不得转让或者许可他人使用，但经出质人与质权人协商同意的除外。出质人转让或者许可他人使用出质的知识产权中的财产权所得的价款，应当向质权人提前清偿债务或者提存。

第二百二十八条　以应收账款出质的，当事人应当订立书面合同。质权自信贷征信机构办理出质登记时设立。

应收账款出质后，不得转让，但经出质人与质权人协商同意的除外。出质人转让应收账款所得的价款，应当向质权人提前清偿债务或者提存。

第二百二十九条　权利质权除适用本节规定外，适用本章第一节动产质权的规定。

第十八章　留置权

第二百三十条　债务人不履行到期债务，债权人可以留置已经合法占有的债务人的动产，并有权就该动产优先受偿。

前款规定的债权人为留置权人，占有的动产为留置财产。

第二百三十一条　债权人留置的动产，应当与债权属于同一法律关系，但企业之间留置的除外。

第二百三十二条　法律规定或者当事人约定不得留置的动产，不得留置。

第二百三十三条　留置财产为可分物的，留置财产的价值应当相当于债务的金额。

第二百三十四条　留置权人负有妥善保管留置财产的义务；因保管不善致使留置财产毁损、灭失的，应当承担赔偿责任。

第二百三十五条　留置权人有权收取留置财产的孳息。

前款规定的孳息应当先充抵收取孳息的费用。

第二百三十六条　留置权人与债务人应当约定留置财产后的债务履行期间；没有约定或者约定不明确的，留置权人应当给债务人两个月以上履行债务的期间，但鲜活易腐等不易保管的动产除外。债务人逾期未履行的，留置权人可以与债务人协议以留置财产折价，也可以就拍卖、变卖留置财产所得的价款优先受偿。

留置财产折价或者变卖的，应当参照市场价格。

第二百三十七条　债务人可以请求留置权人在债务履行期届满后行使留置权；留置权人不行使的，债务人可以请求人民法院拍卖、变卖留置财产。

第二百三十八条　留置财产折价或者拍卖、变卖后，其价款超过债权数额的部分归债务人所有，不足部分由债务人清偿。

第二百三十九条　同一动产上已设立抵押权或者质权，该动产又被留置的，留置权人优先受偿。

第二百四十条　留置权人对留置财产丧失占有或者留置权人接受债务人另行提供担保的，留置权消灭。

第五编　占　有

第十九章　占　有

第二百四十一条　基于合同关系等产生的占有，有关不动产或者动产的使用、收益、违约责任等，按照合同约定；合同没有约定或者约定不明确的，依照有关法律规定。

第二百四十二条　占有人因使用占有的不动产或者动产，致使该不动产或者动产受到损害的，恶意占有人应当承担赔偿责任。

第二百四十三条　不动产或者动产被占有人占有的，权利人可以请求返还原物及其孳息，但应当支付善意占有人因维护该不动产或者动产支出的必要费用。

第二百四十四条　占有的不动产或者动产毁损、灭失，该不动产或者动产的权利人请求赔偿的，占有人应当将因毁损、灭失取得的保险金、赔偿金或者补偿金等返还给权利人；权利人的损害未得到足够弥补的，恶意占有人还应当赔偿损失。

第二百四十五条　占有的不动产或者动产被侵占的，占有人有权请求返还原物；对妨害占有的行为，占有人有权请求排除妨害或者消除危险；因侵占或者妨害造成损害的，占有人有权请求损害赔偿。

占有人返还原物的请求权，自侵占发生之日起一年内未行使的，该请求权消灭。

附　则

第二百四十六条　法律、行政法规对不动产统一登记的范围、登记机构和登记办法作出规定前，地方性法规可以依照本法有关规定作出规定。

第二百四十七条　本法自 2007 年 10 月 1 日起施行。

附录C 中华人民共和国公司法

(1993年12月29日第八届全国人民代表大会常务委员会第五次会议通过,根据1999年12月25日第九届全国人民代表大会常务委员会第十三次会议《关于修改〈中华人民共和国公司法〉的决定》第一次修正,根据2004年8月28日第十届全国人民代表大会常务委员会第十一次会议《关于修改〈中华人民共和国公司法〉的决定》第二次修正,2005年10月27日第十届全国人民代表大会常务委员会第十八次会议修订)

第一章 总 则

第一条 为了规范公司的组织和行为,保护公司、股东和债权人的合法权益,维护社会经济秩序,促进社会主义市场经济的发展,制定本法。

第二条 本法所称公司是指依照本法在中国境内设立的有限责任公司和股份有限公司。

第三条 公司是企业法人,有独立的法人财产,享有法人财产权。公司以其全部财产对公司的债务承担责任。

有限责任公司的股东以其认缴的出资额为限对公司承担责任;股份有限公司的股东以其认购的股份为限对公司承担责任。

第四条 公司股东依法享有资产收益、参与重大决策和选择管理者等权利。

第五条 公司从事经营活动,必须遵守法律、行政法规,遵守社会公德、商业道德,诚实守信,接受政府和社会公众的监督,承担社会责任。

公司的合法权益受法律保护,不受侵犯。

第六条 设立公司,应当依法向公司登记机关申请设立登记。符合本法规定的设立条件的,由公司登记机关分别登记为有限责任公司或者股份有限公司;不符合本法规定的设立条件的,不得登记为有限责任公司或者股份有限公司。

法律、行政法规规定设立公司必须报经批准的,应当在公司登记前依法办理批准手续。

公众可以向公司登记机关申请查询公司登记事项,公司登记机关应当提供查询服务。

第七条 依法设立的公司,由公司登记机关发给公司营业执照。公司营业执照签发日期为公司成立日期。

公司营业执照应当载明公司的名称、住所、注册资本、实收资本、经营范围、法定代表人姓名等事项。

公司营业执照记载的事项发生变更的,公司应当依法办理变更登记,由公司登记机关换发营业执照。

第八条 依照本法设立的有限责任公司,必须在公司名称中标明有限责任公司或者有限公司字样。

依照本法设立的股份有限公司，必须在公司名称中标明股份有限公司或者股份公司字样。

第九条　有限责任公司变更为股份有限公司，应当符合本法规定的股份有限公司的条件。股份有限公司变更为有限责任公司，应当符合本法规定的有限责任公司的条件。

有限责任公司变更为股份有限公司的，或者股份有限公司变更为有限责任公司的，公司变更前的债权、债务由变更后的公司承继。

第十条　公司以其主要办事机构所在地为住所。

第十一条　设立公司必须依法制定公司章程。公司章程对公司、股东、董事、监事、高级管理人员具有约束力。

第十二条　公司的经营范围由公司章程规定，并依法登记。公司可以修改公司章程，改变经营范围，但是应当办理变更登记。

公司的经营范围中属于法律、行政法规规定须经批准的项目，应当依法经过批准。

第十三条　公司法定代表人依照公司章程的规定，由董事长、执行董事或者经理担任，并依法登记。公司法定代表人变更，应当办理变更登记。

第十四条　公司可以设立分公司。设立分公司，应当向公司登记机关申请登记，领取营业执照。分公司不具有法人资格，其民事责任由公司承担。

公司可以设立子公司，子公司具有法人资格，依法独立承担民事责任。

第十五条　公司可以向其他企业投资；但是，除法律另有规定外，不得成为对所投资企业的债务承担连带责任的出资人。

第十六条　公司向其他企业投资或者为他人提供担保，依照公司章程的规定，由董事会或者股东会、股东大会决议；公司章程对投资或者担保的总额及单项投资或者担保的数额有限额规定的，不得超过规定的限额。

公司为公司股东或者实际控制人提供担保的，必须经股东会或者股东大会决议。

前款规定的股东或者受前款规定的实际控制人支配的股东，不得参加前款规定事项的表决。该项表决由出席会议的其他股东所持表决权的过半数通过。

第十七条　公司必须保护职工的合法权益，依法与职工签订劳动合同，参加社会保险，加强劳动保护，实现安全生产。

公司应当采用多种形式，加强公司职工的职业教育和岗位培训，提高职工素质。

第十八条　公司职工依照《中华人民共和国工会法》组织工会，开展工会活动，维护职工合法权益。公司应当为本公司工会提供必要的活动条件。公司工会代表职工就职工的劳动报酬、工作时间、福利、保险和劳动安全卫生等事项依法与公司签订集体合同。

公司依照宪法和有关法律的规定，通过职工代表大会或者其他形式，实行民主管理。

公司研究决定改制以及经营方面的重大问题、制定重要的规章制度时，应当听取公司工会的意见，并通过职工代表大会或者其他形式听取职工的意见和建议。

第十九条　在公司中，根据中国共产党章程的规定，设立中国共产党的组织，开展党的活动。公司应当为党组织的活动提供必要条件。

第二十条　公司股东应当遵守法律、行政法规和公司章程，依法行使股东权利，不得滥用股东权利损害公司或者其他股东的利益；不得滥用公司法人独立地位和股东有限责任损害公司债权人的利益。

公司股东滥用股东权利给公司或者其他股东造成损失的，应当依法承担赔偿责任。

公司股东滥用公司法人独立地位和股东有限责任，逃避债务，严重损害公司债权人利益的，应当对公司债务承担连带责任。

第二十一条　公司的控股股东、实际控制人、董事、监事、高级管理人员不得利用其关联关系损害公司利益。

违反前款规定，给公司造成损失的，应当承担赔偿责任。

第二十二条　公司股东会或者股东大会、董事会的决议内容违反法律、行政法规的无效。

股东会或者股东大会、董事会的会议召集程序、表决方式违反法律、行政法规或者公司章程，或者决议内容违反公司章程的，股东可以自决议作出之日起六十日内，请求人民法院撤销。

股东依照前款规定提起诉讼的，人民法院可以应公司的请求，要求股东提供相应担保。

公司根据股东会或者股东大会、董事会决议已办理变更登记的，人民法院宣告该决议无效或者撤销该决议后，公司应当向公司登记机关申请撤销变更登记。

第二章　有限责任公司的设立和组织机构

第一节　设　立

第二十三条　设立有限责任公司，应当具备下列条件：

（一）股东符合法定人数；

（二）股东出资达到法定资本最低限额；

（三）股东共同制定公司章程；

（四）有公司名称，建立符合有限责任公司要求的组织机构；

（五）有公司住所。

第二十四条　有限责任公司由五十个以下股东出资设立。

第二十五条　有限责任公司章程应当载明下列事项：

（一）公司名称和住所；

（二）公司经营范围；

（三）公司注册资本；

（四）股东的姓名或者名称；

（五）股东的出资方式、出资额和出资时间；

（六）公司的机构及其产生办法、职权、议事规则；

（七）公司法定代表人；

（八）股东会会议认为需要规定的其他事项。

股东应当在公司章程上签名、盖章。

第二十六条　有限责任公司的注册资本为在公司登记机关登记的全体股东认缴的出资额。公司全体股东的首次出资额不得低于注册资本的百分之二十，也不得低于法定的注册资本最低限额，其余部分由股东自公司成立之日起两年内缴足；其中，投资公司可以在五年内缴足。

有限责任公司注册资本的最低限额为人民币三万元。法律、行政法规对有限责任公司注册资本的最低限额有较高规定的，从其规定。

第二十七条　股东可以用货币出资，也可以用实物、知识产权、土地使用权等可以用货币估价并可以依法转让的非货币财产作价出资；但是，法律、行政法规规定不得作为出资的财产除外。

对作为出资的非货币财产应当评估作价，核实财产，不得高估或者低估作价。法律、行政法规对评估作价有规定的，从其规定。

全体股东的货币出资金额不得低于有限责任公司注册资本的百分之三十。

第二十八条　股东应当按期足额缴纳公司章程中规定的各自所认缴的出资额。股东以货币出资的，应当将货币出资足额存入有限责任公司在银行开设的账户；以非货币财产出资的，应当依法办理其财产权的转移手续。

股东不按照前款规定缴纳出资的，除应当向公司足额缴纳外，还应当向已按期足额缴纳出资的股东承担违约责任。

第二十九条　股东缴纳出资后，必须经依法设立的验资机构验资并出具证明。

第三十条　股东的首次出资经依法设立的验资机构验资后，由全体股东指定的代表或者共同委托的代理人向公司登记机关报送公司登记申请书、公司章程、验资证明等文件，申请设立登记。

第三十一条　有限责任公司成立后，发现作为设立公司出资的非货币财产的实际价额显著低于公司章程所定价额的，应当由交付该出资的股东补足其差额；公司设立时的其他股东承担连带责任。

第三十二条　有限责任公司成立后，应当向股东签发出资证明书。

出资证明书应当载明下列事项：

（一）公司名称；

（二）公司成立日期；

（三）公司注册资本；

（四）股东的姓名或者名称、缴纳的出资额和出资日期；

（五）出资证明书的编号和核发日期。

出资证明书由公司盖章。

第三十三条　有限责任公司应当置备股东名册，记载下列事项：

（一）股东的姓名或者名称及住所；

（二）股东的出资额；

（三）出资证明书编号。

记载于股东名册的股东，可以依股东名册主张行使股东权利。

公司应当将股东的姓名或者名称及其出资额向公司登记机关登记；登记事项发生

变更的，应当办理变更登记。未经登记或者变更登记的，不得对抗第三人。

第三十四条　股东有权查阅、复制公司章程、股东会会议记录、董事会会议决议、监事会会议决议和财务会计报告。

股东可以要求查阅公司会计账簿。股东要求查阅公司会计账簿的，应当向公司提出书面请求，说明目的。公司有合理根据认为股东查阅会计账簿有不正当目的，可能损害公司合法利益的，可以拒绝提供查阅，并应当自股东提出书面请求之日起十五日内书面答复股东并说明理由。公司拒绝提供查阅的，股东可以请求人民法院要求公司提供查阅。

第三十五条　股东按照实缴的出资比例分取红利；公司新增资本时，股东有权优先按照实缴的出资比例认缴出资。但是，全体股东约定不按照出资比例分取红利或者不按照出资比例优先认缴出资的除外。

第三十六条　公司成立后，股东不得抽逃出资。

第二节　组织机构

第三十七条　有限责任公司股东会由全体股东组成，股东会是公司的权力机构，依照本法行使职权。

第三十八条　股东会行使下列职权：

（一）决定公司的经营方针和投资计划；

（二）选举和更换非由职工代表担任的董事、监事，决定有关董事、监事的报酬事项；

（三）审议批准董事会的报告；

（四）审议批准监事会或者监事的报告；

（五）审议批准公司的年度财务预算方案、决算方案；

（六）审议批准公司的利润分配方案和弥补亏损方案；

（七）对公司增加或者减少注册资本作出决议；

（八）对发行公司债券作出决议；

（九）对公司合并、分立、解散、清算或者变更公司形式作出决议；

（十）修改公司章程；

（十一）公司章程规定的其他职权。

对前款所列事项股东以书面形式一致表示同意的，可以不召开股东会会议，直接作出决定，并由全体股东在决定文件上签名、盖章。

第三十九条　首次股东会会议由出资最多的股东召集和主持，依照本法规定行使职权。

第四十条　股东会会议分为定期会议和临时会议。

定期会议应当依照公司章程的规定按时召开。代表十分之一以上表决权的股东，三分之一以上的董事，监事会或者不设监事会的公司的监事提议召开临时会议的，应当召开临时会议。

第四十一条　有限责任公司设立董事会的，股东会会议由董事会召集，董事长主持；董事长不能履行职务或者不履行职务的，由副董事长主持；副董事长不能履行职务或者不履行职务的，由半数以上董事共同推举一名董事主持。

有限责任公司不设董事会的，股东会会议由执行董事召集和主持。

董事会或者执行董事不能履行或者不履行召集股东会会议职责的，由监事会或者不设监事会的公司的监事召集和主持；监事会或者监事不召集和主持的，代表十分之一以上表决权的股东可以自行召集和主持。

第四十二条　召开股东会会议，应当于会议召开十五日以前通知全体股东；但是，公司章程另有规定或者全体股东另有约定的除外。

股东会应当对所议事项的决定作成会议记录，出席会议的股东应当在会议记录上签名。

第四十三条　股东会会议由股东按照出资比例行使表决权；但是，公司章程另有规定的除外。

第四十四条　股东会的议事方式和表决程序，除本法有规定的外，由公司章程规定。

股东会会议作出修改公司章程、增加或者减少注册资本的决议，以及公司合并、分立、解散或者变更公司形式的决议，必须经代表三分之二以上表决权的股东通过。

第四十五条　有限责任公司设董事会，其成员为三人至十三人。但是，本法第五十一条另有规定的除外。

两个以上的国有企业或者两个以上的其他国有投资主体投资设立的有限责任公司，其董事会成员中应当有公司职工代表；其他有限责任公司董事会成员中可以有公司职工代表。董事会中的职工代表由公司职工通过职工代表大会、职工大会或者其他形式民主选举产生。

董事会设董事长一人，可以设副董事长。董事长、副董事长的产生办法由公司章程规定。

第四十六条　董事任期由公司章程规定，但每届任期不得超过三年。董事任期届满，连选可以连任。

董事任期届满未及时改选，或者董事在任期内辞职导致董事会成员低于法定人数的，在改选出的董事就任前，原董事仍应当依照法律、行政法规和公司章程的规定，履行董事职务。

第四十七条　董事会对股东会负责，行使下列职权：

（一）召集股东会会议，并向股东会报告工作；

（二）执行股东会的决议；

（三）决定公司的经营计划和投资方案；

（四）制订公司的年度财务预算方案、决算方案；

（五）制订公司的利润分配方案和弥补亏损方案；

（六）制订公司增加或者减少注册资本以及发行公司债券的方案；

（七）制订公司合并、分立、解散或者变更公司形式的方案；

（八）决定公司内部管理机构的设置；

（九）决定聘任或者解聘公司经理及其报酬事项，并根据经理的提名决定聘任或者

解聘公司副经理、财务负责人及其报酬事项；

（十）制定公司的基本管理制度；

（十一）公司章程规定的其他职权。

第四十八条　董事会会议由董事长召集和主持；董事长不能履行职务或者不履行职务的，由副董事长召集和主持；副董事长不能履行职务或者不履行职务的，由半数以上董事共同推举一名董事召集和主持。

第四十九条　董事会的议事方式和表决程序，除本法有规定的外，由公司章程规定。

董事会应当对所议事项的决定作成会议记录，出席会议的董事应当在会议记录上签名。

董事会决议的表决，实行一人一票。

第五十条　有限责任公司可以设经理，由董事会决定聘任或者解聘。经理对董事会负责，行使下列职权：

（一）主持公司的生产经营管理工作，组织实施董事会决议；

（二）组织实施公司年度经营计划和投资方案；

（三）拟订公司内部管理机构设置方案；

（四）拟订公司的基本管理制度；

（五）制定公司的具体规章；

（六）提请聘任或者解聘公司副经理、财务负责人；

（七）决定聘任或者解聘除应由董事会决定聘任或者解聘以外的负责管理人员；

（八）董事会授予的其他职权。

公司章程对经理职权另有规定的，从其规定。

经理列席董事会会议。

第五十一条　股东人数较少或者规模较小的有限责任公司，可以设一名执行董事，不设董事会。执行董事可以兼任公司经理。

执行董事的职权由公司章程规定。

第五十二条　有限责任公司设监事会，其成员不得少于三人。股东人数较少或者规模较小的有限责任公司，可以设一至二名监事，不设监事会。

监事会应当包括股东代表和适当比例的公司职工代表，其中职工代表的比例不得低于三分之一，具体比例由公司章程规定。监事会中的职工代表由公司职工通过职工代表大会、职工大会或者其他形式民主选举产生。

监事会设主席一人，由全体监事过半数选举产生。监事会主席召集和主持监事会会议；监事会主席不能履行职务或者不履行职务的，由半数以上监事共同推举一名监事召集和主持监事会会议。

董事、高级管理人员不得兼任监事。

第五十三条　监事的任期每届为三年。监事任期届满，连选可以连任。

监事任期届满未及时改选，或者监事在任期内辞职导致监事会成员低于法定人数的，在改选出的监事就任前，原监事仍应当依照法律、行政法规和公司章程的规定，履行监事职务。

第五十四条　监事会、不设监事会的公司的监事行使下列职权：

（一）检查公司财务；

（二）对董事、高级管理人员执行公司职务的行为进行监督，对违反法律、行政法规、公司章程或者股东会决议的董事、高级管理人员提出罢免的建议；

（三）当董事、高级管理人员的行为损害公司的利益时，要求董事、高级管理人员予以纠正；

（四）提议召开临时股东会会议，在董事会不履行本法规定的召集和主持股东会会议职责时召集和主持股东会会议；

（五）向股东会会议提出提案；

（六）依照本法第一百五十二条的规定，对董事、高级管理人员提起诉讼；

（七）公司章程规定的其他职权。

第五十五条　监事可以列席董事会会议，并对董事会决议事项提出质询或者建议。

监事会、不设监事会的公司的监事发现公司经营情况异常，可以进行调查；必要时，可以聘请会计师事务所等协助其工作，费用由公司承担。

第五十六条　监事会每年度至少召开一次会议，监事可以提议召开临时监事会会议。

监事会的议事方式和表决程序，除本法有规定的外，由公司章程规定。

监事会决议应当经半数以上监事通过。

监事会应当对所议事项的决定作成会议记录，出席会议的监事应当在会议记录上签名。

第五十七条　监事会、不设监事会的公司的监事行使职权所必需的费用，由公司承担。

第三节　一人有限责任公司的特别规定

第五十八条　一人有限责任公司的设立和组织机构，适用本节规定；本节没有规定的，适用本章第一节、第二节的规定。

本法所称一人有限责任公司，是指只有一个自然人股东或者一个法人股东的有限责任公司。

第五十九条　一人有限责任公司的注册资本最低限额为人民币十万元。股东应当一次足额缴纳公司章程规定的出资额。

一个自然人只能投资设立一个一人有限责任公司。该一人有限责任公司不能投资设立新的一人有限责任公司。

第六十条　一人有限责任公司应当在公司登记中注明自然人独资或者法人独资，并在公司营业执照中载明。

第六十一条　一人有限责任公司章程由股东制定。

第六十二条　一人有限责任公司不设股东会。股东作出本法第三十八条第一款所列决定时，应当采用书面形式，并由股东签名后置备于公司。

第六十三条　一人有限责任公司应当在每一会计年度终了时编制财务会计报告，

并经会计师事务所审计。

第六十四条　一人有限责任公司的股东不能证明公司财产独立于股东自己的财产的，应当对公司债务承担连带责任。

第四节　国有独资公司的特别规定

第六十五条　国有独资公司的设立和组织机构，适用本节规定；本节没有规定的，适用本章第一节、第二节的规定。

本法所称国有独资公司，是指国家单独出资、由国务院或者地方人民政府委托本级人民政府国有资产监督管理机构履行出资人职责的有限责任公司。

第六十六条　国有独资公司章程由国有资产监督管理机构制定，或者由董事会制定报国有资产监督管理机构批准。

第六十七条　国有独资公司不设股东会，由国有资产监督管理机构行使股东会职权。国有资产监督管理机构可以授权公司董事会行使股东会的部分职权，决定公司的重大事项，但公司的合并、分立、解散、增加或者减少注册资本和发行公司债券，必须由国有资产监督管理机构决定；其中，重要的国有独资公司合并、分立、解散、申请破产的，应当由国有资产监督管理机构审核后，报本级人民政府批准。

前款所称重要的国有独资公司，按照国务院的规定确定。

第六十八条　国有独资公司设董事会，依照本法第四十七条、第六十七条的规定行使职权。董事每届任期不得超过三年。董事会成员中应当有公司职工代表。

董事会成员由国有资产监督管理机构委派；但是，董事会成员中的职工代表由公司职工代表大会选举产生。

董事会设董事长一人，可以设副董事长。董事长、副董事长由国有资产监督管理机构从董事会成员中指定。

第六十九条　国有独资公司设经理，由董事会聘任或者解聘。经理依照本法第五十条规定行使职权。

经国有资产监督管理机构同意，董事会成员可以兼任经理。

第七十条　国有独资公司的董事长、副董事长、董事、高级管理人员，未经国有资产监督管理机构同意，不得在其他有限责任公司、股份有限公司或者其他经济组织兼职。

第七十一条　国有独资公司监事会成员不得少于五人，其中职工代表的比例不得低于三分之一，具体比例由公司章程规定。

监事会成员由国有资产监督管理机构委派；但是，监事会成员中的职工代表由公司职工代表大会选举产生。监事会主席由国有资产监督管理机构从监事会成员中指定。

监事会行使本法第五十四条第（一）项至第（三）项规定的职权和国务院规定的其他职权。

第三章　有限责任公司的股权转让

第七十二条　有限责任公司的股东之间可以相互转让其全部或者部分股权。

股东向股东以外的人转让股权，应当经其他股东过半数同意。股东应就其股权转让事项书面通知其他股东征求同意，其他股东自接到书面通知之日起满三十日未答复的，视为同意转让。其他股东半数以上不同意转让的，不同意的股东应当购买该转让的股权；不购买的，视为同意转让。

经股东同意转让的股权，在同等条件下，其他股东有优先购买权。两个以上股东主张行使优先购买权的，协商确定各自的购买比例；协商不成的，按照转让时各自的出资比例行使优先购买权。

公司章程对股权转让另有规定的，从其规定。

第七十三条　人民法院依照法律规定的强制执行程序转让股东的股权时，应当通知公司及全体股东，其他股东在同等条件下有优先购买权。其他股东自人民法院通知之日起满二十日不行使优先购买权的，视为放弃优先购买权。

第七十四条　依照本法第七十二条、第七十三条转让股权后，公司应当注销原股东的出资证明书，向新股东签发出资证明书，并相应修改公司章程和股东名册中有关股东及其出资额的记载。对公司章程的该项修改不需再由股东会表决。

第七十五条　有下列情形之一的，对股东会该项决议投反对票的股东可以请求公司按照合理的价格收购其股权：

（一）公司连续五年不向股东分配利润，而公司该五年连续盈利，并且符合本法规定的分配利润条件的；

（二）公司合并、分立、转让主要财产的；

（三）公司章程规定的营业期限届满或者章程规定的其他解散事由出现，股东会会议通过决议修改章程使公司存续的。

自股东会会议决议通过之日起六十日内，股东与公司不能达成股权收购协议的，股东可以自股东会会议决议通过之日起九十日内向人民法院提起诉讼。

第七十六条　自然人股东死亡后，其合法继承人可以继承股东资格；但是，公司章程另有规定的除外。

第四章　股份有限公司的设立和组织机构

第一节　设　立

第七十七条　设立股份有限公司，应当具备下列条件：

（一）发起人符合法定人数；

（二）发起人认购和募集的股本达到法定资本最低限额；

（三）股份发行、筹办事项符合法律规定；

（四）发起人制订公司章程，采用募集方式设立的经创立大会通过；

（五）有公司名称，建立符合股份有限公司要求的组织机构；

（六）有公司住所。

第七十八条　股份有限公司的设立，可以采取发起设立或者募集设立的方式。

发起设立，是指由发起人认购公司应发行的全部股份而设立公司。

募集设立，是指由发起人认购公司应发行股份的一部分，其余股份向社会公开募集或者向特定对象募集而设立公司。

第七十九条　设立股份有限公司，应当有二人以上二百人以下为发起人，其中须有

半数以上的发起人在中国境内有住所。

第八十条　股份有限公司发起人承担公司筹办事务。

发起人应当签订发起人协议，明确各自在公司设立过程中的权利和义务。

第八十一条　股份有限公司采取发起设立方式设立的，注册资本为在公司登记机关登记的全体发起人认购的股本总额。公司全体发起人的首次出资额不得低于注册资本的百分之二十，其余部分由发起人自公司成立之日起两年内缴足；其中，投资公司可以在五年内缴足。在缴足前，不得向他人募集股份。

股份有限公司采取募集方式设立的，注册资本为在公司登记机关登记的实收股本总额。

股份有限公司注册资本的最低限额为人民币五百万元。法律、行政法规对股份有限公司注册资本的最低限额有较高规定的，从其规定。

第八十二条　股份有限公司章程应当载明下列事项：

（一）公司名称和住所；

（二）公司经营范围；

（三）公司设立方式；

（四）公司股份总数、每股金额和注册资本；

（五）发起人的姓名或者名称、认购的股份数、出资方式和出资时间；

（六）董事会的组成、职权和议事规则；

（七）公司法定代表人；

（八）监事会的组成、职权和议事规则；

（九）公司利润分配办法；

（十）公司的解散事由与清算办法；

（十一）公司的通知和公告办法；

（十二）股东大会会议认为需要规定的其他事项。

第八十三条　发起人的出资方式，适用本法第二十七条的规定。

第八十四条　以发起设立方式设立股份有限公司的，发起人应当书面认足公司章程规定其认购的股份；一次缴纳的，应即缴纳全部出资；分期缴纳的，应即缴纳首期出资。以非货币财产出资的，应当依法办理其财产权的转移手续。

发起人不依照前款规定缴纳出资的，应当按照发起人协议承担违约责任。

发起人首次缴纳出资后，应当选举董事会和监事会，由董事会向公司登记机关报送公司章程、由依法设定的验资机构出具的验资证明以及法律、行政法规规定的其他文件，申请设立登记。

第八十五条　以募集设立方式设立股份有限公司的，发起人认购的股份不得少于公司股份总数的百分之三十五；但是，法律、行政法规另有规定的，从其规定。

第八十六条　发起人向社会公开募集股份，必须公告招股说明书，并制作认股书。认股书应当载明本法第八十七条所列事项，由认股人填写认购股数、金额、住所，并签名、盖章。认股人按照所认购股数缴纳股款。

第八十七条　招股说明书应当附有发起人制定的公司章程，并载明下列事项：

（一）发起人认购的股份数；
（二）每股的票面金额和发行价格；
（三）无记名股票的发行总数；
（四）募集资金的用途；
（五）认股人的权利、义务；
（六）本次募股的起止期限及逾期未募足时认股人可以撤回所认股份的说明。

第八十八条　发起人向社会公开募集股份，应当由依法设立的证券公司承销，签订承销协议。

第八十九条　发起人向社会公开募集股份，应当同银行签订代收股款协议。

代收股款的银行应当按照协议代收和保存股款，向缴纳股款的认股人出具收款单据，并负有向有关部门出具收款证明的义务。

第九十条　发行股份的股款缴足后，必须经依法设立的验资机构验资并出具证明。发起人应当自股款缴足之日起三十日内主持召开公司创立大会。创立大会由发起人、认股人组成。

发行的股份超过招股说明书规定的截止期限尚未募足的，或者发行股份的股款缴足后，发起人在三十日内未召开创立大会的，认股人可以按照所缴股款并加算银行同期存款利息，要求发起人返还。

第九十一条　发起人应当在创立大会召开十五日以前将会议日期通知各认股人或者予以公告。创立大会应有代表股份总数过半数的发起人、认股人出席，方可举行。

创立大会行使下列职权：
（一）审议发起人关于公司筹办情况的报告；
（二）通过公司章程；
（三）选举董事会成员；
（四）选举监事会成员；
（五）对公司的设立费用进行审核；
（六）对发起人用于抵作股款的财产的作价进行审核；
（七）发生不可抗力或者经营条件发生重大变化直接影响公司设立的，可以作出不设立公司的决议。

创立大会对前款所列事项作出决议，必须经出席会议的认股人所持表决权过半数通过。

第九十二条　发起人、认股人缴纳股款或者交付抵作股款的出资后，除未按期募足股份、发起人未按期召开创立大会或者创立大会决议不设立公司的情形外，不得抽回其股本。

第九十三条　董事会应于创立大会结束后三十日内，向公司登记机关报送下列文件，申请设立登记：
（一）公司登记申请书；
（二）创立大会的会议记录；
（三）公司章程；

（四）验资证明；

（五）法定代表人、董事、监事的任职文件及其身份证明；

（六）发起人的法人资格证明或者自然人身份证明；

（七）公司住所证明。

以募集方式设立股份有限公司公开发行股票的，还应当向公司登记机关报送国务院证券监督管理机构的核准文件。

第九十四条　股份有限公司成立后，发起人未按照公司章程的规定缴足出资的，应当补缴；其他发起人承担连带责任。

股份有限公司成立后，发现作为设立公司出资的非货币财产的实际价额显著低于公司章程所定价额的，应当由交付该出资的发起人补足其差额；其他发起人承担连带责任。

第九十五条　股份有限公司的发起人应当承担下列责任：

（一）公司不能成立时，对设立行为所产生的债务和费用负连带责任；

（二）公司不能成立时，对认股人已缴纳的股款，负返还股款并加算银行同期存款利息的连带责任；

（三）在公司设立过程中，由于发起人的过失致使公司利益受到损害的，应当对公司承担赔偿责任。

第九十六条　有限责任公司变更为股份有限公司时，折合的实收股本总额不得高于公司净资产额。有限责任公司变更为股份有限公司，为增加资本公开发行股份时，应当依法办理。

第九十七条　股份有限公司应当将公司章程、股东名册、公司债券存根、股东大会会议记录、董事会会议记录、监事会会议记录、财务会计报告置备于本公司。

第九十八条　股东有权查阅公司章程、股东名册、公司债券存根、股东大会会议记录、董事会会议决议、监事会会议决议、财务会计报告，对公司的经营提出建议或者质询。

第二节　股东大会

第九十九条　股份有限公司股东大会由全体股东组成。股东大会是公司的权力机构，依照本法行使职权。

第一百条　本法第三十八条第一款关于有限责任公司股东会职权的规定，适用于股份有限公司股东大会。

第一百零一条　股东大会应当每年召开一次年会。有下列情形之一的，应当在两个月内召开临时股东大会：

（一）董事人数不足本法规定人数或者公司章程所定人数的三分之二时；

（二）公司未弥补的亏损达实收股本总额三分之一时；

（三）单独或者合计持有公司百分之十以上股份的股东请求时；

（四）董事会认为必要时；

（五）监事会提议召开时；

（六）公司章程规定的其他情形。

第一百零二条　股东大会会议由董事会召集，董事长主持；董事长不能履行职务或者不履行职务的，由副董事长主持；副董事长不能履行职务或者不履行职务的，由半数以上董事共同推举一名董事主持。

董事会不能履行或者不履行召集股东大会会议职责的，监事会应当及时召集和主持；监事会不召集和主持的，连续九十日以上单独或者合计持有公司百分之十以上股份的股东可以自行召集和主持。

第一百零三条　召开股东大会会议，应当将会议召开的时间、地点和审议的事项于会议召开二十日前通知各股东；临时股东大会应当于会议召开十五日前通知各股东；发行无记名股票的，应当于会议召开三十日前公告会议召开的时间、地点和审议事项。

单独或者合计持有公司百分之三以上股份的股东，可以在股东大会召开十日前提出临时提案并书面提交董事会；董事会应当在收到提案后二日内通知其他股东，并将该临时提案提交股东大会审议。临时提案的内容应当属于股东大会职权范围，并有明确议题和具体决议事项。

股东大会不得对前两款通知中未列明的事项作出决议。

无记名股票持有人出席股东大会会议的，应当于会议召开五日前至股东大会闭会时将股票交存于公司。

第一百零四条　股东出席股东大会会议，所持每一股份有一表决权。但是，公司持有的本公司股份没有表决权。

股东大会作出决议，必须经出席会议的股东所持表决权过半数通过。但是，股东大会作出修改公司章程、增加或者减少注册资本的决议，以及公司合并、分立、解散或者变更公司形式的决议，必须经出席会议的股东所持表决权的三分之二以上通过。

第一百零五条　本法和公司章程规定公司转让、受让重大资产或者对外提供担保等事项必须经股东大会作出决议的，董事会应当及时召集股东大会会议，由股东大会就上述事项进行表决。

第一百零六条　股东大会选举董事、监事，可以依照公司章程的规定或者股东大会的决议，实行累积投票制。

本法所称累积投票制，是指股东大会选举董事或者监事时，每一股份拥有与应选董事或者监事人数相同的表决权，股东拥有的表决权可以集中使用。

第一百零七条　股东可以委托代理人出席股东大会会议，代理人应当向公司提交股东授权委托书，并在授权范围内行使表决权。

第一百零八条　股东大会应当对所议事项的决定作成会议记录，主持人、出席会议的董事应当在会议记录上签名。会议记录应当与出席股东的签名册及代理出席的委托书一并保存。

第三节　董事会、经理

第一百零九条　股份有限公司设董事会，其成员为五人至十九人。

董事会成员中可以有公司职工代表。董事会中的职工代表由公司职工通过职工代表大会、职工大会或者其他形式民主选举产生。

本法第四十六条关于有限责任公司董事任期的规定，适用于股份有限公司董事。

本法第四十七条关于有限责任公司董事会职权的规定，适用于股份有限公司董事会。

第一百一十条　董事会设董事长一人，可以设副董事长。董事长和副董事长由董事会以全体董事的过半数选举产生。

董事长召集和主持董事会会议，检查董事会决议的实施情况。副董事长协助董事长工作，董事长不能履行职务或者不履行职务的，由副董事长履行职务；副董事长不能履行职务或者不履行职务的，由半数以上董事共同推举一名董事履行职务。

第一百一十一条　董事会每年度至少召开两次会议，每次会议应当于会议召开十日前通知全体董事和监事。

代表十分之一以上表决权的股东、三分之一以上董事或者监事会，可以提议召开董事会临时会议。董事长应当自接到提议后十日内，召集和主持董事会会议。

董事会召开临时会议，可以另定召集董事会的通知方式和通知时限。

第一百一十二条　董事会会议应有过半数的董事出席方可举行。董事会作出决议，必须经全体董事的过半数通过。

董事会决议的表决，实行一人一票。

第一百一十三条　董事会会议，应由董事本人出席；董事因故不能出席，可以书面委托其他董事代为出席，委托书中应载明授权范围。

董事会应当对会议所议事项的决定做成会议记录，出席会议的董事应当在会议记录上签名。

董事应当对董事会的决议承担责任。董事会的决议违反法律、行政法规或者公司章程、股东大会决议，致使公司遭受严重损失的，参与决议的董事对公司负赔偿责任。但经证明在表决时曾表明异议并记载于会议记录的，该董事可以免除责任。

第一百一十四条　股份有限公司设经理，由董事会决定聘任或者解聘。

本法第五十条关于有限责任公司经理职权的规定，适用于股份有限公司经理。

第一百一十五条　公司董事会可以决定由董事会成员兼任经理。

第一百一十六条　公司不得直接或者通过子公司向董事、监事、高级管理人员提供借款。

第一百一十七条　公司应当定期向股东披露董事、监事、高级管理人员从公司获得报酬的情况。

第四节　监事会

第一百一十八条　股份有限公司设监事会，其成员不得少于三人。

监事会应当包括股东代表和适当比例的公司职工代表，其中职工代表的比例不得低于三分之一，具体比例由公司章程规定。监事会中的职工代表由公司职工通过职工代表大会、职工大会或者其他形式民主选举产生。

监事会设主席一人，可以设副主席。监事会主席和副主席由全体监事过半数选举产生。监事会主席召集和主持监事会会议；监事会主席不能履行职务或者不履行职务的，由监事会副主席召集和主持监事会会议；监事会副主席不能履行职务或者不履行职务的，由半数以上监事共同推举一名监事召集和主持监事会会议。

董事、高级管理人员不得兼任监事。

本法第五十三条关于有限责任公司监事任期的规定，适用于股份有限公司监事。

第一百一十九条　本法第五十四条、第五十五条关于有限责任公司监事会职权的规定，适用于股份有限公司监事会。

监事会行使职权所必需的费用，由公司承担。

第一百二十条　监事会每六个月至少召开一次会议。监事可以提议召开临时监事会会议。

监事会的议事方式和表决程序，除本法有规定的外，由公司章程规定。

监事会决议应当经半数以上监事通过。

监事会应当对所议事项的决定做成会议记录，出席会议的监事应当在会议记录上签名。

第五节　上市公司组织机构的特别规定

第一百二十一条　本法所称上市公司，是指其股票在证券交易所上市交易的股份有限公司。

第一百二十二条　上市公司在一年内购买、出售重大资产或者担保金额超过公司资产总额百分之三十的，应当由股东大会作出决议，并经出席会议的股东所持表决权的三分之二以上通过。

第一百二十三条　上市公司设立独立董事，具体办法由国务院规定。

第一百二十四条　上市公司设董事会秘书，负责公司股东大会和董事会会议的筹备、文件保管以及公司股东资料的管理，办理信息披露事务等事宜。

第一百二十五条　上市公司董事与董事会会议决议事项所涉及的企业有关联关系的，不得对该项决议行使表决权，也不得代理其他董事行使表决权。该董事会会议由过半数的无关联关系董事出席即可举行，董事会会议所作决议须经无关联关系董事过半数通过。出席董事会的无关联关系董事人数不足三人的，应将该事项提交上市公司股东大会审议。

第五章　股份有限公司的股份发行和转让

第一节　股份发行

第一百二十六条　股份有限公司的资本划分为股份，每一股的金额相等。

公司的股份采取股票的形式。股票是公司签发的证明股东所持股份的凭证。

第一百二十七条　股份的发行，实行公平、公正的原则，同种类的每一股份应当具有同等权利。

同次发行的同种类股票，每股的发行条件和价格应当相同；任何单位或者个人所认购的股份，每股应当支付相同价额。

第一百二十八条　股票发行价格可以按票面金额，也可以超过票面金额，但不得低于票面金额。

第一百二十九条　股票采用纸面形式或者国务院证券监督管理机构规定的其他形式。

股票应当载明下列主要事项：

（一）公司名称；

（二）公司成立日期；

（三）股票种类、票面金额及代表的股份数；

（四）股票的编号。

股票由法定代表人签名，公司盖章。

发起人的股票，应当标明发起人股票字样。

第一百三十条　公司发行的股票，可以为记名股票，也可以为无记名股票。

公司向发起人、法人发行的股票，应当为记名股票，并应当记载该发起人、法人的名称或者姓名，不得另立户名或者以代表人姓名记名。

第一百三十一条　公司发行记名股票的，应当置备股东名册，记载下列事项：

（一）股东的姓名或者名称及住所；

（二）各股东所持股份数；

（三）各股东所持股票的编号；

（四）各股东取得股份的日期。

发行无记名股票的，公司应当记载其股票数量、编号及发行日期。

第一百三十二条　国务院可以对公司发行本法规定以外的其他种类的股份，另行作出规定。

第一百三十三条　股份有限公司成立后，即向股东正式交付股票。公司成立前不得向股东交付股票。

第一百三十四条　公司发行新股，股东大会应当对下列事项作出决议：

（一）新股种类及数额；

（二）新股发行价格；

（三）新股发行的起止日期；

（四）向原有股东发行新股的种类及数额。

第一百三十五条　公司经国务院证券监督管理机构核准公开发行新股时，必须公告新股招股说明书和财务会计报告，并制作认股书。

本法第八十八条、第八十九条的规定适用于公司公开发行新股。

第一百三十六条　公司发行新股，可以根据公司经营情况和财务状况，确定其作价方案。

第一百三十七条　公司发行新股募足股款后，必须向公司登记机关办理变更登记，并公告。

第二节　股份转让

第一百三十八条　股东持有的股份可以依法转让。

第一百三十九条　股东转让其股份，应当在依法设立的证券交易场所进行或者按照国务院规定的其他方式进行。

第一百四十条　记名股票，由股东以背书方式或者法律、行政法规规定的其他方式转让；转让后由公司将受让人的姓名或者名称及住所记载于股东名册。

股东大会召开前二十日内或者公司决定分配股利的基准日前五日内，不得进行前款规定的股东名册的变更登记。但是，法律对上市公司股东名册变更登记另有规定的，从其规定。

第一百四十一条　无记名股票的转让，由股东将该股票交付给受让人后即发生转让的效力。

第一百四十二条　发起人持有的本公司股份，自公司成立之日起一年内不得转让。公司公开发行股份前已发行的股份，自公司股票在证券交易所上市交易之日起一年内不得转让。

公司董事、监事、高级管理人员应当向公司申报所持有的本公司的股份及其变动情况，在任职期间每年转让的股份不得超过其所持有本公司股份总数的百分之二十五；所持本公司股份自公司股票上市交易之日起一年内不得转让。上述人员离职后半年内，不得转让其所持有的本公司股份。公司章程可以对公司董事、监事、高级管理人员转让其所持有的本公司股份作出其他限制性规定。

第一百四十三条　公司不得收购本公司股份。但是，有下列情形之一的除外：

（一）减少公司注册资本；

（二）与持有本公司股份的其他公司合并；

（三）将股份奖励给本公司职工；

（四）股东因对股东大会作出的公司合并、分立决议持异议，要求公司收购其股份的。

公司因前款第（一）项至第（三）项的原因收购本公司股份的，应当经股东大会决议。公司依照前款规定收购本公司股份后，属于第（一）项情形的，应当自收购之日起十日内注销；属于第（二）项、第（四）项情形的，应当在六个月内转让或者注销。

公司依照第一款第（三）项规定收购的本公司股份，不得超过本公司已发行股份总额的百分之五；用于收购的资金应当从公司的税后利润中支出；所收购的股份应当在一年内转让给职工。

公司不得接受本公司的股票作为质押权的标的。

第一百四十四条　记名股票被盗、遗失或者灭失，股东可以依照《中华人民共和国民事诉讼法》规定的公示催告程序，请求人民法院宣告该股票失效。人民法院宣告该股票失效后，股东可以向公司申请补发股票。

第一百四十五条　上市公司的股票，依照有关法律、行政法规及证券交易所交易规则上市交易。

第一百四十六条　上市公司必须依照法律、行政法规的规定，公开其财务状况、经营情况及重大诉讼，在每会计年度内半年公布一次财务会计报告。

第六章　公司董事、监事、高级管理人员的资格和义务

第一百四十七条　有下列情形之一的，不得担任公司的董事、监事、高级管理人员：

（一）无民事行为能力或者限制民事行为能力；

（二）因贪污、贿赂、侵占财产、挪用财产或者破坏社会主义市场经济秩序，被判处刑罚，执行期满未逾五年，或者因犯罪被剥夺政治权利，执行期满未逾五年；

（三）担任破产清算的公司、企业的董事或者厂长、经理，对该公司、企业的破产负有个人责任的，自该公司、企业破产清算完结之日起未逾三年；

（四）担任因违法被吊销营业执照、责令关闭的公司、企业的法定代表人，并负有个人责任的，自该公司、企业被吊销营业执照之日起未逾三年；

（五）个人所负数额较大的债务到期未清偿。

公司违反前款规定选举、委派董事、监事或者聘任高级管理人员的，该选举、委派或者聘任无效。

董事、监事、高级管理人员在任职期间出现本条第一款所列情形的，公司应当解除其职务。

第一百四十八条　董事、监事、高级管理人员应当遵守法律、行政法规和公司章程，对公司负有忠实义务和勤勉义务。

董事、监事、高级管理人员不得利用职权收受贿赂或者其他非法收入，不得侵占公司的财产。

第一百四十九条　董事、高级管理人员不得有下列行为：

（一）挪用公司资金；

（二）将公司资金以其个人名义或者以其他个人名义开立账户存储；

（三）违反公司章程的规定，未经股东会、股东大会或者董事会同意，将公司资金借贷给他人或者以公司财产为他人提供担保；

（四）违反公司章程的规定或者未经股东会、股东大会同意，与本公司订立合同或者进行交易；

（五）未经股东会或者股东大会同意，利用职务便利为自己或者他人谋取属于公司的商业机会，自营或者为他人经营与所任职公司同类的业务；

（六）接受他人与公司交易的佣金归为己有；

（七）擅自披露公司秘密；

（八）违反对公司忠实义务的其他行为。

董事、高级管理人员违反前款规定所得的收入应当归公司所有。

第一百五十条　董事、监事、高级管理人员执行公司职务时违反法律、行政法规或者公司章程的规定，给公司造成损失的，应当承担赔偿责任。

第一百五十一条　股东会或者股东大会要求董事、监事、高级管理人员列席会议的，董事、监事、高级管理人员应当列席并接受股东的质询。

董事、高级管理人员应当如实向监事会或者不设监事会的有限责任公司的监事提供有关情况和资料，不得妨碍监事会或者监事行使职权。

第一百五十二条　董事、高级管理人员有本法第一百五十条规定的情形的，有限责任公司的股东、股份有限公司连续一百八十日以上单独或者合计持有公司百分之一以上股份的股东，可以书面请求监事会或者不设监事会的有限责任公司的监事向人民法院提起诉讼；监事有本法第一百五十条规定的情形的，前述股东可以书面请求董事会或者不设董事会的有限责任公司的执行董事向人民法院提起诉讼。

监事会、不设监事会的有限责任公司的监事，或者董事会、执行董事收到前款规定的股东书面请求后拒绝提起诉讼，或者自收到请求之日起三十日内未提起诉讼，或者情况紧急、不立即提起诉讼将会使公司利益受到难以弥补的损害的，前款规定的股东有权为了公司的利益以自己的名义直接向人民法院提起诉讼。

他人侵犯公司合法权益，给公司造成损失的，本条第一款规定的股东可以依照前两款的规定向人民法院提起诉讼。

第一百五十三条　董事、高级管理人员违反法律、行政法规或者公司章程的规定，损害股东利益的，股东可以向人民法院提起诉讼。

第七章　公司债券

第一百五十四条　本法所称公司债券，是指公司依照法定程序发行、约定在一定期限还本付息的有价证券。

公司发行公司债券应当符合《中华人民共和国证券法》规定的发行条件。

第一百五十五条　发行公司债券的申请经国务院授权的部门核准后，应当公告公司债券募集办法。

公司债券募集办法中应当载明下列主要事项：

（一）公司名称；

（二）债券募集资金的用途；

（三）债券总额和债券的票面金额；

（四）债券利率的确定方式；

（五）还本付息的期限和方式；

（六）债券担保情况；

（七）债券的发行价格、发行的起止日期；

（八）公司净资产额；

（九）已发行的尚未到期的公司债券总额；

（十）公司债券的承销机构。

第一百五十六条　公司以实物券方式发行公司债券的，必须在债券上载明公司名称、债券票面金额、利率、偿还期限等事项，并由法定代表人签名，公司盖章。

第一百五十七条　公司债券，可以为记名债券，也可以为无记名债券。

第一百五十八条　公司发行公司债券应当置备公司债券存根簿。

发行记名公司债券的，应当在公司债券存根簿上载明下列事项：

（一）债券持有人的姓名或者名称及住所；

（二）债券持有人取得债券的日期及债券的编号；

（三）债券总额，债券的票面金额、利率、还本付息的期限和方式；

（四）债券的发行日期。

发行无记名公司债券的，应当在公司债券存根簿上载明债券总额、利率、偿还期限和方式、发行日期及债券的编号。

第一百五十九条　记名公司债券的登记结算机构应当建立债券登记、存管、付息、兑付等相关制度。

第一百六十条　公司债券可以转让，转让价格由转让人与受让人约定。

公司债券在证券交易所上市交易的，按照证券交易所的交易规则转让。

第一百六十一条　记名公司债券，由债券持有人以背书方式或者法律、行政法规规定的其他方式转让；转让后由公司将受让人的姓名或者名称及住所记载于公司债券存根簿。

无记名公司债券的转让，由债券持有人将该债券交付给受让人后即发生转让的效力。

第一百六十二条　上市公司经股东大会决议可以发行可转换为股票的公司债券，并在公司债券募集办法中规定具体的转换办法。上市公司发行可转换为股票的公司债券，应当报国务院证券监督管理机构核准。

发行可转换为股票的公司债券，应当在债券上标明可转换公司债券字样，并在公司债券存根簿上载明可转换公司债券的数额。

第一百六十三条　发行可转换为股票的公司债券的，公司应当按照其转换办法向债券持有人换发股票，但债券持有人对转换股票或者不转换股票有选择权。

第八章　公司财务、会计

第一百六十四条　公司应当依照法律、行政法规和国务院财政部门的规定建立本公司的财务、会计制度。

第一百六十五条　公司应当在每一会计年度终了时编制财务会计报告，并依法经会计师事务所审计。

财务会计报告应当依照法律、行政法规和国务院财政部门的规定制作。

第一百六十六条　有限责任公司应当依照公司章程规定的期限将财务会计报告送交各股东。

股份有限公司的财务会计报告应当在召开股东大会年会的二十日前置备于本公司，供股东查阅；公开发行股票的股份有限公司必须公告其财务会计报告。

第一百六十七条　公司分配当年税后利润时，应当提取利润的百分之十列入公司法定公积金。公司法定公积金累计额为公司注册资本的百分之五十以上的，可以不再提取。

公司的法定公积金不足以弥补以前年度亏损的，在依照前款规定提取法定公积金之前，应当先用当年利润弥补亏损。

公司从税后利润中提取法定公积金后，经股东会或者股东大会决议，还可以从税后利润中提取任意公积金。

公司弥补亏损和提取公积金后所余税后利润，有限责任公司依照本法第三十五条的规定分配；股份有限公司按照股东持有的股份比例分配，但股份有限公司章程规定不按持股比例分配的除外。

股东会、股东大会或者董事会违反前款规定，在公司弥补亏损和提取法定公积金之前向股东分配利润的，股东必须将违反规定分配的利润退还公司。

公司持有的本公司股份不得分配利润。

第一百六十八条　股份有限公司以超过股票票面金额的发行价格发行股份所得的溢价款以及国务院财政部门规定列入资本公积金的其他收入，应当列为公司资本公积金。

第一百六十九条　公司的公积金用于弥补公司的亏损、扩大公司生产经营或者转为增加公司资本。但是，资本公积金不得用于弥补公司的亏损。

法定公积金转为资本时，所留存的该项公积金不得少于转增前公司注册资本的百分之二十五。

第一百七十条　公司聘用、解聘承办公司审计业务的会计师事务所，依照公司章程的规定，由股东会、股东大会或者董事会决定。

公司股东会、股东大会或者董事会就解聘会计师事务所进行表决时，应当允许会计师事务所陈述意见。

第一百七十一条　公司应当向聘用的会计师事务所提供真实、完整的会计凭证、会计账簿、财务会计报告及其他会计资料，不得拒绝、隐匿、谎报。

第一百七十二条　公司除法定的会计账簿外，不得另立会计账簿。

对公司资产，不得以任何个人名义开立账户存储。

第九章　公司合并、分立、增资、减资

第一百七十三条　公司合并可以采取吸收合并或者新设合并。

一个公司吸收其他公司为吸收合并，被吸收的公司解散。两个以上公司合并设立一个新的公司为新设合并，合并各方解散。

第一百七十四条　公司合并，应当由合并各方签订合并协议，并编制资产负债表及财产清单。公司应当自作出合并决议之日起十日内通知债权人，并于三十日内在报纸上公告。债权人自接到通知书之日起三十日内，未接到通知书的自公告之日起四十五日内，可以要求公司清偿债务或者提供相应的担保。

第一百七十五条　公司合并时，合并各方的债权、债务，应当由合并后存续的公司或者新设的公司承继。

第一百七十六条　公司分立，其财产作相应的分割。

公司分立，应当编制资产负债表及财产清单。公司应当自作出分立决议之日起十日内通知债权人，并于三十日内在报纸上公告。

第一百七十七条　公司分立前的债务由分立后的公司承担连带责任。但是，公司在分立前与债权人就债务清偿达成的书面协议另有约定的除外。

第一百七十八条　公司需要减少注册资本时，必须编制资产负债表及财产清单。

公司应当自作出减少注册资本决议之日起十日内通知债权人，并于三十日内在报纸上公告。债权人自接到通知书之日起三十日内，未接到通知书的自公告之日起四十五日内，有权要求公司清偿债务或者提供相应的担保。

公司减资后的注册资本不得低于法定的最低限额。

第一百七十九条　有限责任公司增加注册资本时，股东认缴新增资本的出资，依照本法设立有限责任公司缴纳出资的有关规定执行。

股份有限公司为增加注册资本发行新股时，股东认购新股，依照本法设立股份有限公司缴纳股款的有关规定执行。

第一百八十条　公司合并或者分立，登记事项发生变更的，应当依法向公司登记机关办理变更登记；公司解散的，应当依法办理公司注销登记；设立新公司的，应当依法办理公司设立登记。

公司增加或者减少注册资本，应当依法向公司登记机关办理变更登记。

第十章　公司解散和清算

第一百八十一条　公司因下列原因解散：

（一）公司章程规定的营业期限届满或者公司章程规定的其他解散事由出现；

（二）股东会或者股东大会决议解散；

（三）因公司合并或者分立需要解散；

（四）依法被吊销营业执照、责令关闭或者被撤销；

（五）人民法院依照本法第一百八十三条的规定予以解散。

第一百八十二条　公司有本法第一百八十一条第（一）项情形的，可以通过修改公司章程而存续。依照前款规定修改公司章程，有限责任公司须经持有三分之二以上表决权的股东通过，股份有限公司须经出席股东大会会议的股东所持表决权的三分之二以上通过。

第一百八十三条　公司经营管理发生严重困难，继续存续会使股东利益受到重大损失，通过其他途径不能解决的，持有公司全部股东表决权百分之十以上的股东，可以请求人民法院解散公司。

第一百八十四条　公司因本法第一百八十一条第（一）项、第（二）项、第（四）项、第（五）项规定而解散的，应当在解散事由出现之日起十五日内成立清算组，开始清算。有限责任公司的清算组由股东组成，股份有限公司的清算组由董事或者股东大会确定的人员组成。逾期不成立清算组进行清算的，债权人可以申请人民法院指定有关人员组成清算组进行清算。人民法院应当受理该申请，并及时组织清算组进行清算。

第一百八十五条　清算组在清算期间行使下列职权：

（一）清理公司财产，分别编制资产负债表和财产清单；

（二）通知、公告债权人；

（三）处理与清算有关的公司未了结的业务；

（四）清缴所欠税款以及清算过程中产生的税款；

（五）清理债权、债务；

（六）处理公司清偿债务后的剩余财产；

（七）代表公司参与民事诉讼活动。

第一百八十六条　清算组应当自成立之日起十日内通知债权人，并于六十日内在报纸上公告。债权人应当自接到通知书之日起三十日内，未接到通知书的自公告之日起四十五日内，向清算组申报其债权。

债权人申报债权，应当说明债权的有关事项，并提供证明材料。清算组应当对债权进行登记。

在申报债权期间，清算组不得对债权人进行清偿。

第一百八十七条　清算组在清理公司财产、编制资产负债表和财产清单后，应当制定清算方案，并报股东会、股东大会或者人民法院确认。

公司财产在分别支付清算费用、职工的工资、社会保险费用和法定补偿金，缴纳所欠税款，清偿公司债务后的剩余财产，有限责任公司按照股东的出资比例分配，股份有限公司按照股东持有的股份比例分配。

清算期间，公司存续，但不得开展与清算无关的经营活动。公司财产在未依照前款规定清偿前，不得分配给股东。

第一百八十八条　清算组在清理公司财产、编制资产负债表和财产清单后，发现公司财产不足清偿债务的，应当依法向人民法院申请宣告破产。

公司经人民法院裁定宣告破产后，清算组应当将清算事务移交给人民法院。

第一百八十九条　公司清算结束后，清算组应当制作清算报告，报股东会、股东大会或者人民法院确认，并报送公司登记机关，申请注销公司登记，公告公司终止。

第一百九十条　清算组成员应当忠于职守，依法履行清算义务。

清算组成员不得利用职权收受贿赂或者其他非法收入，不得侵占公司财产。

清算组成员因故意或者重大过失给公司或者债权人造成损失的，应当承担赔偿责任。

第一百九十一条　公司被依法宣告破产的，依照有关企业破产的法律实施破产清算。

第十一章　外国公司的分支机构

第一百九十二条　本法所称外国公司是指依照外国法律在中国境外设立的公司。

第一百九十三条　外国公司在中国境内设立分支机构，必须向中国主管机关提出申请，并提交其公司章程、所属国的公司登记证书等有关文件，经批准后，向公司登记机关依法办理登记，领取营业执照。

外国公司分支机构的审批办法由国务院另行规定。

第一百九十四条　外国公司在中国境内设立分支机构，必须在中国境内指定负责该分支机构的代表人或者代理人，并向该分支机构拨付与其所从事的经营活动相适应的资金。

对外国公司分支机构的经营资金需要规定最低限额的，由国务院另行规定。

第一百九十五条　外国公司的分支机构应当在其名称中标明该外国公司的国籍及责任形式。

外国公司的分支机构应当在本机构中置备该外国公司章程。

第一百九十六条　外国公司在中国境内设立的分支机构不具有中国法人资格。

外国公司对其分支机构在中国境内进行经营活动承担民事责任。

第一百九十七条　经批准设立的外国公司分支机构，在中国境内从事业务活动，必须遵守中国的法律，不得损害中国的社会公共利益，其合法权益受中国法律保护。

第一百九十八条　外国公司撤销其在中国境内的分支机构时，必须依法清偿债务，依照本法有关公司清算程序的规定进行清算。未清偿债务之前，不得将其分支机构的财产移至中国境外。

第十二章　法律责任

第一百九十九条　违反本法规定，虚报注册资本、提交虚假材料或者采取其他欺诈手段隐瞒重要事实取得公司登记的，由公司登记机关责令改正，对虚报注册资本的公司，处以虚报注册资本金额百分之五以上百分之十五以下的罚款；对提交虚假材料或者采取其他欺诈手段隐瞒重要事实的公司，处以五万元以上五十万元以下的罚款；情节严重的，撤销公司登记或者吊销营业执照。

第二百条　公司的发起人、股东虚假出资，未交付或者未按期交付作为出资的货币或者非货币财产的，由公司登记机关责令改正，处以虚假出资金额百分之五以上百分之十五以下的罚款。

第二百零一条　公司的发起人、股东在公司成立后，抽逃其出资的，由公司登记机关责令改正，处以所抽逃出资金额百分之五以上百分之十五以下的罚款。

第二百零二条　公司违反本法规定，在法定的会计账簿以外另立会计账簿的，由县级以上人民政府财政部门责令改正，处以五万元以上五十万元以下的罚款。

第二百零三条　公司在依法向有关主管部门提供的财务会计报告等材料上作虚假记载或者隐瞒重要事实的，由有关主管部门对直接负责的主管人员和其他直接责任人员处以三万元以上三十万元以下的罚款。

第二百零四条　公司不依照本法规定提取法定公积金的，由县级以上人民政府财政部门责令如数补足应当提取的金额，可以对公司处以二十万元以下的罚款。

第二百零五条　公司在合并、分立、减少注册资本或者进行清算时，不依照本法规定通知或者公告债权人的，由公司登记机关责令改正，对公司处以一万元以上十万元以下的罚款。

公司在进行清算时，隐匿财产，对资产负债表或者财产清单作虚假记载或者在未清偿债务前分配公司财产的，由公司登记机关责令改正，对公司处以隐匿财产或者未清偿债务前分配公司财产金额百分之五以上百分之十以下的罚款；对直接负责的主管人员和其他直接责任人员处以一万元以上十万元以下的罚款。

第二百零六条　公司在清算期间开展与清算无关的经营活动的，由公司登记机关予以警告，没收违法所得。

第二百零七条　清算组不依照本法规定向公司登记机关报送清算报告，或者报送清算报告隐瞒重要事实或者有重大遗漏的，由公司登记机关责令改正。

清算组成员利用职权徇私舞弊、谋取非法收入或者侵占公司财产的，由公司登记机关责令退还公司财产，没收违法所得，并可以处以违法所得一倍以上五倍以下的罚款。

第二百零八条　承担资产评估、验资或者验证的机构提供虚假材料的，由公司登记机关没收违法所得，处以违法所得一倍以上五倍以下的罚款，并可以由有关主管部门依法责令该机构停业、吊销直接责任人员的资格证书，吊销营业执照。

承担资产评估、验资或者验证的机构因过失提供有重大遗漏的报告的，由公司登记机关责令改正，情节较重的，处以所得收入一倍以上五倍以下的罚款，并可以由有关主管部门依法责令该机构停业、吊销直接责任人员的资格证书，吊销营业执照。

承担资产评估、验资或者验证的机构因其出具的评估结果、验资或者验证证明不实，给公司债权人造成损失的，除能够证明自己没有过错的外，在其评估或者证明不实的金额范围内承担赔偿责任。

第二百零九条　公司登记机关对不符合本法规定条件的登记申请予以登记，或者对符合本法规定条件的登记申请不予登记的，对直接负责的主管人员和其他直接责任人员，依法给予行政处分。

第二百一十条　公司登记机关的上级部门强令公司登记机关对不符合本法规定条件的登记申请予以登记，或者对符合本法规定条件的登记申请不予登记的，或者对违法登记进行包庇的，对直接负责的主管人员和其他直接责任人员依法给予行政处分。

第二百一十一条　未依法登记为有限责任公司或者股份有限公司，而冒用有限责任公司或者股份有限公司名义的，或者未依法登记为有限责任公司或者股份有限公司的分公司，而冒用有限责任公司或者股份有限公司的分公司名义的，由公司登记机关责令改正或者予以取缔，可以并处十万元以下的罚款。

第二百一十二条　公司成立后无正当理由超过六个月未开业的，或者开业后自行停业连续六个月以上的，可以由公司登记机关吊销营业执照。

公司登记事项发生变更时，未依照本法规定办理有关变更登记的，由公司登记机关责令限期登记；逾期不登记的，处以一万元以上十万元以下的罚款。

第二百一十三条　外国公司违反本法规定，擅自在中国境内设立分支机构的，由公司登记机关责令改正或者关闭，可以并处五万元以上二十万元以下的罚款。

第二百一十四条　利用公司名义从事危害国家安全、社会公共利益的严重违法行为的，吊销营业执照。

第二百一十五条　公司违反本法规定，应当承担民事赔偿责任和缴纳罚款、罚金的，其财产不足以支付时，先承担民事赔偿责任。

第二百一十六条　违反本法规定，构成犯罪的，依法追究刑事责任。

第十三章　附　则

第二百一十七条　本法下列用语的含义：

（一）高级管理人员，是指公司的经理、副经理、财务负责人，上市公司董事会秘书和公司章程规定的其他人员。

（二）控股股东，是指其出资额占有限责任公司资本总额百分之五十以上或者其持有的股份占股份有限公司股本总额百分之五十以上的股东；出资额或者持有股份的比例虽然不足百分之五十，但依其出资额或者持有的股份所享有的表决权已足以对股东会、股东大会的决议产生重大影响的股东。

（三）实际控制人，是指虽不是公司的股东，但通过投资关系、协议或者其他安排，能够实际支配公司行为的人。

（四）关联关系，是指公司控股股东、实际控制人、董事、监事、高级管理人员与其直接或者间接控制的企业之间的关系，以及可能导致公司利益转移的其他关系。但是，国家控股的企业之间不仅因为同受国家控股而具有关联关系。

第二百一十八条　外商投资的有限责任公司和股份有限公司适用本法；有关外商投资的法律另有规定的，适用其规定。

第二百一十九条　本法自 2006 年 1 月 1 日起施行。

附录D　中华人民共和国反不正当竞争法

第一章　总　则

第一条　为保障社会主义市场经济健康发展，鼓励和保护公平竞争，制止不正当竞争行为，保护经营者和消费者的合法权益，制定本法。

第二条　经营者在市场交易中，应当遵循自愿、平等、公平、诚实信用的原则，遵守公认的商业道德。

本法所称的不正当竞争，是指经营者违反本法规定，损害其他经营者的合法权益，扰乱社会经济秩序的行为。

本法所称的经营者，是指从事商品经营或者营利性服务（以下所称商品包括服务）的法人、其他经济组织和个人。

第三条　各级人民政府应当采取措施，制止不正当竞争行为，为公平竞争创造良好的环境和条件。

县级以上人民政府工商行政管理部门对不正当竞争行为进行监督检查；法律、行政法规规定由其他部门监督检查的，依照其规定。

第四条　国家鼓励、支持和保护一切组织和个人对不正当竞争行为进行社会监督。

国家机关工作人员不得支持、包庇不正当竞争行为。

第二章　不正当竞争行为

第五条　经营者不得采用下列不正当手段从事市场交易，损害竞争对手：

（一）假冒他人的注册商标；

（二）擅自使用知名商品特有的名称、包装、装潢，或者使用与知名商品近似的名称、包装、装潢，造成和他人的知名商品相混淆，使购买者误认为是该知名商品；

（三）擅自使用他人的企业名称或者姓名，引人误认为是他人的商品；

（四）在商品上伪造或者冒用认证标志、名优标志等质量标志，伪造产地，对商品质量作引人误解的虚假表示。

第六条　公用企业或者其他依法具有独占地位的经营者，不得限定他人购买其指定的经营者的商品，以排挤其他经营者的公平竞争。

第七条　政府及其所属部门不得滥用行政权力，限定他人购买其指定的经营者的商品，限制其他经营者正当的经营活动。

政府及其所属部门不得滥用行政权力，限制外地商品进入本地市场，或者本地商品流向外地市场。

第八条　经营者不得采用财物或者其他手段进行贿赂以销售或者购买商品。在帐外暗中给予对方单位或者个人回扣的，以行贿论处；对方单位或者个人在账外暗中收受回扣的,以受贿论处。

经营者销售或者购买商品,可以以明示方式给对方折扣,可以给中间人佣金。经营者给对方折扣、给中间人佣金的,必须如实入账。接受折扣、佣金的经营者必须如实入账。

第九条　经营者不得利用广告或者其他方法,对商品的质量、制作成分、性能、用途、生产者、有效期限、产地等作引人误解的虚假宣传。

广告的经营者不得在明知或者应知的情况下,代理、设计、制作、发布虚假广告。

第十条　经营者不得采用下列手段侵犯商业秘密:

(一)以盗窃、利诱、胁迫或者其他不正当手段获取权利人的商业秘密;

(二)披露、使用或者允许他人使用以前项手段获取的权利人的商业秘密;

(三)违反约定或者违反权利人有关保守商业秘密的要求,披露、使用或者允许他人使用其所掌握的商业秘密。

第三人明知或者应知前款所列违法行为,获取、使用或者披露他人的商业秘密,视为侵犯商业秘密。

本条所称的商业秘密,是指不为公众所知悉、能为权利人带来经济利益、具有实用性并经权利人采取保密措施的技术信息和经营信息。

第十一条　经营者不得以排挤竞争对手为目的,以低于成本的价格销售商品。

有下列情形之一的,不属于不正当竞争行为:

(一)销售鲜活商品;

(二)处理有效期限即将到期的商品或者其他积压的商品;

(三)季节性降价;

(四)因清偿债务、转产、歇业降价销售商品。

第十二条　经营者销售商品,不得违背购买者的意愿搭售商品或者附加其他不合理的条件。

第十三条　经营者不得从事下列有奖销售:

(一)采用谎称有奖或者故意让内定人员中奖的欺骗方式进行有奖销售;

(二)利用有奖销售的手段推销质次价高的商品;

(三)抽奖式的有奖销售,最高奖的金额超过五千元。

第十四条　经营者不得捏造、散布虚伪事实,损害竞争对手的商业信誉、商品声誉。

第十五条　投标者不得串通投标,抬高标价或者压低标价。

投标者和招标者不得相互勾结,以排挤竞争对手的公平竞争。

第三章　监督检查

第十六条　县级以上监督检查部门对不正当竞争行为,可以进行监督检查。

第十七条　监督检查部门在监督检查不正当竞争行为时,有权行使下列职权:

(一)按照规定程序询问被检查的经营者、利害关系人、证明人,并要求提供证明材料或者与不正当竞争行为有关的其他资料;

（二）查询、复制与不正当竞争行为有关的协议、账册、单据、文件、记录、业务函电和其他资料；

（三）检查与本法第五条规定的不正当竞争行为有关的财物，必要时可以责令被检查的经营者说明该商品的来源和数量，暂停销售，听候检查，不得转移、隐匿、销毁该财物。

第十八条　监督检查部门工作人员监督检查不正当竞争行为时，应当出示检查证件。

第十九条　监督检查部门在监督检查不正当竞争行为时，被检查的经营者、利害关系人和证明人应当如实提供有关资料或者情况。

第四章　法律责任

第二十条　经营者违反本法规定，给被侵害的经营者造成损害的，应当承担损害赔偿责任，被侵害的经营者的损失难以计算的，赔偿额为侵权人在侵权期间因侵权所获得的利润；并应当承担被侵害的经营者因调查该经营者侵害其合法权益的不正当竞争行为所支付的合理费用。

被侵害的经营者的合法权益受到不正当竞争行为损害的，可以向人民法院提起诉讼。

第二十一条　经营者假冒他人的注册商标，擅自使用他人的企业名称或者姓名，伪造或者冒用认证标志、名优标志等质量标志，伪造产地，对商品质量作引人误解的虚假表示的，依照《中华人民共和国商标法》、《中华人民共和国产品质量法》的规定处罚。

经营者擅自使用知名商品特有的名称、包装、装潢，或者使用与知名商品近似的名称、包装、装潢，造成和他人的知名商品相混淆，使购买者误认为是该知名商品的，监督检查部门应当责令停止违法行为，没收违法所得，可以根据情节处以违法所得一倍以上三倍以下的罚款；情节严重的，可以吊销营业执照；销售伪劣商品，构成犯罪的，依法追究刑事责任。

第二十二条　经营者采用财物或者其他手段进行贿赂以销售或者购买商品，构成犯罪的，依法追究刑事责任；不构成犯罪的，监督检查部门可以根据情节处以一万元以上二十万元以下的罚款，有违法所得的，予以没收。

第二十三条　公用企业或者其他依法具有独占地位的经营者，限定他人购买其指定的经营者的商品，以排挤其他经营者的公平竞争的，省级或者设区的市的监督检查部门应当责令停止违法行为，可以根据情节处以五万元以上二十万元以下的罚款。被指定的经营者借此销售质次价高商品或者滥收费用的，监督检查部门应当没收违法所得，可以根据情节处以违法所得一倍以上三倍以下的罚款。

第二十四条　经营者利用广告或者其他方法，对商品作引人误解的虚假宣传的，监督检查部门应当责令停止违法行为，消除影响，可以根据情节处以一万元以上二十万元以下的罚款。

广告的经营者，在明知或者应知的情况下，代理、设计、制作、发布虚假广告的，监督检查部门应当责令停止违法行为，没收违法所得，并依法处以罚款。

第二十五条　违反本法第十条规定侵犯商业秘密的，监督检查部门应当责令停止违法行为，可以根据情节处以一万元以上二十万元以下的罚款。

第二十六条　经营者违反本法第十三条规定进行有奖销售的，监督检查部门应当责令停止违法行为，可以根据情节处以一万元以上十万元以下的罚款。

第二十七条　投标者串通投标，抬高标价或者压低标价；投标者和招标者相互勾结，以排挤竞争对手的公平竞争的，其中标无效。监督检查部门可以根据情节处以一万元以上二十万元以下的罚款。

第二十八条　经营者有违反被责令暂停销售，不得转移、隐匿、销毁与不正当竞争行为有关的财物的行为的，监督检查部门可以根据情节处以被销售、转移、隐匿、销毁财物的价款的一倍以上三倍以下的罚款。

第二十九条　当事人对监督检查部门作出的处罚决定不服的，可以自收到处罚决定之日起十五日内向上一级主管机关申请复议；对复议决定不服的，可以自收到复议决定书之日起十五日内向人民法院提起诉讼；也可以直接向人民法院提起诉讼。

第三十条　政府及其所属部门违反本法第七条规定，限定他人购买其指定的经营者的商品、限制其他经营者正当的经营活动，或者限制商品在地区之间正常流通的，由上级机关责令其改正；情节严重的，由同级或者上级机关对直接责任人员给予行政处分。被指定的经营者借此销售质次价高商品或者滥收费用的，监督检查部门应当没收违法所得，可以根据情节处以违法所得一倍以上三倍以下的罚款。

第三十一条　监督检查不正当竞争行为的国家机关工作人员滥用职权、玩忽职守，构成犯罪的，依法追究刑事责任；不构成犯罪的，给予行政处分。

第三十二条　监督检查不正当竞争行为的国家机关工作人员徇私舞弊，对明知有违反本法规定构成犯罪的经营者故意包庇不使他受追诉的，依法追究刑事责任。

第五章　附　则

第三十三条　本法自 1993 年 12 月 1 日起施行。

附录E　中华人民共和国消费者权益保护法

（1993年10月31日第八届全国人民代表大会常务委员会第四次会议通过，1993年10月31日中华人民共和国主席令第十一号公布自1994年1月1日起施行）

第一章　总　则

第一条　为保护消费者的合法权益，维护社会经济秩序，促进社会主义市场经济健康发展，制定本法。

第二条　消费者为生活消费需要购买、使用商品或者接受服务，其权益受本法保护；本法未作规定的，受其他有关法律、法规保护。

第三条　经营者为消费者提供其生产、销售的商品或者提供服务，应当遵守本法；本法未作规定的，应当遵守其他有关法律、法规。

第四条　经营者与消费者进行交易，应当遵循自愿、平等、公平、诚实信用的原则。

第五条　国家保护消费者的合法权益不受侵害。

国家采取措施，保障消费者依法行使权利，维护消费者的合法权益。

第六条　保护消费者的合法权益是全社会的共同责任。

国家鼓励、支持一切组织和个人对损害消费者合法权益的行为进行社会监督。

大众传播媒介应当做好维护消费者合法权益的宣传，对损害消费者合法权益的行为进行舆论监督。

第二章　消费者的权利

第七条　消费者在购买、使用商品和接受服务时享有人身、财产安全不受损害的权利。

消费者有权要求经营者提供的商品和服务，符合保障人身、财产安全的要求。

第八条　消费者享有知悉其购买、使用的商品或者接受的服务的真实情况的权利。

消费者有权根据商品或者服务的不同情况，要求经营者提供商品的价格、产地、生产者、用途、性能、规格、等级、主要成分、生产日期、有效期限、检验合格证明、使用方法说明书、售后服务，或者服务的内容、规格、费用等有关情况。

第九条　消费者享有自主选择商品或者服务的权利。

消费者有权自主选择提供商品或者服务的经营者，自主选择商品品种或者服务方式，自主决定购买或者不购买任何一种商品、接受或者不接受任何一项服务。

消费者在自主选择商品或者服务时，有权进行比较、鉴别和挑选。

第十条　消费者享有公平交易的权利。

消费者在购买商品或者接受服务时，有权获得质量保障、价格合理、计量正确等公平交易条件,有权拒绝经营者的强制交易行为。

第十一条　消费者因购买、使用商品或者接受服务受到人身、财产损害的,享有依法获得赔偿的权利。

第十二条　消费者享有依法成立维护自身合法权益的社会团体的权利。

第十三条　消费者享有获得有关消费和消费者权益保护方面的知识的权利。

消费者应当努力掌握所需商品或者服务的知识和使用技能,正确使用商品,提高自我保护意识。

第十四条　消费者在购买、使用商品和接受服务时,享有其人格尊严、民族风俗习惯得到尊重的权利。

第十五条　消费者享有对商品和服务以及保护消费者权益工作进行监督的权利。

消费者有权检举、控告侵害消费者权益的行为和国家机关及其工作人员在保护消费者权益工作中的违法失职行为,有权对保护消费者权益工作提出批评、建议。

第三章　经营者的义务

第十六条　经营者向消费者提供商品或者服务,应当依照《中华人民共和国产品质量法》和其他有关法律、法规的规定履行义务。

经营者和消费者有约定的,应当按照约定履行义务,但双方的约定不得违背法律、法规的规定。

第十七条　经营者应当听取消费者对其提供的商品或者服务的意见,接受消费者的监督。

第十八条　经营者应当保证其提供的商品或者服务符合保障人身、财产安全的要求。对可能危及人身、财产安全的商品和服务,应当向消费者作出真实的说明和明确的警示,并说明和标明正确使用商品或者接受服务的方法以及防止危害发生的方法。

经营者发现其提供的商品或者服务存在严重缺陷,即使正确使用商品或者接受服务仍然可能对人身、财产安全造成危害的,应当立即向有关行政部门报告和告知消费者,并采取防止危害发生的措施。

第十九条　经营者应当向消费者提供有关商品或者服务的真实信息,不得作引人误解的虚假宣传。

经营者对消费者就其提供的商品或者服务的质量和使用方法等问题提出的询问,应当作出真实、明确的答复。

商店提供商品应当明码标价。

第二十条　经营者应当标明其真实名称和标记。

租赁他人柜台或者场地的经营者,应当标明其真实名称和标记。

第二十一条　经营者提供商品或者服务,应当按照国家有关规定或者商业惯例向消费者出具购货凭证或者服务单据;消费者索要购货凭证或者服务单据的,经营者必须出具。

第二十二条　经营者应当保证在正常使用商品或者接受服务的情况下其提供的商品或者服务应当具有的质量、性能、用途和有效期限；但消费者在购买该商品或者接受该服务前已经知道其存在瑕疵的除外。

经营者以广告、产品说明、实物样品或者其他方式表明商品或者服务的质量状况的，应当保证其提供的商品或者服务的实际质量与表明的质量状况相符。

第二十三条　经营者提供商品或者服务，按照国家规定或者与消费者的约定，承担包修、包换、包退或者其他责任的，应当按照国家规定或者约定履行，不得故意拖延或者无理拒绝。

第二十四条　经营者不得以格式合同、通知、声明、店堂告示等方式作出对消费者不公平、不合理的规定，或者减轻、免除其损害消费者合法权益应当承担的民事责任。

格式合同、通知、声明、店堂告示等含有前款所列内容的，其内容无效。

第二十五条　经营者不得对消费者进行侮辱、诽谤，不得搜查消费者的身体及其携带的物品，不得侵犯消费者的人身自由。

第四章　国家对消费者合法权益的保护

第二十六条　国家制定有关消费者权益的法律、法规和政策时，应当听取消费者的意见和要求。

第二十七条　各级人民政府应当加强领导，组织、协调、督促有关行政部门做好保护消费者合法权益的工作。

各级人民政府应当加强监督，预防危害消费者人身、财产安全行为的发生，及时制止危害消费者人身、财产安全的行为。

第二十八条　各级人民政府工商行政管理部门和其他有关行政部门应当依照法律、法规的规定，在各自的职责范围内，采取措施，保护消费者的合法权益。

有关行政部门应当听取消费者及其社会团体对经营者交易行为、商品和服务质量问题的意见，及时调查处理。

第二十九条　有关国家机关应当依照法律、法规的规定，惩处经营者在提供商品和服务中侵害消费者合法权益的违法犯罪行为。

第三十条　人民法院应当采取措施，方便消费者提起诉讼。对符合《中华人民共和国民事诉讼法》起诉条件的消费者权益争议，必须受理，及时审理。

第五章　消费者组织

第三十一条　消费者协会和其他消费者组织是依法成立的对商品和服务进行社会监督的保护消费者合法权益的社会团体。

第三十二条　消费者协会履行下列职能：

（一）向消费者提供消费信息和咨询服务；

（二）参与有关行政部门对商品和服务的监督、检查；

（三）就有关消费者合法权益的问题，向有关行政部门反映、查询，提出建议；

(四)受理消费者的投诉,并对投诉事项进行调查、调解;

(五)投诉事项涉及商品和服务质量问题的,可以提请鉴定部门鉴定,鉴定部门应当告知鉴定结论;

(六)就损害消费者合法权益的行为,支持受损害的消费者提起诉讼;

(七)对损害消费者合法权益的行为,通过大众传播媒介予以揭露、批评。

各级人民政府对消费者协会履行职能应当予以支持。

第三十三条　消费者组织不得从事商品经营和营利性服务,不得以牟利为目的向社会推荐商品和服务。

第六章　争议的解决

第三十四条　消费者和经营者发生消费者权益争议的,可以通过下列途径解决:

(一)与经营者协商和解;

(二)请求消费者协会调解;

(三)向有关行政部门申诉;

(四)根据与经营者达成的仲裁协议提请仲裁机构仲裁;

(五)向人民法院提起诉讼。

第三十五条　消费者在购买、使用商品时,其合法权益受到损害的,可以向销售者要求赔偿。销售者赔偿后,属于生产者的责任或者属于向销售者提供商品的其他销售者的责任的,销售者有权向生产者或者其他销售者追偿。

消费者或者其他受害人因商品缺陷造成人身、财产损害的,可以向销售者要求赔偿,也可以向生产者要求赔偿。属于生产者责任的,销售者赔偿后,有权向生产者追偿。属于销售者责任的,生产者赔偿后,有权向销售者追偿。

消费者在接受服务时,其合法权益受到损害的,可以向服务者要求赔偿。

第三十六条　消费者在购买、使用商品或者接受服务时,其合法权益受到损害,因原企业分立、合并的,可以向变更后承受其权利义务的企业要求赔偿。

第三十七条　使用他人营业执照的违法经营者提供商品或者服务,损害消费者合法权益的,消费者可以向其要求赔偿,也可以向营业执照的持有人要求赔偿。

第三十八条　消费者在展销会、租赁柜台购买商品或者接受服务,其合法权益受到损害的,可以向销售者或者服务者要求赔偿。展销会结束或者柜台租赁期满后,也可以向展销会的举办者、柜台的出租者要求赔偿。展销会的举办者、柜台的出租者赔偿后,有权向销售者或者服务者追偿。

第三十九条　消费者因经营者利用虚假广告提供商品或者服务,其合法权益受到损害的,可以向经营者要求赔偿。广告的经营者发布虚假广告的,消费者可以请求行政主管部门予以惩处。广告的经营者不能提供经营者的真实名称、地址的,应当承担赔偿责任。

第七章　法律责任

第四十条　经营者提供商品或者服务有下列情形之一的,除本法另有规定外,应当依照《中华人民共和国产品质量法》和其他有关法律、法规的规定，承担民事责任：

（一）商品存在缺陷的；

（二）不具备商品应当具备的使用性能而出售时未作说明的；

（三）不符合在商品或者其包装上注明采用的商品标准的；

（四）不符合商品说明、实物样品等方式表明的质量状况的；

（五）生产国家明令淘汰的商品或者销售失效、变质的商品的；

（六）销售的商品数量不足的；

（七）服务的内容和费用违反约定的；

（八）对消费者提出的修理、重作、更换、退货、补足商品数量、退还货款和服务费用或者赔偿损失的要求，故意拖延或者无理拒绝的；

（九）法律、法规规定的其他损害消费者权益的情形。

第四十一条　经营者提供商品或者服务，造成消费者或者其他受害人人身伤害的，应当支付医疗费、治疗期间的护理费、因误工减少的收入等费用，造成残疾的，还应当支付残疾者生活自助具费、生活补助费、残疾赔偿金以及由其扶养的人所必需的生活费等费用；构成犯罪的，依法追究刑事责任。

第四十二条　经营者提供商品或者服务，造成消费者或者其他受害人死亡的，应当支付丧葬费、死亡赔偿金以及由死者生前扶养的人所必需的生活费等费用；构成犯罪的，依法追究刑事责任。

第四十三条　经营者违反本法第二十五条规定，侵害消费者的人格尊严或者侵犯消费者人身自由的，应当停止侵害、恢复名誉、消除影响、赔礼道歉，并赔偿损失。

第四十四条　经营者提供商品或者服务，造成消费者财产损害的，应当按照消费者的要求，以修理、重作、更换、退货、补足商品数量、退还货款和服务费用或者赔偿损失等方式承担民事责任。消费者与经营者另有约定的，按照约定履行。

第四十五条　对国家规定或者经营者与消费者约定包修、包换、包退的商品，经营者应当负责修理、更换或者退货。在保修期内两次修理仍不能正常使用的，经营者应当负责更换或者退货。

对包修、包换、包退的大件商品，消费者要求经营者修理、更换、退货的，经营者应当承担运输等合理费用。

第四十六条　经营者以邮购方式提供商品的，应当按照约定提供。未按照约定提供的，应当按照消费者的要求履行约定或者退回货款；并应当承担消费者必须支付的合理费用。

第四十七条　经营者以预收款方式提供商品或者服务的，应当按照约定提供。未按照约定提供的，应当按照消费者的要求履行约定或者退回预付款；并应当承担预付款的利息、消费者必须支付的合理费用。

第四十八条　依法经有关行政部门认定为不合格的商品，消费者要求退货的，经营者应当负责退货。

第四十九条　经营者提供商品或者服务有欺诈行为的，应当按照消费者的要求增加赔偿其受到的损失，增加赔偿的金额为消费者购买商品的价款或者接受服务的

费用的一倍。

第五十条　经营者有下列情形之一，《中华人民共和国产品质量法》和其他有关法律、法规对处罚机关和处罚方式有规定的，依照法律、法规的规定执行；法律、法规未作规定的，由工商行政管理部门责令改正，可以根据情节单处或者并处警告、没收违法所得、处以违法所得一倍以上五倍以下的罚款，没有违法所得的，处以一万元以下的罚款；情节严重的，责令停业整顿、吊销营业执照：

（一）生产、销售的商品不符合保障人身、财产安全要求的；

（二）在商品中掺杂、掺假，以假充真，以次充好，或者以不合格商品冒充合格商品的；

（三）生产国家明令淘汰的商品或者销售失效、变质的商品的；

（四）伪造商品的产地，伪造或者冒用他人的厂名、厂址，伪造或者冒用认证标志、名优标志等质量标志的；

（五）销售的商品应当检验、检疫而未检验、检疫或者伪造检验、检疫结果的；

（六）对商品或者服务作引人误解的虚假宣传的；

（七）对消费者提出的修理、重作、更换、退货、补足商品数量、退还货款和服务费用或者赔偿损失的要求，故意拖延或者无理拒绝的；

（八）侵害消费者人格尊严或者侵犯消费者人身自由的；

（九）法律、法规规定的对损害消费者权益应当予以处罚的其他情形。

第五十一条　经营者对行政处罚决定不服的，可以自收到处罚决定之日起十五日内向上一级机关申请复议，对复议决定不服的，可以自收到复议决定书之日起十五日内向人民法院提起诉讼；也可以直接向人民法院提起诉讼。

第五十二条　以暴力、威胁等方法阻碍有关行政部门工作人员依法执行职务的，依法追究刑事责任；拒绝、阻碍有关行政部门工作人员依法执行职务，未使用暴力、威胁方法的，由公安机关依照《中华人民共和国治安管理处罚条例》的规定处罚。

第五十三条　国家机关工作人员玩忽职守或者包庇经营者侵害消费者合法权益的行为的，由其所在单位或者上级机关给予行政处分；情节严重，构成犯罪的，依法追究刑事责任。

第八章　附　则

第五十四条　农民购买、使用直接用于农业生产的生产资料，参照本法执行。

第五十五条　本法自 1994 年 1 月 1 日起施行。

附录F　中华人民共和国城市房地产管理法

（1994年7月5日第八届全国人民代表大会常务委员会第八次会议通过　根据2007年8月30日第十届全国人民代表大会常务委员会第二十九次会议《关于修改〈中华人民共和国城市房地产管理法〉的决定》修正）

第一章　总　则

第一条　为了加强对城市房地产的管理，维护房地产市场秩序，保障房地产权利人的合法权益，促进房地产业的健康发展，制定本法。

第二条　在中华人民共和国城市规划区国有土地（以下简称国有土地）范围内取得房地产开发用地的土地使用权，从事房地产开发、房地产交易，实施房地产管理，应当遵守本法。

本法所称房屋，是指土地上的房屋等建筑物及构筑物。

本法所称房地产开发，是指在依据本法取得国有土地使用权的土地上进行基础设施、房屋建设的行为。

本法所称房地产交易，包括房地产转让、房地产抵押和房屋租赁。

第三条　国家依法实行国有土地有偿、有限期使用制度。但是，国家在本法规定的范围内划拨国有土地使用权的除外。

第四条　国家根据社会、经济发展水平，扶持发展居民住宅建设，逐步改善居民的居住条件。

第五条　房地产权利人应当遵守法律和行政法规，依法纳税。房地产权利人的合法权益受法律保护，任何单位和个人不得侵犯。

第六条　为了公共利益的需要，国家可以征收国有土地上单位和个人的房屋，并依法给予拆迁补偿，维护被征收人的合法权益；征收个人住宅的，还应当保障被征收人的居住条件。具体办法由国务院规定。

第七条　国务院建设行政主管部门、土地管理部门依照国务院规定的职权划分，各司其职，密切配合，管理全国房地产工作。

县级以上地方人民政府房产管理、土地管理部门的机构设置及其职权由省、自治区、直辖市人民政府确定。

第二章　房地产开发用地

第一节　土地使用权出让

第八条　土地使用权出让，是指国家将国有土地使用权（以下简称土地使用权）在一定年限内出让给土地使用者，由土地使用者向国家支付土地使用权出让金的行为。

第九条　城市规划区内的集体所有的土地，经依法征用转为国有土地后，该幅国

有土地的使用权方可有偿出让。

第十条　土地使用权出让，必须符合土地利用总体规划、城市规划和年度建设用地计划。

第十一条　县级以上地方人民政府出让土地使用权用于房地产开发的，须根据省级以上人民政府下达的控制指标拟订年度出让土地使用权总面积方案，按照国务院规定，报国务院或者省级人民政府批准。

第十二条　土地使用权出让，由市、县人民政府有计划、有步骤地进行。出让的每幅地块、用途、年限和其他条件，由市、县人民政府土地管理部门会同城市规划、建设、房产管理部门共同拟定方案，按照国务院规定，报经有批准权的人民政府批准后，由市、县人民政府土地管理部门实施。

直辖市的县人民政府及其有关部门行使前款规定的权限，由直辖市人民政府规定。

第十三条　土地使用权出让，可以采取拍卖、招标或者双方协议的方式。

商业、旅游、娱乐和豪华住宅用地，有条件的，必须采取拍卖、招标方式；没有条件，不能采取拍卖、招标方式的，可以采取双方协议的方式。

采取双方协议方式出让土地使用权的出让金不得低于按国家规定所确定的最低价。

第十四条　土地使用权出让最高年限由国务院规定。

第十五条　土地使用权出让，应当签订书面出让合同。

土地使用权出让合同由市、县人民政府土地管理部门与土地使用者签订。

第十六条　土地使用者必须按照出让合同约定，支付土地使用权出让金；未按照出让合同约定支付土地使用权出让金的，土地管理部门有权解除合同，并可以请求违约赔偿。

第十七条　土地使用者按照出让合同约定支付土地使用权出让金的，市、县人民政府土地管理部门必须按照出让合同约定，提供出让的土地；未按照出让合同约定提供出让的土地的，土地使用者有权解除合同，由土地管理部门返还土地使用权出让金，土地使用者并可以请求违约赔偿。

第十八条　土地使用者需要改变土地使用权出让合同约定的土地用途的，必须取得出让方和市、县人民政府城市规划行政主管部门的同意，签订土地使用权出让合同变更协议或者重新签订土地使用权出让合同，相应调整土地使用权出让金。

第十九条　土地使用权出让金应当全部上缴财政，列入预算，用于城市基础设施建设和土地开发。土地使用权出让金上缴和使用的具体办法由国务院规定。

第二十条　国家对土地使用者依法取得的土地使用权，在出让合同约定的使用年限届满前不收回；在特殊情况下，根据社会公共利益的需要，可以依照法律程序提前收回，并根据土地使用者使用土地的实际年限和开发土地的实际情况给予相应的补偿。

第二十一条　土地使用权因土地灭失而终止。

第二十二条　土地使用权出让合同约定的使用年限届满，土地使用者需要继续使用土地的，应当至迟于届满前一年申请续期，除根据社会公共利益需要收回该幅土地的，应当予以批准。经批准准予续期的，应当重新签订土地使用权出让合同，依照规定支付土地使用权出让金。

土地使用权出让合同约定的使用年限届满，土地使用者未申请续期或者虽申请续期但依照前款规定未获批准的，土地使用权由国家无偿收回。

第二节　土地使用权划拨

第二十三条　土地使用权划拨，是指县级以上人民政府依法批准，在土地使用者缴纳补偿、安置等费用后将该幅土地交付其使用，或者将土地使用权无偿交付给土地使用者使用的行为。

依照本法规定以划拨方式取得土地使用权的，除法律、行政法规另有规定外，没有使用期限的限制。

第二十四条　下列建设用地的土地使用权，确属必需的，可以由县级以上人民政府依法批准划拨：

（一）国家机关用地和军事用地；

（二）城市基础设施用地和公益事业用地；

（三）国家重点扶持的能源、交通、水利等项目用地；

（四）法律、行政法规规定的其他用地。

第三章　房地产开发

第二十五条　房地产开发必须严格执行城市规划，按照经济效益、社会效益、环境效益相统一的原则，实行全面规划、合理布局、综合开发、配套建设。

第二十六条　以出让方式取得土地使用权进行房地产开发的，必须按照土地使用权出让合同约定的土地用途、动工开发期限开发土地。超过出让合同约定的动工开发日期满一年未动工开发的，可以征收相当于土地使用权出让金百分之二十以下的土地闲置费；满二年未动工开发的，可以无偿收回土地使用权；但是，因不可抗力或者政府、政府有关部门的行为或者动工开发必需的前期工作造成动工开发迟延的除外。

第二十七条　房地产开发项目的设计、施工，必须符合国家的有关标准和规范。

房地产开发项目竣工，经验收合格后，方可交付使用。

第二十八条　依法取得的土地使用权，可以依照本法和有关法律、行政法规的规定，作价入股，合资、合作开发经营房地产。

第二十九条　国家采取税收等方面的优惠措施鼓励和扶持房地产开发企业开发建设居民住宅。

第三十条　房地产开发企业是以营利为目的，从事房地产开发和经营的企业。设立房地产开发企业，应当具备下列条件：

（一）有自己的名称和组织机构；

（二）有固定的经营场所；

（三）有符合国务院规定的注册资本；

（四）有足够的专业技术人员；

（五）法律、行政法规规定的其他条件。

设立房地产开发企业，应当向工商行政管理部门申请设立登记。工商行政管理部门对符合本法规定条件的，应当予以登记，发给营业执照；对不符合本法规定条件的，不予登记。

设立有限责任公司、股份有限公司，从事房地产开发经营的，还应当执行公司法的有关规定。

房地产开发企业在领取营业执照后的一个月内，应当到登记机关所在地的县级以上地方人民政府规定的部门备案。

第三十一条　房地产开发企业的注册资本与投资总额的比例应当符合国家有关规定。

房地产开发企业分期开发房地产的，分期投资额应当与项目规模相适应，并按照土地使用权出让合同的约定，按期投入资金，用于项目建设。

第四章　房地产交易

第一节　一般规定

第三十二条　房地产转让、抵押时，房屋的所有权和该房屋占用范围内的土地使用权同时转让、抵押。

第三十三条　基准地价、标定地价和各类房屋的重置价格应当定期确定并公布。具体办法由国务院规定。

第三十四条　国家实行房地产价格评估制度。

房地产价格评估，应当遵循公正、公平、公开的原则，按照国家规定的技术标准和评估程序，以基准地价、标定地价和各类房屋的重置价格为基础，参照当地的市场价格进行评估。

第三十五条　国家实行房地产成交价格申报制度。

房地产权利人转让房地产，应当向县级以上地方人民政府规定的部门如实申报成交价，不得瞒报或者作不实的申报。

第三十六条　房地产转让、抵押，当事人应当依照本法第五章的规定办理权属登记。

第二节　房地产转让

第三十七条　房地产转让，是指房地产权利人通过买卖、赠与或者其他合法方式将其房地产转移给他人的行为。

第三十八条　下列房地产，不得转让：

（一）以出让方式取得土地使用权的，不符合本法第三十九条规定的条件的；

（二）司法机关和行政机关依法裁定、决定查封或者以其他形式限制房地产权利的；

（三）依法收回土地使用权的；

（四）共有房地产，未经其他共有人书面同意的；

（五）权属有争议的；

（六）未依法登记领取权属证书的；

（七）法律、行政法规规定禁止转让的其他情形。

第三十九条　以出让方式取得土地使用权的，转让房地产时，应当符合下列条件：

（一）按照出让合同约定已经支付全部土地使用权出让金，并取得土地使用权证书；

（二）按照出让合同约定进行投资开发，属于房屋建设工程的，完成开发投资总额的百分之二十五以上，属于成片开发土地的，形成工业用地或者其他建设用地条件。

转让房地产时房屋已经建成的，还应当持有房屋所有权证书。

第四十条　以划拨方式取得土地使用权的，转让房地产时，应当按照国务院规定，报有批准权的人民政府审批。有批准权的人民政府准予转让的，应当由受让方办理土地使用权出让手续，并依照国家有关规定缴纳土地使用权出让金。

以划拨方式取得土地使用权的，转让房地产报批时，有批准权的人民政府按照国务院规定决定可以不办理土地使用权出让手续的，转让方应当按照国务院规定将转让房地产所获收益中的土地收益上缴国家或者作其他处理。

第四十一条　房地产转让，应当签订书面转让合同，合同中应当载明土地使用权取得的方式。

第四十二条　房地产转让时，土地使用权出让合同载明的权利、义务随之转移。

第四十三条　以出让方式取得土地使用权的，转让房地产后，其土地使用权的使用年限为原土地使用权出让合同约定的使用年限减去原土地使用者已经使用年限后的剩余年限。

第四十四条　以出让方式取得土地使用权的，转让房地产后，受让人改变原土地使用权出让合同约定的土地用途的，必须取得原出让方和市、县人民政府城市规划行政主管部门的同意，签订土地使用权出让合同变更协议或者重新签订土地使用权出让合同，相应调整土地使用权出让金。

第四十五条　商品房预售，应当符合下列条件：

（一）已交付全部土地使用权出让金，取得土地使用权证书；

（二）持有建设工程规划许可证；

（三）按提供预售的商品房计算，投入开发建设的资金达到工程建设总投资的百分之二十五以上，并已经确定施工进度和竣工交付日期；

（四）向县级以上人民政府房产管理部门办理预售登记，取得商品房预售许可证明。

商品房预售人应当按照国家有关规定将预售合同报县级以上人民政府房产管理部门和土地管理部门登记备案。

商品房预售所得款项，必须用于有关的工程建设。

第四十六条　商品房预售的，商品房预购人将购买的未竣工的预售商品房再行转让的问题，由国务院规定。

第三节　房地产抵押

第四十七条　房地产抵押，是指抵押人以其合法的房地产以不转移占有的方式向抵押权人提供债务履行担保的行为。债务人不履行债务时，抵押权人有权依法以抵押的房地产拍卖所得的价款优先受偿。

第四十八条　依法取得的房屋所有权连同该房屋占用范围内的土地使用权，可以设定抵押权。

以出让方式取得的土地使用权，可以设定抵押权。

第四十九条　房地产抵押，应当凭土地使用权证书、房屋所有权证书办理。

第五十条　房地产抵押，抵押人和抵押权人应当签订书面抵押合同。

第五十一条　设定房地产抵押权的土地使用权是以划拨方式取得的，依法拍卖该房地产后，应当从拍卖所得的价款中缴纳相当于应缴纳的土地使用权出让金的款额后，抵押权人方可优先受偿。

第五十二条　房地产抵押合同签订后，土地上新增的房屋不属于抵押财产。需要拍卖该抵押的房地产时，可以依法将土地上新增的房屋与抵押财产一同拍卖，但对拍卖新增房屋所得，抵押权人无权优先受偿。

第四节　房屋租赁

第五十三条　房屋租赁，是指房屋所有权人作为出租人将其房屋出租给承租人使用，由承租人向出租人支付租金的行为。

第五十四条　房屋租赁，出租人和承租人应当签订书面租赁合同，约定租赁期限、租赁用途、租赁价格、修缮责任等条款，以及双方的其他权利和义务，并向房产管理部门登记备案。

第五十五条　住宅用房的租赁，应当执行国家和房屋所在城市人民政府规定的租赁政策。租用房屋从事生产、经营活动的，由租赁双方协商议定租金和其他租赁条款。

第五十六条　以营利为目的，房屋所有权人将以划拨方式取得使用权的国有土地上建成的房屋出租的，应当将租金中所含土地收益上缴国家。具体办法由国务院规定。

第五节　中介服务机构

第五十七条　房地产中介服务机构包括房地产咨询机构、房地产价格评估机构、房地产经纪机构等。

第五十八条　房地产中介服务机构应当具备下列条件：

（一）有自己的名称和组织机构；

（二）有固定的服务场所；

（三）有必要的财产和经费；

（四）有足够数量的专业人员；

（五）法律、行政法规规定的其他条件。

设立房地产中介服务机构，应当向工商行政管理部门申请设立登记，领取营业执照后，方可开业。

第五十九条　国家实行房地产价格评估人员资格认证制度。

第五章　房地产权属登记管理

第六十条　国家实行土地使用权和房屋所有权登记发证制度。

第六十一条　以出让或者划拨方式取得土地使用权，应当向县级以上地方人民政府土地管理部门申请登记，经县级以上地方人民政府土地管理部门核实，由同级人民政府颁发土地使用权证书。

在依法取得的房地产开发用地上建成房屋的，应当凭土地使用权证书向县级以上地方人民政府房产管理部门申请登记，由县级以上地方人民政府房产管理部门核实并颁发房屋所有权证书。

房地产转让或者变更时，应当向县级以上地方人民政府房产管理部门申请房产变更登记，并凭变更后的房屋所有权证书向同级人民政府土地管理部门申请土地使用权变更登记，经同级人民政府土地管理部门核实，由同级人民政府更换或者更改土地使用权证书。

法律另有规定的，依照有关法律的规定办理。

第六十二条　房地产抵押时，应当向县级以上地方人民政府规定的部门办理抵押登记。

因处分抵押房地产而取得土地使用权和房屋所有权的，应当依照本章规定办理过户登记。

第六十三条　经省、自治区、直辖市人民政府确定，县级以上地方人民政府由一个部门统一负责房产管理和土地管理工作的，可以制作、颁发统一的房地产权证书，依照本法第六十一条的规定，将房屋的所有权和该房屋占用范围内的土地使用权的确认和变更，分别载入房地产权证书。

第六章　法律责任

第六十四条　违反本法第十一条、第十二条的规定，擅自批准出让或者擅自出让土地使用权用于房地产开发的，由上级机关或者所在单位给予有关责任人员行政处分。

第六十五条　违反本法第三十条的规定，未取得营业执照擅自从事房地产开发业务的，由县级以上人民政府工商行政管理部门责令停止房地产开发业务活动，没收违法所得，可以并处罚款。

第六十六条　违反本法第三十九条第一款的规定转让土地使用权的，由县级以上人民政府土地管理部门没收违法所得，可以并处罚款。

第六十七条　违反本法第四十条第一款的规定转让房地产的，由县级以上人民政府土地管理部门责令缴纳土地使用权出让金，没收违法所得，可以并处罚款。

第六十八条　违反本法第四十五条第一款的规定预售商品房的，由县级以上人民政府房产管理部门责令停止预售活动，没收违法所得，可以并处罚款。

第六十九条　违反本法第五十八条的规定，未取得营业执照擅自从事房地产中介

服务业务的，由县级以上人民政府工商行政管理部门责令停止房地产中介服务业务活动，没收违法所得，可以并处罚款。

第七十条　没有法律、法规的依据，向房地产开发企业收费的，上级机关应当责令退回所收取的钱款；情节严重的，由上级机关或者所在单位给予直接责任人员行政处分。

第七十一条　房产管理部门、土地管理部门工作人员玩忽职守、滥用职权，构成犯罪的，依法追究刑事责任；不构成犯罪的，给予行政处分。

房产管理部门、土地管理部门工作人员利用职务上的便利，索取他人财物，或者非法收受他人财物为他人谋取利益，构成犯罪的，依照惩治贪污罪贿赂罪的补充规定追究刑事责任；不构成犯罪的，给予行政处分。

第七章　附　则

第七十二条　在城市规划区外的国有土地范围内取得房地产开发用地的土地使用权，从事房地产开发、交易活动以及实施房地产管理，参照本法执行。

第七十三条　本法自 1995 年 1 月 1 日起施行。

附录G 城市房地产中介服务管理规定

（1996年1月8日建设部令第50号发布，2001年8月15日根据《建设部关于修改〈城市房地产中介服务管理规定〉的决定》修正）

第一章 总则

第一条 为了加强房地产中介服务管理，维护房地产市场秩序，保障房地产活动当事人的合法权益，根据《中华人民共和国城市房地产管理法》，制定本规定。

第二条 凡从事城市房地产中介服务的，应遵守本规定。

本规定所称房地产中介服务，是指房地产咨询、房地产价格评估、房地产经纪等活动的总称。

本规定所称房地产咨询，是指为房地产活动当事人提供法律法规、政策、信息、技术等方面服务的经营活动。

本规定所称房地产价格评估，是指对房地产进行测算，评定其经济价值和价格的经营活动。

本规定所称房地产经纪，是指为委托人提供房地产信息和居间代理业务的经营活动。

第三条 国务院建设行政主管部门归口管理全国房地产中介服务工作。

省、自治区建设行政主管部门归口管理本行政区域内的房地产中介服务工作。

直辖市、市、县人民政府房地产行政主管部门（以下简称房地产管理部门）管理本行政区域内的房地产中介服务工作。

第二章 中介服务人员资格管理

第四条 从事房地产咨询业务的人员，必须是具有房地产及相关专业中等以上学历，有与房地产咨询业务相关的初级以上专业技术职称并取得考试合格证书的专业技术人员。

房地产咨询人员的考试办法，由省、自治区人民政府建设行政主管部门和直辖市房地产管理部门制订。

第五条 国家实行房地产价格评估人员资格认证制度。

房地产价格评估人员分为房地产估价师和房地产估价员。

第六条 房地估价师必须是经国家统一考试、执业资格认证，取得《房地产估价师执业资格证书》，并经注册登记取得《房地产估价师注册证》的人员。未取得《房地产估价师注册证》的人员，不得以房地产估价师的名义从事房地产估价业务。

房地产估价师的考试办法，由国务院建设行政主管部门和人事主管部门共同制定。

第七条 房地产估价员必须是经过考试并取得《房地产估价员岗位合格证》的人员。未取得《房地产估价员岗位合格证》的人员，不得从事房地产估价业务。

房地产估价员的考试办法，由省、自治区人民政府建设行政主管部门和直辖市房地产管理部门制定。

第八条　房地产经纪人必须是经过考试、注册并取得《房地产经纪人资格证》的人员。未取得《房地产经纪人资格证》的人员，不得从事房地产经纪业务。

房地产经纪人的考试和注册办法另行制定。

第九条　严禁伪造、涂改、转让《房地产估价师执业资格证书》、《房地产估价师注册证》、《房地产估价员岗位合格证》、《房地产经纪人资格证》。

遗失《房地产估价师执业资格证书》、《房地产估价师注册证》、《房地产估价员岗位合格证》、《房地产经纪人资格证》的，应当向原发证机关申请补发。

第三章　中介服务机构管理

第十条　从事房地产中介业务，应当设立相应的房地产中介服务机构。

房地产中介服务机构，应是具有独立法人资格的经济组织。

第十一条　设立房地产中介服务机构应具备下列条件：

（一）有自己的名称、组织机构；

（二）有固定的服务场所；

（三）有规定数量的财产和经费；

（四）从事房地产咨询业务的，具有房地产及相关专业中等以上学历、初级以上专业技术职称人员须占总人数的50%以上；从事房地产评估业务的，须有规定数量的房地产估价师；从事房地产经纪业务的，须有规定数量的房地产经纪人。

跨省、自治区、直辖市从事房地产估价业务的机构，应到该业务发生地省、自治区人民政府建设行政主管部门或者直辖市人民政府房地产行政主管部门备案。

第十二条　设立房地产中介服务机构，应当向当地的工商行政管理部门申请设立登记。房地产中介服务机构在领取营业执照后的一个月内，应当到登记机关所在地的县级以上人民政府房地产管理部门备案。

第十三条　房地产管理部门应当每年对房地产中介服务机构的专业人员条件进行一次检查，并于每年年初公布检查合格的房地产中介服务机构名单。检查不合格的，不得从事房地产中介业务。

第十四条　房地产中介服务机构必须履行下列义务：

（一）遵守有关的法律、法规和政策；

（二）遵守自愿、公平、诚实信用的原则；

（三）按照核准的业务范围从事经营活动；

（四）按规定标准收取费用；

（五）依法交纳税费；

（六）接受行业主管部门及其他有关部门的指导、监督和检查。

第四章　中介业务管理

第十五条　房地产中介服务人员承办业务，由其所在中介机构统一受理并与委托人签订书面中介服务合同。

第十六条　经委托人同意，房地产中介服务机构可以将委托的房地产中介业务转让委托给具有相应资格的中介服务机构代理，但不得增加佣金。

第十七条　房地产中介服务合同应当包括下列主要内容：

（一）当事人姓名或者名称、住所；

（二）中介服务项目的名称、内容、要求和标准；

（三）合同履行期限；

（四）收费金额和支付方式、时间；

（五）违约责任和纠纷解决方式；

（六）当事人约定的其他内容。

第十八条　房地产中介服务费用由房地产中介服务机构统一收取，房地产中介服务机构收取费用应当开具发票，依法纳税。

第十九条　房地产中介服务机构开展业务应当建立业务记录，设立业务台账。业务记录和业务台账应当载明业务活动中的收入、支出等费用，以及省、自治区建设行政主管部门和直辖市房地产管理部门要求的其他内容。

第二十条　房地产中介服务人员执行业务，可以根据需要查阅委托人的有关资料和文件，查看现场。委托人应当协助。

第二十一条　房地产中介服务人员在房地产中介活动中不得有下列行为：

（一）索取、收受委托合同以外的酬金或其他财物，或者利用工作之便，牟取其他不正当的利益；

（二）允许他人以自己的名义从事房地产中介业务；

（三）同时在两个或两个以上中介服务机构执行业务；

（四）与一方当事人串通损害另一方当事人利益；

（五）法律、法规禁止的其他行为。

第二十二条　房地产中介服务人员与委托人有利害关系的，应当回避。委托人有权要求其回避。

第二十三条　因房地产中介服务人员过失，给当事人造成经济损失的，由所在中介服务机构承担赔偿责任。所在中介服务机构可以对有关人员追偿。

第五章　罚　则

第二十四条　违反本规定，有下列行为之一的，由直辖市、市、县人民政府房地产管理部门会同有关部门对责任者给予处罚：

（一）未取得房地产中介资格擅自从事房地产中介业务的，责令停止房地产中介业务，并可处以1万元以上3万元以下的罚款；

（二）违反本规定第九条第一款规定的，收回资格证书或者公告资格证书作废，并可处以1万元以下的罚款；

（三）违反本规定第二十一条规定的，收回资格证书或者公告资格证书作废，并可处以1万元以上3万元以下的罚款；

（四）超过营业范围从事房地产中介活动的，处以1万元以上3万元以下的罚款。

第二十五条　因委托人的原因，给房地产中介服务机构或人员造成经济损失的，委托人应当承担赔偿责任。

第二十六条　房地产中介服务人员违反本规定，构成犯罪的，依法追究刑事责任。

第二十七条　房地产管理部门工作人员在房地产中介服务管理中以权谋私、贪污受贿的，依法给予行政处分；构成犯罪的，依法追究刑事责任。

第六章　附　则

第二十八条　省、自治区建设行政主管部门、直辖市房地产行政主管部门可以根据本规定制定实施细则。

第二十九条　本规定由国务院建设行政主管部门负责解释。

第三十条　本规定自 1996 年 2 月 1 日起施行。

附录 H　商品房销售明码标价规定

第一条　为了规范商品房销售价格行为，建立和维护公开、公正、透明的市场价格秩序，保护消费者和经营者合法权益，根据《中华人民共和国价格法》、原国家发展计划委员会《关于商品和服务实行明码标价的规定》，制定本规定。

第二条　中华人民共和国境内的房地产开发企业和中介服务机构（以下统称商品房经营者）销售新建商品房，应当按照本规定实行明码标价。

中介服务机构销售二手房的明码标价参照本规定执行。

第三条　本规定所称明码标价，是指商品房经营者在销售商品房时按照本规定的要求公开标示商品房价格、相关收费以及影响商品房价格的其他因素。

第四条　各级政府价格主管部门是商品房明码标价的管理机关，依法对商品房经营者执行明码标价和收费公示规定的情况进行监督检查。

第五条　已取得预售许可和销售现房的房地产经营者，要在公开房源时，按照本规定实行明码标价。

第六条　商品房经营者应当在商品房交易场所的醒目位置放置标价牌、价目表或者价格手册，有条件的可同时采取电子信息屏、多媒体终端或电脑查询等方式。采取上述多种方式明码标价的，标价内容应当保持一致。

第七条　商品房销售明码标价应当做到价目齐全，标价内容真实明确、字迹清晰、标示醒目，并标示价格主管部门投诉举报电话。

第八条　商品房销售明码标价实行一套一标。商品房经营者应当对每套商品房进行明码标价。按照建筑面积或者套内建筑面积计价的，还应当标示建筑面积单价或者套内建筑面积单价。

第九条　对取得预售许可或者办理现房销售备案的房地产开发项目，商品房经营者要在规定时间内一次性公开全部销售房源，并严格按照申报价格明码标价对外销售。

第十条　商品房经营者应当明确标示以下与商品房价格密切相关的因素：

（一）开发企业名称、预售许可证、土地性质、土地使用起止年限、楼盘名称、坐落位置、容积率、绿化率、车位配比率。

（二）楼盘的建筑结构、装修状况以及水、电、燃气、供暖、通讯等基础设施配套情况。

（三）当期销售的房源情况以及每套商品房的销售状态、房号、楼层、户型、层高、建筑面积、套内建筑面积和分摊的共有建筑面积。

（四）优惠折扣及享受优惠折扣的条件。

（五）商品房所在地省级价格主管部门规定的其他内容。

第十一条　商品房销售应当公示以下收费：

（一）商品房交易及产权转移等代收代办的收费项目、收费标准。代收代办收费应当标明由消费者自愿选择。

（二）商品房销售时选聘了物业管理企业的，商品房经营者应当同时公示前期物业服务内容、服务标准及收费依据、收费标准。

（三）商品房所在地省级价格主管部门规定的其他内容。

第十二条　对已销售的房源，商品房经营者应当予以明确标示。如果同时标示价格的，应当标示所有已销售房源的实际成交价格。

第十三条　商品房经营者不得在标价之外加价销售商品房，不得收取任何未予标明的费用。

第十四条　商品房经营者在广告宣传中涉及的价格信息，必须真实、准确、严谨。

第十五条　商品房经营者不得使用虚假或者不规范的价格标示误导购房者，不得利用虚假或者使人误解的标价方式进行价格欺诈。

第十六条　商品房经营者不按照本规定明码标价和公示收费，或者利用标价形式和价格手段进行价格欺诈的，由县级以上各级人民政府价格主管部门依据《中华人民共和国价格法》、《价格违法行为行政处罚规定》、《关于商品和服务实行明码标价的规定》、《禁止价格欺诈行为的规定》等法律、法规和规章实施行政处罚。

第十七条　价格主管部门发现商品房经营者明码标价的内容不符合国家相关政策的，要及时移送相关部门处理。

第十八条　省、自治区、直辖市价格主管部门可根据本规定制定商品房销售明码标价实施细则。

第十九条　本规定自2011年5月1日起施行。

参考文献

[1] 中国房地产估价师与房地产经纪人学会. 房地产基本制度与政策(全国房地产经纪人执业资格考试用书). 北京:中国建筑工业出版社,2011

[2] 中国房地产估价师与房地产经纪人学会. 房地产经纪概论(全国房地产经纪人执业资格考试用书). 北京:中国建筑工业出版社,2011

[3] 中国房地产估价师与房地产经纪人学会. 房地产经纪相关知识(全国房地产经纪人执业资格考试用书). 北京:中国建筑工业出版社,2011

[4] 中国房地产估价师与房地产经纪人学会. 房地产估价理论与方法(全国房地产估价师执业资格考试用书). 北京:中国建筑工业出版社,2011

[5] 中国房地产估价师与房地产经纪人学会. 房地产开发经营与管理(全国房地产估价师执业资格考试用书). 北京:中国建筑工业出版社,2011

[6] 张连生,柳建荣. 房地产经纪相关知识. 南京:东南大学出版社,2004

[7] 周云,倪莉. 房地产概论. 北京:中国环境科学出版社,2006

[8] 薛姝,周云. 房地产经纪. 北京:人民交通出版社,2008

[9] 周云,周建华. 物业管理. 北京:人民交通出版社,2008

[10] 林增杰,武永祥,吕萍,等. 房地产经济学(第 2 版). 北京:中国建筑工业出版社,2003

[11] 丰雷,林增杰,吕萍,等. 房地产经济学(第 3 版). 北京:中国建筑工业出版社,2008

[12] 张永岳,陈伯庚. 新编房地产经济学. 北京:高等教育出版社,1998

[13] 中华人民共和国住房和城乡建设部网站 http://www.mohurd.gov.cn/

[14] 中国房地产经纪人网站 http://www.agents.org.cn/

[15] 中国房地产估价师网站 http://www.cirea.org.cn/

[16] 苏州市住房与城乡建设局网站 http://www.szjs.net/ZhuJian/NewAction_center.action

[17] 深圳市房地产经纪行业协会网站 http://www.srba.net.cn/

[18] 搜房网 http://www.soufun.com/